本书写作受中央党校重点科研项目
"社会治理体制创新研究"资助

社会合作论

SHEHUI HEZUO LUN

王道勇◎著

人民出版社

目　录

合作是人类社会中普遍存在的一种社会行为和社会状态。持续有意识地在大大小小的各个群体层面进行复杂的社会合作，是人类得以从万物之中脱颖而出并且成功繁衍壮大的主要奥秘所在。但是与社会合作状态相对立的"社会不合作"状态如社会冷漠、社会隔离、社会冲突，甚至是残酷的战争和种族灭绝行为等，也一直与人类如影随形。正因如此，近代社会科学勃兴伊始，社会合作问题就成为各个学科共同关注的基础性议题，至今方兴未艾。

在当代中国，能否顺利实现利益群体合作、社会阶层合作和阶级合作，构建起契合民族特性和社会发展趋势的现代社会合作模式，对于未来二三十年甚至更长时期的国家安全、社会安宁和人民安康都具有决定性意义。对于人类社会而言，能否在民族国家和国际关系层面维系和拓展各种社会合作形式，如扶助贫困人口、反对种族歧视、推进性别平等、开展国际教育合作和国际医疗合作等，防止超越民族国家的人类社会合作状态的"萎缩"和"坍塌"，对于各类良好的社会共同体的形成和维系至关紧要。故而，社会合作研究是社会学学科中一个极具发掘潜力的重要研究主题。

第一章 社会合作问题的提出

一、作为科学迷思的合作问题

（一）社会科学的最大迷思

2005年7月,世界上最为权威的学术期刊之一——《科学》为纪念其创刊125周年,组织全球优秀科学家共同提出了25个影响未来科学发展和人类进步的重大议题(Highlighted Questions)。选择的标准为这些议题必须是"驱动基础科学研究以及决定未来科学研究方向"的科学难题。在最终选出的25个重大议题中,有23个是纯自然科学问题,只有两个问题同时也是社会科学问题,一个问题是"世界到底能够承载多少人口"? 即马尔萨斯的人口论观点会继续错下去吗? 另一个问题就是"人类的合作行为如何演进"?[①] 在同期的《科学》杂志上,彭尼斯进一步解释说,人类合作演进的问题是一个需要自然科学家和社会科学家共同努力研究的课题,最终需要探索出"到底是什么因素在促成我们的合作精神"。2006年4月,另一世界权威的学术期刊——《自

---

① 黄少安、张苏:《人类的合作及其演进研究》,《中国社会科学》2013年第7期。

然》杂志再次提出这一问题,该杂志援引时任英国皇家学会主席罗伯特·梅的观点指出:"在演化生物学领域或者更一般地说,在社会科学领域,最为重要而又没有解决的问题是:在人类社会以及其他动物群体中,合作行为是如何演化、如何维持的。"①

《科学》杂志在 2005 年时曾有过一个雄心勃勃的预测——在全球科学家们的共同努力下,这些重大议题很有可能在未来的 25 年内,即在 2030 年前找到答案。时至 2020 年,时间已经过去 15 年,有些纯自然科学的基础性问题的答案已经揭晓,"人类的合作行为如何演进"这一问题的研究也在不断地深入。具体而言,我们可以看到自列为重大科学难题以来,不同学科的学者对这一议题进行了更为深入的探讨,无论是有关人类合作行为的神经元基础研究,还是关于个人特征差异(如即时折现偏好差异)与合作倾向的关系的研究,强化合作倾向的动力(亲缘选择等)的研究,或者是关于制度环境、机制设计与合作演进的关系的研究,甚至是对社会结构与合作演进的关系的研究等②,专业性的成果都在不断涌现。遗憾的是,对于人类社会而言,这一议题的最终答案至今却依然若隐若现、不可捉摸。

这是因为人类社会的合作行为研究遇到两大困难。第一个困难就是人类永远是无知的,人类做不到全知全能,也就无法作出完全理性的判断,研究的前提基础就不牢固。第二个困难就是经济学家所讲的"囚徒困境",或社会心理学家讲的"合作困境",或者叫作个体理性与集体理性之间的冲突。③

---

① A.M.Colman, "The Puzzle of Cooperation", *Nature*, Vol.440, No.7085, 2006, p. 744.

② 黄少安、张苏:《人类的合作及其演进研究》,《中国社会科学》2013 年第 7 期。

③ 张维迎:《社会合作的制度基础》,《读书》2014 年第 1 期。

由于知识具有相对性,因此人类的无知是永恒存在的,任何合作行为的研究都是预设在一定时期、一定场景和一定知识的指导下开展的,第一个困难可以通过理论语境的设定而暂时解决。因此,合作尤其是社会合作形成的主要挑战就是后者,即无数理性的个体为何会为了一个集体的形成和延续而努力?个体又是在什么机理的运作下构成一个理性的集体人?英国牛津大学人类学家罗宾·邓巴提出过一个著名的假说,他认为每个人与之维持持久关系的其他人,其数量通常只有150人,最多也不过200人,这一数量限制,后来被称为邓巴数(Dunbar's Number)。邓巴数的存在表明,人类社会个体交往的这种规模局限,使群体层面的大规模的、持续的社会合作存在天然的障碍。理论研究所能够提供的解决思路主要有两类:一是借助公共惩罚,如霍布斯要求人们移交权力给作为"必要之恶"的利维坦——政府;二是借助私人惩罚,美国桑塔费学派(Santa Fe Institute)将这种私人惩罚称作"利他性惩罚"(Altruistic Punishment)[①];此外,自发性组织的出现和扩散,可以为缺乏公共权威的社会提供一个替代性强迫机制。但是在自我治理理论兴起后,人们又认识到,政府失灵、市场失灵以及萨拉蒙所说的"志愿失灵"的共同存在,使现实中存在各种反社会惩罚(Antisocial Punishment)行为,于是问题又回到最初的原点。

所有这些都表明,有关群体层面的社会合作的解释至今都没有一个全解,需要在理论和行动上进行更深入的探讨。要在现有的研究基础上有所突破,我们必须考虑的内容涉及:是否要进行研究范式的更新?是否要进行研究视角的转换?是否需要将研究层次如个体合作等向上一层次提升?在此基础上,研究对象和研究方法也需要再进行确

---

① E.Fehr,and U.Fischbacher,Third-Party Punishment and Social Norms,*Evolution and Human Behavior*,2004,25(2),pp.63-87.

定,等等。

(二)社会合作议题的社会学价值

　　既然经济学、公共管理学都已经对个体和群体层面的合作问题进行过深入的研究并且深陷于这一迷思之中,那么从社会学角度探讨社会合作问题还有何价值?

　　社会学是一门伴随着现代性拓展而不断发展的综合性社会科学。社会学的一个传统认识论和方法论就是实证主义和整体主义。社会学考虑合作问题主要是分析集体层面的合作,不是个体合作而是社会合作。从宏观来讲,伴随着现代性的持续拓展,尤其是人类进入高度复杂的现代社会后,从社会学角度对社会合作问题进行持续关注和深入探讨,积极参与解决这一重大科学难题,不仅有利于社会学理论研究范畴的拓展,对于现实社会中的社会秩序生成与维持也有重要的参考价值。

　　首先,对社会合作问题进行深入研究具有一定意义上的社会学元理论意义。社会学理论有元理论和本理论之分。其中,社会学的元理论主要任务之一就是探讨社会学理论的自身结构,处理社会学中有关"真""客观性""验证性"和"社会现象本性"等问题①,处理社会学研究中的本体论、认识论和方法论问题。也就是说,社会学元理论是关于社会学的社会学研究,是在学术界和生活世界中为社会学这门学科"立法"的理论探讨。它主要论证的是,与法学、政治学、经济学等学科相比,社会学这门学科为什么有存在的价值? 有哪些具体的存在价值? 正如布迪厄所说的:"社会学的社会学是社会学认识论的一个基础向度。它尚

----

① George Ritzer,1996,*Sociological Theory*,New York:McGraw-Hill,pp.622-627.

未能成为专业,但它确实又是任何有远见的社会学实践的必要前提。"①

社会秩序问题是社会科学共同关注的基础性议题。从理论上对社会秩序问题进行合理而科学的解释,并且让这种解释为生活世界中的政府和民众所接受和利用,对于一门社会科学存在的合法性具有重要的"立法"功能。伴随着"经济学帝国主义"的流行,无论是古典自由主义还是新自由主义,经过数百年的努力,"自由竞争形成社会秩序"的阐析传统的思想受众和实践主体持续增多,因而在社会秩序阐析传统中长期占据"显学"的位置。为了与自由竞争阐析传统竞争,"社会合作形成社会秩序"的阐析传统在发展过程中也形成了一些学说,并且聚焦于解释社会秩序形成的根本问题——"社会合作何以可能",但是其解释能力,以及被政府、民众的接受程度和利用程度等都有待进一步提升。毋庸置疑,对"社会合作何以可能及如何延续"等这类问题提供具有说服力的理论解释,对于社会学学科的存在和进一步发展具有重要的促进功能。

其次,对社会合作问题进行深入研究具有创造新的社会学中层理论的潜力。在相关的社会学基本议题中,关于社会关系、社会群体、社会阶层、社会流动、社会现代化等微观和宏观层面的理论分析都已经形成了众多比较系统的甚至影响深远的理论学说。不说西方社会学,仅就中国改革开放以来而言,无论是小城镇理论、社会运行论、社会转型论、社会公正论等宏观理论和中层理论创新,还是经济社会学、发展社会学、网络社会学、环境社会学等分支学科领域,都已经形成了众多成果。但是有关社会合作的研究却一直是公共管理、政治学等学科的专

① Pierre Bourdieu, Loïc J. D. Wacquant, 1992, *An Invitation to Reflexive Sociology*, Chicago: University of Chicago Press, p.68.

利,从社会学视角出发形成的社会学理论和实证研究成果相对缺乏。正如洪大用教授所言,现今中国,我们要充分重视基于社会学学科特色的理论研究议题,"重视对中国现代化实践的整体性的学理总结,重视中国实践对现代性扩展的影响和概念的重构,并以此为核心加强与既有现代性与发展理论的对话"①。如果我们同意在宏观与微观、结构与行动、概念与事实之间存在着一种"中层理论",那么,以大量的社会学知识和理论为依托,围绕"社会合作何以可能"这一核心问题,对社会合作行为的理论基础和实践状态等进行理性抽象和系统认知,可以更好地认识社会变迁的理论逻辑,从而促进新的社会中层理论——社会合作论的提出和发展。

最后,对社会合作问题进行深入研究最大的价值还是在于当代中国社会的现实关照。许多学者都认识到,在现实社会的治理过程中,民主、法治等仅仅是手段,不是子目标,更不是最高目标,整个社会的有序性,也即"熵减",才是最高价值所在。现实社会治理中出现的各种"社会不合作"状态甚至社会动荡,作为一种"熵增"状态和过程,成为人们对社会合作充满好奇心和进行探究的反向的、巨大的推动力。美国政治学家亨廷顿在研究数十个发展中国家的社会政治秩序变迁后曾经指出,"现代化是近代以来世界历史发展的潮流和趋势,是一个世界性的历史进程",但"现代性孕育着稳定,而现代化过程却滋生着动乱"。"政治秩序混乱的原因,不在于缺乏现代性,而在于为实现现代性所进行的努力。""如果贫穷的国家出现动乱,那并非因为它们贫穷,而是因

---

① 洪大用:《超越西方化与本土化——新时代中国社会学话语体系建设的实质与方向》,《社会学研究》2018 年第 1 期。

为它们想致富。"①这就是人们经常谈及的社会进步与社会秩序互动中所谓的"亨廷顿悖论",即进步越快,社会越容易失速。

长期处于后发超越状态的当代中国,一直处于"时空压缩"式的发展进程中。从1949年算起到2050年,中国要在很短的一百年时间内圆满完成西方国家四五百年完成的现代化任务,面临的形势和挑战本就异常复杂。除此之外,当代中国社会实践的高度复杂性还体现在两点。一是2019年中国大陆地区现有人口(14亿)规模,比近代以来崛起或复兴的所有国家的人口总和还要大,比同年美国(约3.3亿)、日本(约1.2亿)和欧洲所有50个国家的人口(约7.4亿)之和还要多2亿多,所以当代中国是一个名副其实的"巨型国家";二是与西方国家从前现代状态到现代状态再到后现代状态的先后更迭不同,当代中国还是一个前现代性、现代性和后现代性共生的多重转型社会。所有这些都决定秩序问题对中国的现代化而言尤为关键。

现在来看,中国用了几十年的时间,就走完了西方国家两三百年走过的初步现代化路程,2019年中共十九届四中全会的判断是,我国不仅实现了"世所罕见的经济快速发展奇迹",而且出现了"世所罕见的社会长期稳定奇迹"。② 可以说,中国社会大局长期保持稳定,已经实现了社会秩序与社会活力、快速发展与长期稳定的相对平衡,这是一种典型的社会合作状态,这也是"中国之治"的一个鲜明特征。或者说,在一定意义上,中国已经通过自己的实践行动在事实上打破了"亨廷顿悖论",成为少数的例外者。面向未来,当代中国已经进入中国特色

---

① [美]亨廷顿:《变动社会中的政治秩序》,王冠华、刘为等译,上海世纪出版集团2008年版,第31、32页。
② 《〈中共中央关于坚持和完善中国特色社会主义制度、推进国家治理体系和治理能力现代化若干重大问题的决定〉辅导读本》,人民出版社2019年版,第2页。

社会主义新时代,"中国之治"卓然成为世界上除了新自由主义之外的第二条现代化道路的标杆。但是随着社会主要矛盾的转化,人民对新的美好生活更加向往,对社会发展提出更高的要求,尤其是人们在民主、法治、公平、正义、安全、环境等六个方面的需求日益增加,这就为实现更高层面的"社会合作"状态提出了新的命题。可以说,社会合作研究不仅能够为探索"中国之治"的学理基础作出应有的贡献,而且有助于"中国之治"的延续和在更高层次上的更新,有助于良好社会秩序的长期维系。因此,未来,"社会合作何以可能、如何延续、怎样实践"这些议题应当引起足够的重视。

二、社会秩序研究的合作转向

（一）社会治理中的社会合作理念

社会秩序的维系是中国历朝历代统治者最为关心的议题。社会秩序是通过"治理"来实现的。因此,中国古代一直重视治理之理与治理之术。传统典籍《荀子》和《孔子家语》中就有了"治理"一词。如《荀子·君道》中就有言:"明分职,序事业,材技官能,莫不治理,则公道达而私门塞矣,公义明而私事息矣。"《孔子家语·贤君》中也有"吾欲使官府治理,为之奈何"的表述。虽然中国传统统治者所期待的"莫不治理"也是一种社会有序的状态,但由于这种社会秩序是在"牧民"思想指导下形成的,并且以强制性、对立性思维和非约束性行动所构建的,因此一直受到现代学者的诟病。学术界一直将这种治理与"管制""管控""压制"等词同义,认为应当予以摒弃。

自 1989 年世界银行提出"治理"概念后,"治理"和"善治"理念开始取代"管理"理念,为学界和施政者所推崇。2013年党的十八届三中全会正式从国家治理层面提出"社会治理"的新理念,这是党中央在国家治理和社会治理领域的重大理念创新。但与20世纪90年代以来西方国家所提倡的"治理"的价值取向及制度安排并不相同,中国共产党和政府所提倡的社会治理是力图走出一条中国特色社会主义社会治理之路,具有坚持党的领导、走群众路线、扎根社区等独特色彩。因此,学术界一直是结合中华民族传统文化、古往今来中国社会治乱兴衰的经验教训,以及当代中国鲜活生动的基层社会治理实践等,来探讨中国社会秩序的维系和延续问题。

在社会治理尤其是社会秩序的生成和维持上,研究者强调我国转型时期社会治理创新应当有其独特的价值取向。① 譬如,认为要着重强调马克思主义对社会治理的人文关怀②,认为创新社会治理体现了党领导下的多方参与、共同治理理念③。但对于该价值取向的具体内涵,由于分析视角不同而有不同的观点。有的学者强调善治④,有的强调公共性⑤,有的强调服务价值⑥,有的甚至强调博爱⑦,等等;所有这些观点都认为,通过社会整合实现社会和谐是社会治理体制创新和具体制度建设的基本价值诉求。可以说,社会整合价值取向是众多研究者研究社会秩序及其治理模式、推进路径时的基本预设。

---

① 吴小花:《我国转型时期社会治理模式的价值取向初探》,《求实》2008年第2期。
② 丁东宇:《马克思社会发展阶段论新解》,《理论探讨》2012年第5期。
③ 李立国:《创新社会治理体制》,《求是》2013年第24期。
④ 俞可平:《治理和善治引论》,《马克思主义与现实》1999年第5期。
⑤ 束媛媛:《从合法性到公共性——社会治理模式演进中价值的走向》,《理论观察》2010年第4期。
⑥ 张康之:《论公共管理中的伦理关系》,《中国人民大学学报》2003年第2期。
⑦ 柏元海:《博爱与新自由主义的社会治理》,《暨南学报(哲学社会科学版)》2006年第5期。

但是,越来越多的研究认为实现社会治理现代化有赖于形成新的治理理念和模式①。有研究在考察了美国、西欧社会党等的社会治理模式后认为,社会治理模式先后经历了统治型、管理型和善治型的历史演变过程,在霸道、王道、民道三种统治模式下有不同的社会治理体制②。在此基础上,研究者对于未来社会治理创新进行了展望。从治理本身看,强调各级政府应营造官民共治的社会治理格局③,推行"多中心治理、多层级治理、多维度治理"模式④。从互动角度看,强调"激活"与"吸纳"的互动模式,形成弹性政府模式⑤。从内容看,强调德治和德法融合的重要性,强调超越竞争的合作的重要性⑥。在这其中,社会合作取向开始取代社会整合取向,占据了越来越重要的位置。

在有关社会秩序维持的具体路径方面,社会合作的理念就更为突显。研究者的一个共识是,在社会治理主体上,需要促进主体多元化,建立一个具有开放性、包容性、公共性、灵活性、负责任的多元主体治理结构⑦,甚至是推动国家—社会的合作治理。在社会治理方式上,要发挥文化的社会治理功能,重视社会治理中信仰的价值⑧,扩大非政府组织的参与,形成多元组织协同机制。在社会力量参与上,重视公众崛

---

① 周晓虹:《社会建设:西方理论与中国经验》,《学术月刊》2012年第9期。

② 燕继荣:《霸道、王道、民道:三种统治模式下的社会治理》,《人民论坛》2012年第6期。

③ 俞可平:《重构社会秩序 走向官民共治》,《国家行政学院学报》2012年第4期。

④ 吕本富:《双向互动:应对社会治理结构网络化的挑战》,《行政管理改革》2012年第11期。

⑤ 靳文辉:《弹性政府:风险社会治理中的政府模式》,《中国行政管理》2012年第6期。

⑥ 张康之:《论为了竞争的合作和超越竞争的合作》,《天津社会科学》2012年第4期。

⑦ 朱晓红:《论社会治理的多元主体结构》,《学习论坛》2007年第8期。

⑧ 徐秦法:《社会治理中的信仰价值研究》,吉林大学博士学位论文,2007年。

起,重视社会治理中的社会成长①。在社会矛盾化解上,需要处理好利益多元化格局关系以及客观发展与主观感受的关系②,在激发社会内在活力的同时强化纵向秩序的合法性③。

可见,当前有关当代中国社会治理的基础性和应用性研究数量众多、观点纷呈,传统的研究成果是以社会和谐稳定为基本价值取向,多数社会学研究都受涂尔干、帕森斯等人的影响,以宏观结构主义为基本取向,强调社会整合思维。社会整合思维主导的结果必然是强调秩序而忽视互构,重视社会结构的约束力而无视社会主体的行动,难以适应当代中国社会多重转型和个体化社会来临的挑战。当前,已有一些研究者如张康之,开始强调合作理念在治理中的重要性,认为后工业化进程中有明显的合作治理渴求,合作治理是社会治理变革的归宿④,研究者也开始从社会公正角度关注社会合作的必要性⑤;讨论社会合作中的利益分配问题⑥;从私人惩罚角度分析社会合作的可能性⑦;在公共

---

① 任泽涛:《社会协同治理中的社会成长、实现机制及制度保障》,浙江大学博士学位论文,2013 年。

② 郑杭生、黄家亮:《从社会成员"无感增长"转向"有感发展"——中国社会转型新命题及其破解》,《社会科学家》2012 年第 1 期;李路路、唐丽娜、秦广强:《"患不均,更患不公"——转型期的"公平感"与"冲突感"》,《中国人民大学学报》2012 年第 4 期。

③ 李友梅:《中国社会管理新格局下遭遇的问题——基于中观机制分析的视角》,《学术月刊》2012 年第 7 期;李友梅、肖瑛、黄晓春:《当代中国社会建设的公共性困境及其超越》,《中国社会科学》2012 年第 4 期。

④ 张康之:《合作治理是社会治理变革的归宿》,《社会科学研究》2012 年第 3 期。

⑤ 吴忠民:《有效的社会合作何以愈益离不开社会公正——论社会公正与社会合作的关系》,《教学与研究》2018 年第 7 期。

⑥ 胡石清:《社会合作中利益如何分配?——超越夏普利值的合作博弈"宗系解"》,《管理世界》2018 年第 6 期。

⑦ 汪崇金、史丹、聂左玲、崔风:《打开天窗说亮话:社会合作何以可能》,《中国工业经济》2018 年第 4 期。

品博弈实验下,对风险条件下的社会偏好在社会合作中的作用进行分析①。还有学者讨论马克思、罗尔斯与诺奇克之间有关社会合作议题的理论关联。② 应当说这是巨大的进步,不过这些研究主要是从施政者和公共管理学、政治哲学、博弈论等角度进行阐述,更多关注的是"治理"本身的价值,对社会治理中"社会"的价值重视程度不够。

从学术界前述研究成果来看,一个基本共识是,未来中国的社会秩序维系和社会治理创新要更加强调社会合作,强调社会行动主体的多向互动、多元参与、合作、协商、法治等理念,但还没有从理论角度对这种社会合作理念和行动进行系统的探究,这是当代中国社会学理论研究者应当参与甚至是处于支配地位的重要领域。

(二)社会合作视角在秩序研究中兴起

在政策层面从"社会管理"走向"社会治理",必然要求其背后的价值取向从强调"社会整合"走向强调"社会合作"。在社会合作这一价值取向的指引下,社会治理具体领域内的主体地位、治理方式、功能发挥等都需要进行相应的调整和完善。

社会合作视角的兴起要求对社会秩序及其治理的观察,要实现研究视角的转变,要在宏观基础上强调微观,应对主体要从一元走向多元,应对机制要从强调社会结构走向强调社会互构,应对结果应从强调整体的整合稳定走向强调主体的互融共生。在社会合作视野下,社会

---

① 黄纯纯、左聪颖、周业安:《风险条件下的社会偏好和社会合作》,《学术研究》2015年第4期。

② 李石:《何种社会合作?——在马克思、罗尔斯与诺奇克之间》,《哲学研究》2016年第2期。

治理创新主体需要多元化,要在明确分工的基础上合力形成平等协商的合作关系;在强调自主治理的基础上实现多种社会治理方式的有机结合,激发社会组织尤其是民间草根组织和群众自治组织的治理功能。在此基础上,在社会合作视野下,多元社会行动主体是如何在群体层面进行集体利益和集体意识的考量,进而共同作出进行更高层次的社会合作的决定,是社会合作研究的重心所在。

为此,有必要在理论研究中围绕"社会合作何以可能"这一主题进行一些较为全面深入的理论探索,完成一些有关社会合作的基础性理论研究工作。

三、社会合作研究的中国意蕴

社会合作在中国有着深远的思想基础和广泛的现实基础。这具体体现为,在中华民族的特质中,"和合"是其中的一个基本特征,和合思想是中国文化传统和中华民族精神的基本内核之一。在当代中国,在各个层面形成社会合作局面,正是中国共产党和政府所不断追求的一种美好的社会发展状态。

(一)传统和合思想中的社会合作理念

中国文化一个最为鲜明的特色就是,对人际互动的重视程度达到无以复加的地步。梁漱溟先生论及世界文明时曾经说过,人类存在三种主要的文明形式,即西方文明、儒家文明和印度文明。其中,西方文明主要是在处置人与外部世界的关系,以向外用力为主;儒家文明主要是在处置人与人的关系,以追求人际和谐为主;印度文明主要是在处置人与其内心的关系,以向内用力为主。钱穆先生论及这三种文明时进一步强调,与西方文明和印度文明不同,"中国儒家的人生,不偏向外,也不偏向内。不偏向心,也不偏向物","沿着一条中间路线而前进"。这种民族性格"悬至善为人生之目标"①,必然使中华文化对社会合作有一种天然的亲和感。

在人际关系中强调群体层面的和合贯穿于中华民族的整个发展进程。查找史料可以看到,在甲骨文中就有"和""合"二字。殷周之时,"和"与"合"是单一概念,尚未连用。《易经》和《尚书》中都有"和"字,意为和谐、和善。"和合"连在一起,构成一词,最早出于《国语》。《国语·郑语》有言:"商契能和合'五教',以保于百姓者也。"意思是商契能够融合父义、母慈、兄友、弟恭、子孝这五教,从而得以安抚保全百姓。此后,"和合"一直被儒家、道家、佛家共同使用,并且不断得到阐释,成为儒、道、释概括自身宗旨和原则的一个综合性概念。

经过数千年的不断发展,和合思想中蕴含着日益丰富的社会合作理念。具体可以从以下三个方面来看。

第一,和合是一种社会合作型的价值取向。"和合"是一种常见的价值观念提法,如"四海之内皆兄弟也"②;"与天和者也,所以均调天下,与人和者也。与人和者,谓之人乐;与天和者,谓之天乐"③;"致中和,天地位焉,万物育焉"④;以及"和为贵""己所不欲,勿施于人""出入相友,守望相助"等。这些思想都已经沉淀至中国人的心理结构和思维方式层面,成为中国人的一种人生态度,即与世求和平、与物求和

① 钱穆:《人生十论》,广西师范大学出版社2004年版,第6页。
② 《论语·颜渊》。
③ 《庄子·天道》。
④ 《礼记·中庸》。

谐、与人求和睦、与心求和乐。

第二,和合更是一种社会合作型的治理理念。从儒家的"仁者爱人"到墨家的"兼相爱 交相利"思想,再到法家的《管子》所说的"畜之以道,则民和;养之以德,则民合。和合故能习,习故能偕,偕习以悉,莫之能伤也"①。诸子百家中的主流思想都对"和合"在社会秩序维系中所发挥的社会团结功能寄予厚望。司马迁将之总结为一句话,即"施教导民,上下和合"②。传统中国社会长期受宗法伦理制度约束,高度重视血缘、地缘关系对人群的约束功用和对资源的调度功用。儒家文化不仅在伦理上进行倡导,而且在社会治理过程中进行明确的法律规范,如《唐律·捕亡律》载:"邻里有强盗或杀人案发生,见呼告而不救助者,杖一百。闻而不救者杖九十。"可见,中国历代统治者和思想家都认为,和合是处理个人、家庭、国家、社会之间关系的基本原则,和合是社会和谐安定的调节剂,更是家庭、社会、国家粘为一体不分裂的聚合剂。③

第三,和合最终是一种社会合作型的社会状态。"和"是圣贤们所追求的一种圣治境界。对于这种圣治,《尚书》将之概括为"百姓昭明,协和万邦"④,《孟子》的记载是:"乡田同井,出入相友,守望相助,疾病相扶,则百姓亲睦"⑤,"父子有亲,君臣有义,夫妇有别,长幼有序,朋友有信。"⑥《史记》的描述是,"世俗盛美,政缓禁止,吏无奸邪,盗贼不

---

① 《管子·幼官》。
② 《史记·循吏列传》。
③ 张立文:《弘扬传统和合思想 构建现代和谐社会》,《人民论坛》2005 年第 2 期。
④ 《尚书·尧典》。
⑤ 《孟子·梁惠王上》。
⑥ 《孟子·滕文公上》。

起……各得其所便,民皆乐其生"①。后来的张载总结说:"和乐,道之端乎! 和则可大,乐则可久;天地之性,久大而已矣。"②可见,在中国传统文化中,从小康社会至最终的大同社会构想,理想社会都处于一种典型的群体关系和谐的社会合作状态。

(二)当代国家治理中的社会合作理念

在当前和未来的中国,社会合作理念融入马克思主义中国化的各大理论创新之中,成为中国特色社会主义共同理想和共产主义远大理想的构成内容之一,而且还肩负着历史重任,即要为实现"两个一百年"奋斗目标和中华民族伟大复兴的中国梦提供安全稳定的政治社会环境。可以说,社会合作理念和相关制度已经而且必将继续全面而彻底地贯彻于整个国家治理现代化和社会治理现代化的始终。

从既往的实践来看,新中国成立以来,社会合作一直是群众路线在基层社区层面的重要呈现。20 世纪 50 年代新中国在全国范围内推广了群众性治安保卫组织,60 年代浙江形成了后来著名的"枫桥经验",改革开放之初全国各地普遍建立了治安联防队,以及全国上下持续数十年开展防治血吸虫病的"送瘟神"行动,所有这些都是我国社会合作行动进行群防群治的典型样本。最近十多年来,全国各地在基层社会治理创新中出现了浙江的"新时代枫桥经验",北京市的"朝阳群众""石景山老街坊""街乡吹哨、部门报到"等新做法,其中都具有明显的人民主体、多方合作的色彩。时至今日,这种"守望相助"的社会合作

---

① 《史记·循吏列传》。
② 张载:《正蒙·诚明》。

思想以及在此基础上建立的群防群治等社会合作制度已经成为中国的一项基础性社会制度。作为一种习以为常、不以为意的生活制度,它甚至已经沉淀至当代中国人的社会心理深层。

从整体社会秩序的维系来看,社会合作理念已经全面融入中央政策体系。2012 年党的十八大报告提出,"加强和创新社会管理,正确处理改革发展稳定关系,团结一切可以团结的力量,最大限度增加和谐因素,增强社会创造活力,确保人民安居乐业、社会安定有序、国家长治久安",并要求"建立确保社会既充满活力又和谐有序的体制机制"。①2017 年党的十九大报告提出,至 2035 年,"现代社会治理格局基本形成,社会充满活力又和谐有序"②。2019 年党的十九届四中全会提出,"坚持和完善共建共治共享的社会治理制度","建设人人有责、人人尽责、人人享有的社会治理共同体"。③ 在这些代表性的中央文件中出现的"团结一切可以团结的力量""社会充满活力又和谐有序""共建共治共享""社会治理共同体"等提法,都是对典型的社会合作状态的描述,是希望通过多主体多层次多面向的社会合作,形成改革发展稳定的基本共识,为实现民族复兴和人民幸福安康提供安全稳定的社会氛围。

从社会群体互动角度来看,社会合作已经成为社会关系和谐的指导性理念。在社会治理理念方面,2017 年 9 月,习近平总书记在会见全国社会治安综合治理表彰大会代表时强调,坚持走中国特色社会主义社会治理之路,关键是要"深化对社会运行规律和治理规律的认

---

① 《中国共产党第十八次全国代表大会文件汇编》,人民出版社 2012 年版,第 14 页。

② 《中国共产党第十九次全国代表大会文件汇编》,人民出版社 2017 年版,第 23 页。

③ 《中国共产党第十九届中央委员会第四次全体会议文件汇编》,人民出版社 2019 年版,第 49 页。

识"。譬如,在阶层关系上,习近平总书记指出,要重视阶层关系,协调并形成社会团结和共同进步的阶层基础。在民族之间交往上,在 2014 年 5 月召开的第二次新疆工作座谈会和中央民族工作会议上,习近平总书记指出,要"推动建立各民族相互嵌入式社会结构和社会环境"①。2016 年全国两会期间,李克强总理作政府工作报告时,再次强调了"相互嵌入式社会结构和社会环境"这一提法。2019 年 9 月,习近平总书记在中央政协工作会议暨庆祝中国人民政治协商会议成立 70 周年大会上的讲话指出,发展社会主义协商民主,"要广开言路,集思广益,促进不同思想观点的充分表达和深入交流,做到相互尊重、平等协商而不强加于人,遵循规则、有序协商而不各说各话,体谅包容、真诚协商而不偏激偏执,形成既畅所欲言、各抒己见,又理性有度、合法依章的良好协商氛围"②。在 2019 年年底以来的新冠肺炎疫情防治期间,习近平总书记多次提及打好疫情防控的"人民战争",基层治理要做到"群防群治"等。所有这些思想都是具有非常鲜明的社会合作色彩的执政理念。

在民族国家间交往上,社会合作理念已经超越阶级阶层和国家层面,成为人类命运共同体思想的核心要素。合作是国际关系的基本主题,不同于国际间的经济合作、政治合作,国际间的社会合作是民族国家、国际组织以及各类自愿性组织、企业等共同参与供给基本民生产品和维护社会秩序的集体性行为,以及在此基础上形成的社会状态。2017 年 5 月,习近平总书记在"一带一路"国际合作高峰论坛开幕式上

---

① 《习近平在第二次中央新疆工作座谈会上强调　坚持依法治疆团结稳疆长期建疆团结各族人民建设社会主义新疆》,《人民日报》2014 年 5 月 30 日。

② 习近平:《在中央政协工作会议暨庆祝中国人民政治协商会议成立 70 周年大会上的讲话》,《人民日报》2019 年 9 月 21 日。

发表主旨演讲指出,"要树立共同、综合、合作、可持续的安全观,营造共建共享的安全格局"。"国之交在于民相亲,民相亲在于心相通。""一带一路"建设参与国要"在科学、教育、文化、卫生、民间交往等各领域广泛开展合作,为'一带一路'建设夯实民意基础,筑牢社会根基"。① 2019 年 11 月 5 日,习近平总书记在第二届中国国际进口博览会开幕式上的主旨演讲中指出:"面对矛盾和摩擦,协商合作才是正道。只要平等相待、互谅互让,就没有破解不了的难题。我们应该坚持以开放求发展,深化交流合作,坚持'拉手'而不是'松手',坚持'拆墙'而不是'筑墙'。"②在 2020 年 5 月 18 日召开的第 73 届世界卫生大会上,习近平总书记提出一个口号——"让我们携起手来,共同构建人类卫生健康共同体"③,就是要通过国际间社会合作最大化地提供优良的国际公共产品,让人类社会共同受益受惠。

可见,无论是作为中华民族的基本特质,还是作为一种维持社会秩序、维护社会团结的治国理念,社会合作已经成为当代中国国家和民族发展价值观中的核心内容。对社会合作的基本理论以及当代中国的社会合作中的重大现实问题进行一些新的探索,需求已经至为迫切。

正是基于以上理论和实践等方面的考虑,本书的写作目标确立为,从社会学理论角度围绕"社会合作何以可能"这一主题进行一些基本的理论探讨,在此基础上对在社会建设领域中如何彰显社会合作理念作一些分析,从而初步构建出一个社会学中层理论——社会合作论的

---

① 习近平:《携手推进"一带一路"建设——在"一带一路"国际合作高峰论坛开幕式上的演讲》,《人民日报》2017 年 5 月 5 日。

② 习近平:《开放合作 命运与共——在第二届中国国际进口博览会开幕式上的主旨演讲》,《人民日报》2019 年 11 月 6 日。

③ 习近平:《在第 73 届世界卫生大会视频会议开幕式上致辞》,《人民日报》2020 年 5 月 19 日。

基本框架。

有关社会合作的基础理论研究,首先需要就社会合作的一些基本问题如社会合作的源起、社会合作的概念内涵、社会合作的基本类型等进行一个阐述。在此基础上,着重围绕"社会合作何以可能"这一重大的基础性理论问题进行全面的学术史探究,在知识考古的过程中,明确基本的研究脉络。在进一步的分析中,分两个层面对"社会合作何以可能"这个问题所属的两个亚问题——"集体利益"问题和"集体意识"问题等理论议题展开分析。

关于社会合作中的集体利益问题。利益尤其是群体层面的集体利益,对社会合作局面的生成和持续至关紧要。虽然人们对利益问题的理解千差万别,但基于物质利益的利益概念集群,为较为系统地认识利益对社会合作的助推或销蚀等功能提供了基本的分析框架。为此,从社会合作生成和延续的过程角度出发,需要就集体利益问题中的"利益固化—利益协商—利益让渡"这一关键过程对社会合作的影响进行具体阐述。

关于社会合作中的集体意识问题。集体意识从精神层面对社会合作的生成及持续发挥巨大作用。集体意识有许多具体表征。在群体层面的外显部分可以看到群体的社会表情的变化;在群体层面的社会心理沉淀层面可以看到群体获得感等特殊社会心理。为此,可以从社会表情、获得感这两个角度分别讨论集体意识对社会合作的影响。

有关社会合作的实证研究部分。主要是从社会建设包括民生和社会治理这两个具体层面,选择一些基本领域如民生建设、社会矛盾等分别展开进行阐述,初步讨论这些领域中社会合作理念贯彻于制度创新过程的着力点。

第二章　社会合作的内涵与类型

讨论社会合作首先需要对"合作"和"社会合作"概念的内涵、社会合作的类型等基本问题进行一些分析和界定,从而形成讨论的共同语境,为进一步阐述奠定立论的逻辑基础。

一、合作的基本内涵

从字面上直解,"合作"是两个以上主体的一种相向而行的共同行为。但这里的主体是谁? 人类、动物、植物或者是一些原核生物,都可以成为合作的主体吗? 应当强调的是,"合作"是人类社会独有的社会现象,自然界中广泛存在的仅仅是一种"类合作"现象,主要是一种共生共栖的自然现象,其中的一些极其类似人类合作的行为取向,充其量也只是一种自然协同进化现象。

(一)自然界存在"类合作"现象

在自然界中,包括植物、动物甚至一些单细胞的原核生物内部,以及相互之间都存在着一种共同行动以实现共同目标的"类合作"现象。

根据目标不同,这种现象具体可以划分为两大类型。

第一种"类合作"现象是共生共栖现象,即通过互惠行动以维持各自生存的状态。在自然界中,该类现象存在最为广泛,可谓俯拾皆是。譬如,我国南方沿海的榕树上就有榕小蜂,榕树依靠榕小蜂传粉,榕小蜂则把榕树当作休养生息的乐土,这是动物与植物之间的共生现象。又如,狼和狈这两种动物都喜食猪、羊等动物,但捕猎时则各有先天的缺陷,狼的前脚长、后脚短;而狈则是前脚短、后脚长,于是就有了"狼狈为奸"之说,这类动物界不同动物之间的共同行动现象非常普及,在鳄鸟与鳄鱼、犀牛和犀牛鸟、向导鱼和鲨鱼、蜜獾与非洲蜂鸟、鳄鱼与埃及牙签鸟、双锯鱼与海葵等动物间,都存在着某种相互依赖、共同生存的共生共栖现象。

与这种比较直观的共生共栖现象不同,自然界的另一种"类合作"现象——协同进化现象则要隐蔽的多,它主要是通过互惠行为以共同不断得到进化。达尔文就已经意识到,物种间的相互关系会导致彼此间的适应性进化。生物学家埃利希和雷文于1964年提出了生物演进的协同进化理论。1980年,美国学者丹尼尔·詹森进而提出,"协同进化"是指一个种群的个体性状受到另一种群的个体性状影响而产生进化改变,而后者又对这种改变产生了应答式的进化反应,于是这种行动互相驱使对方提高自身的性能和复杂性,使各自的适应性不断增强。譬如,寄生虫与其宿主之间就会出现持续的类似合作的进化互动,寄生虫不能杀死宿主,但可以催促宿主进化出新的对抗寄生虫的能力;而宿主能力的上升又逼迫寄生虫为了能够持续寄生而不断进行自我调适。

(二)合作是人类社会的独特现象

在以上这些自然界的"类合作"现象中,有一些行为特征与人类的合作行为相类似,但是所有这些"类合作"现象都缺少人类合作最为关键的特征——有意识合作。

有意识合作是人类文明起源的一个主要标签。美国人类学家玛格丽特·米德曾经指出,人类文明出现的最重要标志之一就是古人类股骨(大腿骨)骨折可以愈合。因为股骨骨折恢复期很长,在动物界,如果摔断了腿,无法自己去寻找水源和猎食,即使不成为其他动物的美食,也会因为没有其他动物的帮助而很快自然死亡。如果断裂的股骨能够愈合,则说明人类这个物种已经开始有意识地牺牲自己的时间、自由,去帮助处于困境中的其他群体成员,而不是歧视或者抛弃这些群体成员。可以说,这种大量存在的合作行为是促成人类文明兴起的重要原因。

但是也应当承认,合作并非人类社会崛起的唯一原因。与"合作"一样,"竞争"也是人类社会普遍存在的一种基本行为取向。人类是自然界中竞争的优胜者,但是在无数物种之间的生存竞争中,人类个体除了拥有日益复杂和发达的大脑外,在其他所有的生物特性如身高、体能、肌肉等方面都不具有天然的优势。而且由于资源总是相对稀缺的,不同的人类群体可能会因为过度竞争而致使群体消亡,进而影响人类整体的持续性的生存与发展。应当说,人类的胜出最重要的原因是与其他动物不同,人类在有意识地进行高度复杂的群体合作。经济学的研究也表明,超越囚徒困境中个体理性的局限,谋求合作和合作剩余,可能是我们人类行为、人类心智与人类社会包括人类文化与人类制度共生演化的最终原因。建立一个更完善、更有效率的合作秩序,也许是我们这个物种在生存竞争中的最大优势。①

---

① 叶航、汪丁丁、罗卫东:《作为内生偏好的利他行为及其经济学意义》,《经济研究》2005 年第 4 期。

如果说社会竞争是人类的生物本性,那么社会合作就是人类社会后天养成的社会本性。中外思想家们很早就意识到这一点。早在战国时期,荀子就指出,人类"力不若牛,走不若马,而牛马为用,何也? 曰:人能群,彼不能群也"①。荀子提出的"群"这一独特的概念,不仅是指能够构成一个群体集合,这方面动物也都有可能,而且有些动物如蜜蜂、鬣狗和狮群等也有分工明确的类合作行为;这里的"群"主要是指人类有意识地结成的高度复杂的群体。正如马克思指出的,"连野蛮人、动物都还有猎捕、运动等等的需要,有和同类交往的需要"②,而在一切动物中,人是"喜爱交往的存在物"③。马克思和恩格斯进而认为:"社会关系的含义在这里是指许多个人的共同活动,至于这种活动在什么条件下、用什么方式和为了什么目的而进行,则是无关紧要的。"④

从合作的进程看,结合起来共同应对来自外部环境的威胁,是人类进行高度复杂的群体合作的最初原因。在采集和狩猎时代,为了获取生存和发展的资源,人类就已经学会了比动物界更为复杂的群体合作形式。而群体一旦形成,都会有自我维持的倾向并发展出一些自我进化的制度安排。正是通过这种合作方式,早期人类社会的规模和合作层面得以不断拓展。

在社会组织形态上,刚开始出现的是原始家庭,以家庭为基础形成氏族,氏族之间联姻和斗争,又促成了部落和部落联盟的出现,最终出现的是国家。随着生产方式的不断进步,人类社会进入农耕时代,这种定居式的静态生活所需要的群体分工和合作的类型与深度又向前大大

---

① 《荀子·王制》。
② 《马克思恩格斯文集》第 1 卷,人民出版社 2009 年版,第 225 页。
③ 《马克思恩格斯全集》第 42 卷,人民出版社 1979 年版,第 19 页。
④ 《马克思恩格斯选集》第 1 卷,人民出版社 1995 年版,第 80 页。

迈进了一步。随着时代的进步,人类社会从农业社会进入工业社会,随后有些国家和地区进入了后工业社会。在这种组织、结构和意识等都高度复杂的现代社会中,社会合作就显得更为重要。

如果不考虑人类社会群体的多样性,仅从人类社会生产所需要的要素角度来看,也可以看到这种社会合作的复杂性。在奴隶社会的晚期,人口繁殖速度加快,生产工具不断更新,譬如,在农业生产中开始大量使用铁器和耕牛等畜力,这就让以体力见长的简单劳动力的可替代性增强,劳动力这一生产要素的稀缺度下降,土地成为当时最为稀缺的生产要素,由于土地在封建社会主要掌握在地主手中,所以地主与其他群体尤其是农民之间能否维系一定水平和规模的群体合作关系就至关重要,因为一旦无地的农民因无法生存而揭竿而起,就会直接对社会秩序产生巨大影响。

进入近代资本主义社会后,西方发现了美洲新大陆,西欧资本主义国家在非洲、南美洲和南亚等地区的海外殖民地在不断增多,土地的稀缺度在相对下降。据统计,到1914年一战之前,英国海外殖民地的人口是本土人口的8倍,殖民地面积已经是本土面积的111倍!当时稀缺度最高的不是劳动力和土地,而是资本。所以,如何获得足够的资本来发展生产,是当时所有人关注的焦点。马克思认为,资本家主要是通过在国内对人民进行剥削、在海外进行殖民掠夺来获取资本,因此资本主义的本质是非合作性的。而极力为资本主义制度辩护的西方学者却不这么认为,如马克斯·韦伯就认为,企业主主要是通过"入世禁欲"这种社会合作式的方法来获得资本。韦伯认为,信奉新教的资本家认为上帝派他来人世间是来赎罪的,为了荣耀上帝,最终成为上帝的选民,受新教伦理影响的资本家就会跟其他并不拥有资本的普通劳动者一样,拼命地工作,但受禁欲思想的制约,资本家得到大量收入和财富后却不敢享用,大多数都转化为再生产的资本,所以资本就越积越多。在工业革命时代,是认同马克思的解释,还是认同韦伯的解释,就会对资本主义社会中的社会合作秩序的生成和延续形成完全不同的理论解释。

随着金融市场的大发展和垄断性大企业不断涌现,工业生产过程日益复杂化、精密化、标准化,服务业不断发展,科学管理日益重要,资本的所有者与管理者分离,管理技能成为一种能够参与分配的新生产要素。在20世纪六七十年代人类开始信息技术革命,随着微电子等高新技术大发展,资本继续稀缺,但管理技能、新知识、新技术等新生产要素的稀缺度日益提高。正如习近平总书记指出的:"在农耕时代,一个人读几年书,就可以用一辈子;在工业经济时代,一个人读十几年书,才够用一辈子;到了知识经济时代,一个人必须学习一辈子,才能跟上时代前进的脚步。"①正是在这种生产和分配的关键要素不断丰富和发展的过程中,管理才能、新知识新技术等一方面丰富和扩大了人类社会的合作规模和合作水平,如互联网的出现使全球性社会合作更加便利;另一方面,这些新要素也使社会群体间的社会合作在不断地更新,面临着新的风险,如核武器的扩散,使社会合作既有可能促进群体合作,也有可能在更高层次造成不可挽回的损失。

可见,人类社会的社会分工发展以及在此基础上建立的新的合作模式,极大地提高了人类的生产能力和自由程度,与此同时,人类社会长期沉淀下来的理性经验和理论知识不断告诉后人,"合作产生相互依赖,拒绝合作为每一当事人强制和反对别人提供了条件"②。人类社会的发展依赖于合作的更新,又严重受限于合作本身。

---

① 《习近平谈治国理政》第一卷,外文出版社2018年版,第403页。
② [美]L.科塞:《社会冲突的功能》,孙立平译,华夏出版社1989年版,第63页。

（三）合作概念的内涵界定

哲学家叔本华指出："单个的人是软弱无力的，就像漂流的鲁滨孙一样，只有同别人在一起，他才能完成许多事业。"合作在人类社会中普遍存在，人类社会时刻处于合作之中。虽然人们对"合作"这个词耳熟能详，但对于何谓合作，在认知上却并非完全统一，对其概念内涵需要统一一下认知。

首先要从语义上进行分析。《说文解字》："合，亼口也"①，本意是"合一"的趋势或状态。所以，"合"有切合、吻合、契合、聚合、结合、联合、符合、会合、交合、回合、收拢、适合、配合、投合、参合、并合、汇合、总合等语义。"合作"即为统合、共商，有"朋心合力"之意。《现代汉语词典》对"合作"概念的界定就是"互相配合做某事或共同完成某项任务"，这与传统的合作概念是一脉相承的。

与"合"最容易混淆的概念是"同"。应当明确的是，"合"完全不同于"同"。"合"是在"异"的基础上趋向于"同"，但永远不可达到真正意义上的"同"。"合"是在承认区分、承认多元存在的基础上进行"混合"。正因如此，"合作"的基本功用是"生"，正如《荀子》所说，"天地合而万物生，阴阳接而变化起"②，《淮南子》延续了这一说法，提出合作是万物生长的基本前提，"道曰规始于一，一而不生，故分而为阴阳，阴阳合和而万物生"③。也就是说，从语义上分析，合作是指具有差异性的多元因素向同一方向共同努力，努力生成一种全新事物或状态。

社会科学界对"合作"概念内涵的界定大体也是如此，不过其概念

---

① （清）段玉裁：《说文解字注》，中华书局 2013 年版，第 57、225 页。
② 王先谦：《荀子集解》，中华书局 2012 年版，第 356 页。
③ 何宁：《淮南子集释》，中华书局 1998 年版，第 244 页。

的外延和内涵更加清晰和规范一些。譬如,乌格特等人提出,"合作行为是指个体通过抑制个人利益最大化来满足集体利益最大化的过程"①。杰克森等人则认为,"合作是指两个或两个以上的人或群体为达到共同目的而协同活动,以实现某种特定目标,是一种在心理和行为互相配合、彼此协调共济的互动的行为方式"②。张康之认为,广义的合作包括互助、协作和合作三类,也即是合作的三种境界。这三种境界的基本内涵是一致的,即是一种共同行动的形式。③

　　基于以上分析,可以将"合作"概念界定为,两个以上社会行动主体共同努力以实现目标的行为。合作一般可以分为以个体为基础的个体合作和群体之间的社会合作,具体包括个体之间的合作、个体与群体之间的合作,以及群体之间的合作这三种类型。与心理学、经济学等关注个体起点的合作不同,社会学更为关心的是第三种类型的合作,即群体之间的合作,尤其是其中具有社会属性和社会目标的合作。

二、社会合作的基本内涵

(一)社会合作概念界定

　　社会合作属于群体合作,但在合作一词前面加了"社会"的限定之

---

　　① 转引自张婍、王二平:《社会困境下政治信任对公众态度和合作行为的影响》,《心理科学进展》2010 年第 10 期。

　　② J.Decety, P. L. Jackson, J. A. Sommerville, C. T. Haminade, & A. N. Meltzoff, The Neural Bases of Cooperation and Competition:An f MRI Investigation,Neuro Image,23(2), pp.744-751.

　　③ 张康之:《合作是一种不同于协作的共同行动模式》,《文史哲》2013 年第 5 期。

后,由于对"社会"的认知不同,不同学科知识背景的人们对"社会合作"的认知重心有所差异。概言之,主要存在以下三种不同侧重点的认知。

第一,社会合作是一种群体行为。动态地看,社会合作是一种集体层面广泛存在的社会行为。小至开夫妻店的个体户这种家庭层面的合作行为,大至美国人走上街头进行大规模的"黑人的命也是命"的集体游行,这种群体合作行为持续不断地在人类社会中涌现并且持续下去。正是认为社会合作是一种脱离个体而存在的社会行为,社会合作的概念摆脱了社会学个体主义和人文主义的束缚。这一概念的存在天然就反对韦伯等人所强调的不存在脱离个体行为的社会行为的思想,强调要从社会而非个体的角度来讨论合作现象。如果要从认识论角度进行区分,可以认为,社会合作的概念反对个体主义,也反对解构主义与建构主义等相对主义认识论,整体主义和社会实在论等是它的认识论和方法论基础。

第二,社会合作是一种社会状态。静态地看,社会合作是在各种群体层面普遍存在的一种社会状态。大大小小地在不同层面存在的合作状态,如群体层面的家庭、社区合作所形成的"邻里守望"状态和社区睦邻状态;阶层层面形成的阶层和谐共处状态,阶级层面存在的阶级合作现象,甚至是全球范围内的男女平权状态,都是人们追求并期待维持的社会状态。

第三,社会合作还是一种意识形态。在北欧地区的瑞典、挪威等国家,在一些奉行民主社会主义的国度中,社会合作和社会团结作为调和阶级矛盾、维持社会秩序的主流价值观念,成为社会党、工党等执政党或参政党的主流价值观念。社会合作主义作为一种意识形态从社会领域转至政治领域,指导着所有政治理念、经济调节和社会福利等出台的全过程。

由此可见,社会合作的概念较难界定。吴忠民认为,所谓社会合作,"是指社会共同体当中的不同社会群体或社会成员在社会分工体系当中占据某个特定的位置,按照该位置特有的专业分工或职业分工要求,分别实现特有的专业或职业目标,从而以不同的专业或职业角色,实现单个社会成员或社会群体仅仅依靠一己之力而无法实现的生产或其他方面的目标,以此实现社会的正常运行和发展,并从中得到相应的回报"[①]。这种界定的内涵较为清晰,但外延还需要进行明确。一方面,要进一步明确"社会成员"的内涵,"社会合作"之所以在合作一词之前存在"社会"这一界定词,就是因为社会合作是在群体层面上实现的,它排斥了人类合作行为中的个体合作,以及个体与集体之间的合作。另一方面,由于"社会"这一限定词的存在,集体层面的合作中只有一部分有社会属性和社会目标的合作才能称之为社会合作。一旦社会合作成为一种意识形态,称为合作主义,它就成为政治合作的一种表达形式,失去了社会合作本身的内涵,这时所讲的社会合作实质上一种政治合作行为和状态,我们可以去研究其中具有社会属性和社会性目标的行为,但不能将两者混为一谈。譬如,在合作主义指导下的福利政策变革等,就是我们需要关心的社会合作,但在合作主义理念指导下的各群体各团体的协商内容,更多的是如何组织政府、如何分配权力等,这就属于政治合作的内容了。

基于以上分析,可以认为,社会合作是人类群体合作的一种具体形式,它是指社会群体之间依据一定的原则采取合作行动以增进社会福祉的社会行为和社会状态。

---

① 吴忠民:《有效的社会合作何以愈益离不开社会公正——论社会公正与社会合作的关系》,《教学与研究》2018 年第 7 期。

（二）社会合作概念要义

进一步分析,认识"社会合作"的概念要义应当把握好以下四个方面。

一是社会合作是一种群体性合作。群体性是社会合作的基本特性,社会合作是在二人以上所构成的不同群体之间产生的。群体有不同的划分方法,主要有正式群体和非正式群体之分,但是正式群体之间的合作才能称之为社会合作。这种正式群体可以从家庭开始算起,主要包括各种各样的利益群体如职业群体、所有制群体、志趣群体,包括社会阶层如弱势的贫困群体、主流的城市中产阶层、先富阶层等,也包括阶级、民族国家,甚至是超越国家在人类社会层面存在的庞大群体,如反战群体等。

二是社会合作主要是指整体层面规律性的合作。在群体层面上,各种零散的寻找不到规律性的具体合作行为,虽然是具有社会性的合作,但是它并非我们关注的重心。也就是说,一种社会合作行动或模式是有规律的:在价值层面,是受到特定的内在的价值取向指导的;在制度层面,由系统的制度表征呈现出来,以一系列的社会制度为支撑;在物质层面,应当有具体的体制机制和物质资源的保障;在符号层面,有特定的符号、话语和标识被人们认为是归属于这种社会合作类型的。只有这些整体层面有规律可循的合作行为才使研究具有可行性。

三是社会合作是在社会领域内开展的合作。不同于经济合作、政治合作、文化合作和生态合作,社会合作是在社会交往领域内进行的合作,是对群体的社会关系尤其是利益关系和价值关系进行调整和再均衡的过程。社会合作的目标是有利于社会福祉的增加,具体包括生活质量的提升、社会关系的和谐、社会秩序的维持、社会结构的优化等。

譬如,在保障和改善民生领域,在化解社会矛盾的领域内的各种集体合作行为就是一种典型的社会合作。

四是社会合作是一种集体行为和价值取向,但最终是一种社会状态。从社会行动角度来看,社会合作是一种在各个群体层面广泛的社会行为;从价值角度来看,社会合作是一种与社会竞争、社会对抗等相对应而存在的一种群体基本价值取向;从状态角度来看,社会合作最终应当呈现为社会发展所追求的一种理想状态。

三、社会合作的基本类型

基于以上内涵界定,对于社会合作的类型可以从很多种不同角度进行划分。以下从纵向的历史维度和横向的现实维度分别进行一些划分。社会学主要关注现实社会,因此本书分析运用的主要是横向维度下的社会合作类型。

(一)历史进程维度的社会合作类型

作为研究公共治理问题的权威学者,张康之从政治学尤其是公共管理的视野出发,对合作问题进行了长期的深入研究。张康之认为,人类社会中存在的互助、协作和合作,分别是农业社会、工业社会和后工业社会占据主导地位的社会行动模式[1],未来,合作应当得以不断兴盛。互助是感性的,协作则是工具性的,而合作既是理性的又是扬弃了工具性的人类群体共存、共在和共同行动的形式。[2] 这就是一种典型

---

[1]　张康之:《协作与合作之辨异》,《江海学刊》2006 年第 2 期。
[2]　张康之:《论合作》,《南京大学学报》2007 年第 5 期。

的从人类历史进程角度进行的合作类型划分。广义上看,以上述所作的概念界定,只要是在群体层面进行的互助、协作和合作,都属于广义上的合作,不论是传统社会中占主导地位的合作还是现代社会、未来美好社会中占主导地位的合作类型而已。但张康之所划分的合作主要是从政治学和公共管理学角度划分的,更侧重于"合作"及其效能,而不是"社会"本身。根据我们对社会合作概念的界定,社会合作只是群体性合作中的一种特定的类型,社会具有与经济、政治完全不同的基本属性和运行逻辑,因此必须将经济合作、政治合作和社会合作区分开。借鉴张康之的划分标准,并结合社会合作的自身特性,从社会合作的基本动因出发,可以观察到人类历史中曾出现过多种社会合作类型。

第一,自发性社会合作。这是一种原初性合作,自从人类社会形成伊始就已经出现,是主要基于人际情感和长期的生活共同体而形成的。在游牧社会和农耕社会中,为了谋生,人类社会经常采取各种互惠行动,自发性社会合作不断增多,并且随着文明的发展而不断变迁。但是应当说,直至近代大工业和理性资本主义时代来临之前,自发性社会合作一直是人类社会最为基础的社会合作类型。

传统中国一直非常重视基于人情的互助,就是一种典型的自发性社会合作。正如梁漱溟所言,儒家看重人际和谐,最反对的就是利益计算,认为"最与仁相违生活就是算账的生活","仁只是生趣盎然,才一算账则生趣丧矣"。① 譬如,在传统的农业社会中,我国长期存在着一种农民互助合作——换工行为。古代中国的北方村落中就长期存在着一种锄社农耕互助组织,元代农学家王祯所著的《农书》中就有记载:"其北方村落之间,多结为锄社。以十家为率,先锄一家之田,本家供

---

① 梁漱溟:《东西文化及其哲学》,商务印书馆2012年版,第152页。

其饮食，其余次之。旬日之间，各家田皆锄治。自相率领，乐事趋功，无有偷惰。间有病患之家，共力助之。故田无荒秽，岁皆丰熟。秋成之后，豚蹄盂酒，递相犒劳。"康熙年间的《宣化县志》记载，"农家村居，情甚亲昵。有无相通，老少相爱。耕获以力相助。有上世遗风焉。"①表面上看，这两种换工行为是一种经济互助，是一种经济合作，但所有经济关系都是镶嵌于社会结构之中的，换工行为的经济目标是直接的，但从"共力助之""递相犒劳""情甚亲昵"等表述来看，在换工行为背后，参与换工行为的人们最为关心的不是经济收益，因为如果不换工，耕作之事一家一户也可如期完成。参与换工行为更多的是一种对传统习俗的遵循，并无直接的追求目标，但最终会导致社会关系的助固，带来社区和睦、情感愉悦等，因此这是一种带有明显的社会属性和社会目标的社会合作行为和状态。

自近代以来，随着工业化对乡村的渗透，以及理性计算行为的普及，以家族为依托的传统村落开始衰落，士绅群体在解体，基建于社会低流动性之上的这种传统的自发性社会合作也在不断衰退，但又没有彻底退出历史舞台。

20世纪二三十年代，国民政府推进了保甲制度建设和新生活运动，民间也推进了各种乡村建设运动，这些行动客观上有助力乡村发展的功能，但这些运动中政府的行动主要是要实现稳定统治权的意图，乡村建设运动大多非以恢复传统生活为己任，两者都不是顺应时代潮流而对乡村进行现代化的重新塑造。新中国成立后，一段时期内公共权力在乡村不断下沉，直至最为基本的组织单元——村队层面。20世纪80年代村民自治制度实施后，公共权力又收回至乡镇层面。家庭联产

---

① 转引自张思：《从近世走向近代：华北的农耕结合与村落共同体》，《民俗研究》2010年第1期。

承包责任制使农民获得经济"解放",与此同时,也在组织上很大程度上被"解散"了,大量流动人口在城市农村、东中西部地区之间不断往返迁徙、生活变动不居,众多外出农民工进行跨乡镇的长期外出务工经商。可以说,经过最近一百多年的大变迁,传统自发性合作所需要的确定性、凝固化及情感交往等前提条件受到重大冲击。

进入21世纪以来,为了应对这种新挑战,公共权力以巩固基层的组织基础、保障和改善民生、创新基层社会治理等方式强势回归。在社会主义新农村建设、乡村振兴等宏大战略行动的助力下,乡村基层社区中各种表现形式的自发性社会合作,以乡规民约、家谱修建、村民理事会、红白喜事理事会等形式又开始活跃起来,在现代社会的各种社会合作行为中占据一席之地。而在城镇社区建设中,群防群治、社区居民公约、网格化管理服务等举措,也多少都有一些自发性社会合作的色彩。

第二,自觉性社会合作。自觉性社会合作是一种将手段与目标直接联系,为了获得回报而积极主动地采取相向行动的群体性合作。自觉性社会合作是在商品经济大发展和交易意识普及的前提下,以群体的自利性无限扩张为基础而形成的一种现代社会合作,规范化的现代交易是自觉性合作的完美展现。无论是经济学家斯密还是社会学家涂尔干都深信,这种自觉性社会合作虽然是一种理性选择基础上形成的群体性自利行为,但可以通过法治化、职业化、个体化等,让社会群体间良性互动,共同为实现更高的目标而努力,并由此自发形成良好的社会秩序。譬如,涂尔干认为,在机械团结的社会,"集体人格完全吸纳了个体的人格",其标志是"所有社会成员共同的观念和倾向在数量和强度上都超过了成员的观念和倾向";在有机团结社会中,社会团结依靠社会分工,社会成员与社会整体之间是一种由成员相互关系所组成的系统连接起来的关系。"每个人都有自己的行动范围,……都有自己的(独立)的人格。"①

对于正处于快速现代化的国家和已经实现现代化的国家而言,自觉性社会合作是最为主要的社会合作类型。小至一些群体性互助行动如帮助农民工的"打工妹之家",帮助老年人的乡村互助养老组织和"时间储蓄银行"等,大到国际合作抗击新冠肺炎疫情、黑人平权运动等,这些都是在利益群体、阶层阶级、民族国家和人类社会层面存在的、有意识发动的各种促进社会进步和增进社会福祉的社会合作行动。这种社会合作类型也是本书所要重点讨论的内容。

之所以重点关注,一方面是因为这类社会合作数量最多,是现代社会合作的主流;另一方面更重要的是,对于当代中国而言,自觉性社会合作存在一系列急需关注的问题。从社会合作主体来看,各自为政的主体将对社会合作的维系产生巨大的负面影响。譬如,个别地方政府发现社会合作收效较慢,直接的管理、控制、硬性打压,效果明显,也就不会进行权力的自我放逐,更不愿意与其他社会行动主体平起平坐地开展合作,这些必然导致政府让渡出来的社会合作领域狭小,可用的合作资源不足,合作治理创新的力度和最终结果都是可想而知。再如,个别市场主体并不具备企业家精神,而是严重依赖权力和制度空隙等进行财富累积,对于脱离权力依附的自由发展缺乏积极性。还有一些社会组织规模小、人员少、力量弱,甚至可能还有赢利的不当冲动或有政治方面的目标诉求,使得一些社会组织难以分担合作中应承担的责任和义务。所有这些都意味着,在"有机团结"基础上形成健全而健康的自觉性合作任重而道远。

---

① ［法］涂尔干:《社会分工论》,渠东译,生活·读书·新知三联书店2000年版,第91页。

第三,自为性社会合作。自为性社会合作是一种超越了利益考量的新型社会合作类型。在这类社会合作中,社会合作主体并不关心合作是自利或利他等问题,通过社会内化、社会认同和社会融合等群体心理过程,所有合作的参与群体都将社会合作视为一个群体中所有成员都在无意识中遵循的基本行为规范,视为一种共同的社会交往价值和原则。简言之,社会合作是一种在社会中占主导地位的生活方式。应当说,这是一种社会合作的理想状态。

在自为性社会合作的状态下,合作的属性和特征不再是一种人际关系以及生产关系,也不再是简单的基于感性的生存本能,或者基于理性的计算而采取的互助与协作的方式,而是一种"全面、嵌入、精致、发达"的合作状态。合作不仅是生产生活的必需,也是人们精神生活的支柱,更是支撑社会系统可持续运行的要素。张康之将这种新的合作形态总结为"既是群体活动和共同行动的基本方式,也是一种基本的行为模式,更是一种生活形态"[①]。

从当代中国的实践状态来看,有一些社会群体的行为是自发性合作行为,但占主流的是自觉性社会合作的状态,自为性社会合作仍然处于一种相对稀缺状态。在社会治理探索德治融入自治和法治之中,如果能够通过引导使德治成为目标,而非手段,则自为性社会合作就会逐步地自然地自发。

但应当指出的是,在当代中国社会,以上三种社会合作状态都有其存在的合理性。自发性社会合作是人类历史上延续时间和占据主导地位时间最长的合作状态,当代中国的社会合作不可能完全无视甚至是否认它在维持社会秩序和创新社会治理中发挥的功用,应当提倡让传

---

① 张康之:《走向合作的社会》,中国人民大学出版社 2015 年版,第 70 页。

统的情感共同体参与社会治理。党的十九届四中全会提出的"社会治理共同体"这一概念中,就包含了让自发性社会合作发挥功用的意蕴。自觉性社会合作是近代理性资本主义兴起后,占据主导地位的社会合作,其核心精神是以规范化的方式来约束和激励社会行为,因此应当更重视如何更好地用正式规范来进行约束和激励,从而使得更高层面的社会合作得以生成和延续,这也是我们所要讨论的主要社会合作类型。自为性社会合作是一种理想状态,应当在自觉性社会合作发展完善的基础上,伴随着社会的不断进步,不断拓展这种社会合作状态的适用范围,使之能够承担起未来美好社会中主要社会合作类型的重任。

(二)层次结构维度的社会合作类型

从社会合作的层次结构角度来看,群体间的社会合作,尤其是自觉性社会合作的类型众多、纷繁复杂。从群体由小而大来看,社会合作有着高低不同的具体表现形式。

第一,利益群体合作。不同利益群体合作是现代社会中最为常见的合作形式。在一定的社会利益配置体系中,具有相同的利益地位、共同的利害与需求、共同的境遇与命运的人群会聚集在一起而形成一个利益群体。正如太史公司马迁在《史记·货殖列传》中所言,"天下熙熙,皆为利来;天下攘攘,皆为利往"。马克思主义者更是认为,人们所追求的一切都与他们的利益有关。1978 年 12 月 13 日,邓小平同志在中共中央工作会议闭幕会上作了一次著名讲话,在这篇题为《解放思想,实事求是,团结一致向前看》的讲话中,邓小平同志着重指出:"不讲多劳多得,不重视物质利益,对少数先进分子可以,对广大群众不行,一段时间可以,长期不行。""革命是在物质利益的基础上产生的,如果只讲牺牲精神,不讲物质利益,那就是唯心论。"①

现代社会是一个利益群体不断涌现的时代,利益群体通过合作来增进社会福祉、推动社会进步的社会合作行为极为普遍。譬如,一些民间组织与妇联之间合作开展的女性维权行动,一些社区居民通过业主委员会、居委会等就社区环境、业主利益等与其他行动主体如物业公司等进行社区协商等,这些都是通过有意识的合作协商平台来达成各自利益的最大化,并且生成最高层面的社会合作状态,是自觉性社会合作的一种类型。这些行动中除了部分行动具有经济收益动因之外,更重要的是所有这类社会合作行为都促进了社会团结和社会和谐,避免了社会冲突,并且形成了新的社会行动规范,使社会总福祉得到增加。

第二,阶层社会合作。一个利益群体如果具有明显的经济等级特征、生产生活方式,就会在社会心理逐步沉淀形成一种相同的群体文化,这时利益群体就转变为社会阶层。2013 年党的十八届三中全会提出,要扩大中等收入者比重,形成橄榄型分配格局。这里使用"者"以及此后党的文件中使用"中等收入群体"这个词,都表明在当前我国,处于"中等收入"状态的人口还没有统一的生产生活方式,更没有一致的社会阶层文化。但是,传统的中国社会阶级阶层结构在改革开放之后有巨大变迁,是一个不争的事实。为了避免在根本利益完全一致的前提下,出现无序的具体利益之争,各社会阶层会就社会资源和社会机会的配置等开展各种社会合作。

在政治层面,这种阶层合作也日益受到重视。在改革开放伊始的1979 年,邓小平同志就在中央召开的理论工作务虚会上提出:"不认为党内有一个资产阶级,也不认为在社会主义制度下,在确已消灭了剥削

---

① 《邓小平文选》第二卷,人民出版社 1994 年版,第 146 页。

阶级和剥削条件之后还会产生一个资产阶级或其他剥削阶级。"①从此,阶级斗争远离主流社会的视野。2001年,江泽民同志在"七一"讲话中第一次使用了"新的社会阶层"这一概念,在阶层这一概念基础上突出"社会"的意涵。随后的2002年党的十六大报告提出,"在社会变革中出现的民营科技企业的创业人员和技术人员、受聘于外资企业的管理技术人员、个体户、私营企业主、中介组织的从业人员、自由职业人员等社会阶层,都是中国特色社会主义事业的建设者"②,从而正式确认了所有新的社会阶层的政治地位。2006年,胡锦涛同志在全国统战工作会议上的讲话指出,必须全面兼顾和实现社会各阶层群众的利益,要引导新的社会阶层人士做合格的中国特色社会主义事业的建设者,推动和实现全社会和谐相处、共同发展。③ 进一步突出了"兼顾和实现""和谐相处"等关键词,提醒人们从社会合作的角度看待阶层关系。2013年,习近平总书记指出,阶层关系是助推实现民族伟大复兴的重要社会关系。2019年党的十九届四中全会进而提出,"谋求最大公约数,画出最大同心圆,促进政党关系、民族关系、宗教关系、阶层关系、海内外同胞关系和谐"④。党和政府开始强调要让各社会阶层通过合作,达成全面改革的社会共识,这不仅具有群体共生的意义,更对整个国家和民族有利,可以形成实现中华民族彻底复兴的社会合力。可见,在持续推进改革的过程中,阶层关系和阶层合作的作用正在日益突显。

在这些阶层合作中,有些是政治合作,也有一些是社会合作,如在

① 《邓小平文选》第二卷,人民出版社1994年版,第168页。
② 《江泽民文选》第三卷,人民出版社2006年版,第539页。
③ 胡锦涛:《论构建社会主义和谐社会》,中央文献出版社2013年版,第106—108页。
④ 《中国共产党第十九届中央委员会第四次全体会议文件汇编》,人民出版社2019年版,第30页。

脱贫攻坚中,让企业家对口帮扶贫困农民,一些企业主与工人群体之间进行的集体工资协商,社会舆论一直在讨论的房地产税、遗产税的开征问题,等等,都有典型的社会阶层间通过利益协商、利益让渡等进行社会合作实现共赢共生的意味。除了中国当代的阶层合作之外,一些资本主义社会为缓和阶级矛盾,也存在各种阶层合作的行动,如瑞典社会中长期存在的社会团结传统就是各阶级阶层共同维持的,该国关系到民生福祉的社会保障制度也是在各阶层的协商妥协下不断发展完善的。

第三,阶级社会合作,即在不同阶级之间进行的社会合作。在人类历史上,与阶级斗争一直相伴而存在的是阶级合作。在推翻封建社会的过程中,工人阶级与资产阶级就有着良好的合作,但在资本主义社会这种合作局面并不长久。恩格斯说:"不同阶级的这种联合,虽然在某种程度上向来是一切革命的必要条件,却不能持久,——一切革命的命运都是如此。在战胜共同的敌人之后,战胜者之间就要分成不同的营垒,彼此兵戎相见。"①之所以如此,是因为这种合作主要是政治合作,没有太多的社会合作内容,通过政治合作改变政治局面甚至社会政治形态后,无产阶级发现,所谓的自由、平等、博爱与自身关系不大,自身的各种收入、社会保障、住房等集体利益没有得到太多改善,劳动本身也出现了异化现象,于是在觉醒的阶级意识支配下,阶级对抗和阶级斗争就不可避免。

正因如此,《毛泽东选集》第一卷第一篇文章《中国社会各阶级的分析》的第一句话就是:"谁是我们的敌人?谁是我们的朋友?这个问题是革命的首要问题。"②革命成功就需要团结真正的朋友,以攻击真

①　《马克思恩格斯选集》第 1 卷,人民出版社 1995 年版,第 511—512 页。
②　《毛泽东选集》第一卷,人民出版社 1991 年版,第 3 页。

正的敌人。毛泽东同志曾经根据革命和建设年代的任务不同,划分出三种类型的阶级合作,即在民族革命、阶级革命和国家建设分别都存在不同的阶级合作。在新民主主义革命时期,各民主阶级的共同利益是第一位的,应当为了这种共同利益而实行阶级合作,其中就有许多属于社会合作,如劳资合作。1938 年 10—11 月,毛泽东同志在党的六届六中全会的报告和结论中指出,"所谓长期合作,就是长期的民族统一战线,所有阶级,从资本家到工人,所有政党,从国民党到共产党……一切都在内,而且是长期在内的……"①。即使是劳资两大阶级,也应当通过实行"劳资两利"的政策,建立"劳资合作"的新型阶级关系,以使双方共同为发展工业生产而努力。新中国成立后,我国规定国家的性质和阶级基础是"工农联盟",这就是一个阶级合作的成功范例。

在当代中国,中国共产党已经成为代表最广大人民群众根本利益的政党。一般而言,执政党要代表好各阶级阶层的利益,就必须在合作框架下建立不同阶级阶层或利益集团的博弈机制,而构建阶级阶层合作机制。② 在当前的中国社会进步过程中,应当在承认社会经济地位不平等的客观现实的基础上,建构不同阶级利益的均衡机制和制衡机制,努力使不同的阶级利益通过"谈判"和"对话"达到"帕累托最优",使阶级关系由阶级对抗走向阶级合作。③

第四,民族国家间社会合作,即不同民族国家之间为了增进共同利益而进行的社会合作。民族国家之间的合作较为常见的有华约、北约等国家联盟,以及欧盟等,发展中国家中常见的 77 国集团、不结盟运动

　　① 毛泽东:《论新阶段》,《解放周刊》1938 年第 57 期。
　　② 仇立平:《论执政党转型后的阶级阶层合作机制》,《江苏行政学院学报》2011年第 3 期。
　　③ 仇立平:《建构和谐社会下的阶级合作机制》,《中国党政干部论坛》2005 第2 期。

以及"南南合作"也都是典型的民族国家合作,这些国家合作形式中大多是经济合作、政治合作,而以促进社会进步、人民生活改善的专项合作相对较少。联合国在国家间推进的"千年发展目标",国家间的扶贫开发合作,以及如"中非论坛"所讨论的内容,绝大多数内容就是一种国家间社会合作。我国在推进"一带一路"建设过程中,就存在"民心相通"这一重点内容,在教育、文化、就业等领域内的合作就是一种增进社会福祉性质的社会合作。

第五,跨国性社会合作,即超越民族国家从而在全球范围内进行的社会合作。现代社会所面临的诸多亟待合作解决的问题,如种族权利不平等、极度贫困、核战争威胁、资源短缺等,都是超越国家层面的人类共同利益所在。20世纪60年代末以来,全球范围内的各种女权运动、同性恋运动、黑人平权运动、动物保护主义等现实行动,都是具有明显的社会合作性质的跨国性社会合作。在理论上,德国社会学家贝克对风险社会概念的构建,对"全球亚政治"的倡议和"全球生态政治"的热切期盼;或者英国社会学家吉登斯对"生活政治"的理论构建;德国社会学家哈贝马斯对"交往行动"的热情推介;等等,都是力图在人类社会现代性危机的应对问题上进行深远思考基础上所形成的理论倡导,是希望在全球性问题上形成一个新型的社会合作局面,寻找出全球性危机的真正应对之道。

第三章 转型社会中的社会合作

当代世界正经历百年未有之大变局。除了一些先发型的发达国家之外，世界上大多数国家都处于传统向现代快速转变的社会转型过程中。一个国家或地区，无论是传统社会、现代社会，还是一个后现代性表现更加突出的社会，一定的社会转型状态都是该社会中各类社会合作生长的宏大背景。一方面，社会转型状态直接决定着该社会中社会合作的主要类型，即是以自发性社会合作为主，还是以自觉性社会合作为主。另一方面，在社会加速转型过程中形成的新型现代性，使现代社会合作如自为性社会合作等，有了发挥作用的新空间。

一、社会转型的基本要义

（一）从转型到社会转型

从学理角度来讲，"转型"议题并非中国学者的独创。它在涂尔干、索罗金等众多社会学者对传统社会向现代社会转变的研究中已经充分体现出来。譬如，涂尔干有关"机械团结"与"有机团结"的分析，梅因关于"身份社会"与"契约社会"对立的研究，滕尼斯关于"礼俗社会"与"法理社会"关系的区分,韦伯关于"前现代社会"与"现代社会"对立的阐述,索罗金对"城市世界"与"农村世界"这二元社会的不同层面的特征的列举与阐述,帕森斯关于五种模式变量的对比分析,雷德菲尔德关于"俗民社会"与"都市社会"的分析,等等,都是对"传统—现代"这个连续统的一种理论阐述。在西方学界,"转型"一词已经被波兰尼、撒列尼等人广泛运用,譬如,早在 1944 年,波兰尼就出版了著作《大转型:我们时代的政治与经济起源》,这里的"大转型"(Great Transformation)与社会转型(Social Transformation)词义已经有重合之处。此后西方学者如 D.哈利生等都已经开始使用"Social Transformation"一词。1987 年,我国学者谭伟东就在《城市问题》杂志第 4 期上发表论文《社会转型、工业新区位与我们的对策》,但仅提出了"社会转型"一词,没有对社会转型作任何介绍和分析。

应当指出的是,"当代中国的社会转型"议题甚至是理论体系是在 20 世纪 80 年代末由郑杭生首先提出的。在 20 世纪 90 年代初,郑杭生、李培林等人大量撰文,对当代中国社会转型议题的发展和成形作出了杰出贡献。此后,以郑杭生、李培林、陆学艺、吴忠民、孙立平、王思斌、杨善华、洪大用、刘祖云、王雅林等人为代表的中国学者系统而深入地开展了当代中国社会的转型研究,如郑杭生领导的团队对中国农村社会转型的研究,李培林等人对中国社会结构转型的研究,陆学艺等人对中国社会阶层结构转型的研究,吴忠民对社会公正问题的研究等都取得了巨大的成功,这些研究成果不仅逐步成为现代化研究的主流,而且青出于蓝而胜于蓝,开始替代 20 世纪八九十年代的现代化研究。经过此后多年发展,"社会转型"成为中国社会学观察当代中国社会变迁的一个框架性范式,社会转型一词已经为社会所普遍接受并广泛使用,成为日常生活的一个基本用语。

（二）社会转型的基本内涵

但是对社会转型的内涵界定,中国学者与西方学者之间却有明显的差别。西方学者的概念界定侧重于"转型",甚至带有政治转型的预设和期盼。但中国学者的界定则侧重于"社会",完全摒弃了政治转型的歧义。总体上看,中国学者对于"社会转型"的概念界定,主要有以下两种不同的视角。

一是从总体角度来界定。郑杭生认为,转型,是指事物从一种运动型式向另一种运动型式过渡的过程。转型既包括事物结构的转换,也包括事物运动机制的转换。而"社会转型"则是一个有特定含意的社会学术语,它是对传统型社会向现代型社会转型过程的一种理论概括。具体而言就是,从农业的、乡村的、封闭的半封闭的传统型社会,向工业的、城镇的、开放的现代型社会的转型。从社会学角度来讲,社会转型的涵义中最着重强调的是社会结构的转型。如果是指社会结构转型,那么社会转型与"社会现代化"是重合的,几乎是同义词。而在社会转型没有完成之前,整个社会就是转型社会,反之可以说,转型社会是指在这一转换过程中的一种特殊社会运行状态。① 在 20 世纪的最后 20 年里,对"社会转型"这个术语确实存在种种不正确的理解,甚至有滥用这个术语的现象,但这是纠正不正确理解和反对滥用的问题,而不是反对"社会转型"这个术语本身的问题。② 为此,郑杭生提出,社会学所提的社会转型是一种广义社会转型论,而不是意识形态甚至是政治体

① 郑杭生、洪大用:《当代中国社会结构转型的主要内涵》,《社会学研究》1996年第 1 期;郑杭生:《改革开放三十年:社会发展理论和社会转型理论》,《中国社会科学》2009 年第 2 期。

② 《郑杭生自选集》,学习出版社 2013 年版,"前言"。

制意义上的社会转型,这种澄清为社会转型理论的进一步发展赢得了应有的空间。

二是从基本内涵角度来界定。李培林则对社会转型的基本内涵作了进一步的规定。他认为,当代中国的社会转型是从产品经济社会向社会主义市场经济社会转化,从农业社会向工业社会转化,从乡村社会向城镇社会转化,从封闭半封闭社会向开放社会转化,从同质的单一性社会向异质的多样性社会转化,从伦理社会向法理社会转化。[①] 但对这种转型的内涵还要作进一步的分析。首先,"社会转型是一种整体性发展",即包括经济增长在内的人民生活、科技教育、社会保障、医疗保健、社会秩序等方面在内的社会全面发展,其中经济社会结构的转型是社会发展的本质内容;其次,社会转型还是"一种特殊的结构性变动",既意味着经济结构的转换,也意味着其他社会结构层面的转换,是一种全面的结构性过渡;最后,社会转型"是一个数量关系的分析概念",需要通过积累过程、资源配置过程、人口变化及分配过程等方面的一系列相关变量的变动趋势得以说明。[②]

与"社会转型"这个概念联系最密切的就是社会转型的分期问题。社会转型理论认为,从总体上说,中国社会转型从1840年的鸦片战争正式开始。到目前为止,这一转型过程大致已经经历了三个阶段,在不同时期,社会转型的速度不同:从1840年至新中国成立的109年为慢速转型期,1949年至改革开放为中速转型期,1978年改革开放至今为加速转型期。把最近的40多年叫作"加速期",这是与中国社会以前所经历的转型速度相比较而得出的结论。

---

① 李培林:《处于社会转型时期的中国》,《国际社会科学杂志》1993年第3期。

② 李培林:《社会结构转型:另一只看不见的手》,《中国社会科学》1992年第5期。

二、当代中国社会转型对社会合作的约制

社会转型理论认为,中国的社会转型,是中国的社会生活和组织模式从传统走向现代、迈向更加现代和更新现代的过程,或者说中国社会转型是中国的社会生活和组织模式即社会实践结构不断从传统走向现代、走向更加现代和更新现代的变迁过程。从内容上讲,自 1978 年以来的中国社会转型表现为三个方面的转型:社会结构、社会运行机制以及价值观念体系。这三个层面的转型相互交织在一起,使得转型社会更加复杂多样,社会转型过程也更加曲折艰难。

从社会合作角度看,社会转型状态直接约束了社会合作。社会转型理论的研究者们普遍认为,中国社会转型的核心内容是社会结构转型,或社会转型的主体是社会结构;在一定意义上当代中国的改革即是不断调整和更新原有的社会结构体系。从横向来看,社会结构主要是指社会部门结构;从资源配置角度来看,社会结构主要是指社会阶级阶层结构。社会结构转型会带来机制和功能层面的转型,更会引发思想文化层面的深层转型。因此,社会转型对社会合作的制约主要体现在结构、制度和心理等层面。

(一)社会结构转型落后于经济结构转型

任何一个社会都有它自身独特的结构,一般而言,社会结构是指社会要素之间存在的一种相对稳定的关联方式。社会转型理论研究者如郑杭生、李培林等人均认为,社会结构转型与经济体制转轨的并行是我国社会转型的最基本特征。1978 年以来,中国的社会转型进入了加速

转型期,这一时期的基本特征就是在经济体制改革的带动下,社会转型也开始加速推进。社会结构转型和经济体制转轨两者同时并进、相互交叉,形成相互推动、相互制约之势,从而使经济问题、社会问题等交织在一起,造成结构冲突和体制摩擦交织,增加了改革和发展的难度。因此,如何处理好社会结构转型与经济结构转型的关系就成为社会转型加速期推进改革面临的最棘手的问题之一。

社会结构与经济结构的互动关系是社会转型理论关心的重点问题,也是社会合作议题最为重要的经济社会环境。社会转型理论认为,改革开放以来,尤其是进入新世纪后,伴随着国民经济的迅速崛起,我国的社会局面也出现了深刻变化,其中最大的特征就是社会结构的变迁明显滞后于经济结构。据陆学艺等人的研究,我国社会结构变迁要慢于经济结构变迁约 15 年时间。[①] 这种经济社会转型"时差"现象在社会结构的次级结构——财富配置结构、人口结构、阶层结构、组织结构和社会心理结构等层面都有明显的表现。这些表现集中为当代中国面临的众多的具体社会合作难题。

第一,财富配置结构转型导致利益冲突加剧。随着分配方式向多样化方向转型,城乡之间、区域之间、行业和单位之间、社会强势群体和弱势群体之间收入差距依然较大。与此同时,一些既得利益群体开始利用经济、政治等优势扩大和巩固自身的利益,不同利益群体间产生的矛盾和冲突显现,如一些地方的干群关系紧张、一些企业的劳资矛盾日益突出、一些人群的仇富行为显现等。

第二,人口结构的转型引发一些新的合作难题。经过 40 多年的努力,我国人口的数量问题基本得到控制。但是此前 30 年的人口快速增

① 参见陆学艺:《当代中国社会结构》,社会科学文献出版社 2010 年版,总报告部分。

长以及最近 40 多年来人口"急刹车"政策的强力实施,带来强大的人口结构惯性作用,使当代中国面临着大量新的人口问题:一是劳动年龄人口过多,使就业问题突出,在产业转型升级以及新冠肺炎疫情等的影响下,一些中青年或者无业可就,或者对就业质量不满意,对社会的不满情绪可能会增加。二是"80 后"和"90 后"等年轻一代进入主流社会,个体化社会来临,使传统的自上而下的垂直型社会治理模式和手段的效果大打折扣。三是流动人口增多,服务管理难度增大。

第三,社会阶层结构多元化使社会群体关系日益多样化,增加了社会合作的复杂化。过去的"两个阶级一个阶层"的阶层结构开始变化。农民阶级和工人阶级内部不断分化出新的阶层,同时在体制外新生了一些新的社会阶层,根据江泽民同志在庆祝中国共产党成立 80 周年大会上的讲话精神,这些新社会阶层也是中国特色社会主义事业的建设者。由于不同社会阶层所掌握的权力、资源和声望存在差别,利益诉求不一致,他们相互间对立和冲突的可能性增强,协调利益关系的难度增加。

第四,社会组织结构的转型使社会再组织化面临新挑战。随着国家的全能主义色彩的日益减弱,企业的社会职能也在日益剥离,国家包办一切、企业办社会的局面被打破,广大人民群众在被"解放"的同时也被"解散"了。一方面,各种社会组织在自发形成,但先天不足、后天发育滞后,无力承担再组织化功能;另一方面,网络组织发展迅猛。至 2014 年 12 月底,全国网民达到 6.5 亿;仅 5 年多时间后,至 2020 年 6 月,全国网民已经超过 9.4 亿。网络组织和网络行动极为活跃,"极端"的话语和情绪不断出现,对现实社会的冲击明显增强。

第五,社会心理结构转型使社会情绪对社会合作的影响增强。在经济社会快速转型的过程中,在社会心理层面也出现了转型,那就是一些社会成员的心理开始从以前的确定感、安全感，转向具有相对剥夺感、不确定感和不安全感。这具体表现在一些人对现实不满，面对未来的威胁，形成一种预期性的全民焦虑。这种全民性的心理焦虑，促使个别社会成员的社会戾气异常爆发。这种社会心理情绪的进一步蔓延，将使社会动荡的"燃点"降低，因此一旦出现不公平现象，就很有可能引起连锁反应，从而给社会合作状态带来巨大的威胁。

如上所述，社会转型理论认为，社会结构转型滞后于经济结构转型这一格局，导致社会领域出现了一系列新的结构性问题，这些问题都是转型社会中常见性的、多发性的问题。从这个角度来讲，如何切实维护和实现社会公平和正义，保障全体社会成员共享改革发展的成果；如何有效地整合社会关系，促进各种社会力量的良性互动；如何进一步建立健全社会全面发展进步的体制和机制；等等，已经成为影响当代中国社会合作能否成功的关键所在。

（二）从强调阶级关系转向强调群体关系

从纵向角度来讲，从过去强调社会阶级结构开始向强调社会阶层结构转向，已经成为当代中国社会结构转型的基本特征之一。在长期的革命和建设进程中，我国一直强调和使用的是"阶级"的概念。改革开放以后，中国开始由传统的农业社会向现代的城市社会转变，由计划经济体制向社会主义市场经济体制转变。随着经济体制改革不断深化，所有制结构由单一的公有制转变为以公有制为主体的多种所有制并存，产业结构和就业结构都产生了巨大变化，在阶级矛盾开始淡化的同时，不同社会个体、社会群体在财产、权力和声望方面的差距却日益拉大，人民内部的利益矛盾日益突出。

在从社会阶级结构向社会阶层结构转型的过程中，整个社会的基本特征出现了重大转变。李强认为,在这个转型过程中,我国出现了从政治分层向经济分层的转变。① 即此前对不同社会群体的社会分层主要按照政治标准来划分,身份制度、城乡户籍制度、粮油制度等是主要决定因素,而在改革开放以后,经济收入、财产等开始成为社会主流的社会分层标准。

社会群体和阶层力量对比不合理直接影响了社会合作的开展。虽然从总体上讲,我国在社会转型过程中,已经实现了从社会阶级结构向社会阶层结构的转变,但社会阶层结构本身的现代化和合理化的转型过程却刚刚开始。譬如,2011 年,美国收入标准在 4 万美元至 25 万美元的人口占总人口的 80%;日本长期是"1 亿皆中流"②;在 2008 年以来的全球金融危机的打击下,德国月收入 860 欧元到 1844 欧元的中产人群仍占 61.5%,法国月可支配收入在 1120—2600 欧元之间的中产人群占 50% 以上。③ 可见,近年来,西方国家的中产阶层数量有所下降,但总量上仍占总人口的 50% 至 80% 不等,是社会的主流阶层。而根据陆学艺等人的估计,按每年增加 1 个百分点计算,至 2015 年,中国中产人群仅占 30%④。至 2019 年,我国中等收入群体总量也仅有 4 亿左右。⑤ 由于目前我国不同收入群体或阶层的社会合作意愿和能力各不相同,力量对比也明显不同于西方国家,这些都对利益群体和社会阶层层面的各种社会合作产生巨大影响。

---

① 李强:《政治分层与经济分层》,《社会学研究》1997 年第 4 期。

② 叶渭渠:《当代日本文化和社会意识浅议》,《日本学刊》2009 年第 3 期。

③ 《蜕化的欧洲中产阶级》,2010 年 6 月 29 日,见 http://www.banyuetan.org/chcontent/sz/hqkd/2010628/57393.shtml。

④ 陆学艺认为,2010 年中产人口占 25%,每年增加 1 个百分点。参见陆学艺:《别让社会结构成为现代化的"瓶颈"》,见陆学艺:《社会建设论》,社会科学文献出版社 2012 年版。

⑤ 习近平:《关于全面建成小康社会的短板问题》,《求是》2020 年第 11 期。

（三）社会部门结构的转型依然相对滞后

从横向角度来看,社会部门结构快速转型但发展仍然相对滞后,是当代中国社会结构转型的另一个基本特征,也是社会合作面临的一个独特的时代因素。

社会部门结构是社会的横向结构,它由第一部门市场、第二部门政府和第三部门非政府组织共同组成。在新中国建立至改革开放以前的绝大多数时间内,国家与社会不分,政府与市场不分,国家凌驾于市场之上,替代市场和非政府组织,国家包办一切,等等,都是一种常态现象。国家包办一切的基础是身份制、单位制、行政制等次级制度的固化,这也是社会合作在改革开放之前并不迫切的一个重要原因。

改革开放以来,我国的社会部门结构快速转型,为社会合作提供了重要契机。社会转型理论认为,这种部门结构的转型主要表现在两个方面:一方面,国家和社会相对分离,对各种社会组织的成立和运行开始持支持和扶助态度,政府的一些公共事务也开始通过购买等形式借助非政府组织的力量来实现,这种国家与社会相对分离,也是社会合作状态的形成之基。另一方面,政府与市场的关系相对明确。自 1992 年始,我国政府明确市场在资源配置上起"基础性"作用,2012 年党的十八大进一步提出,市场要在资源配置上起"决定性"作用,从而使国家开始向社会交易规则的制定者和维护者角色转变。

但与此同时,我国三大部门结构的分化与现代化转型仍然落后于发达国家,也落后于我国经济发展的基本需要,郑杭生认为,其基本表现形式是"该大的还没有足够大,该小的还没有足够小"①。

---

① 郑杭生:《社会三大部门协调与和谐社会建设——一种社会学分析》,《中国特色社会主义研究》2006 年第 1 期。

　　第一，社会组织这个第三部门"该大的还没有足够大"。在现实中，发达国家的社会组织作为政府和市场之外的第三极力量，发挥着缓冲器的功能，当政府和民众出现矛盾冲突时，社会组织可以居中调节，发挥缓冲作用；社会组织还有集体表达的功能，当一个群体感觉利益受损时，代表该群体利益的社会组织可以把集体的共同意志通过理性合法的手段表达出来，争取其他社会群体的支持，统一向政府和企业等施压和协商，最终达成共赢共生的目标。而当代中国的社会组织发育一直较为滞后。表现形式之一是社会组织数量较少。据民政部公布的数据，至2018年底，我国大陆有社会组织81.6万个，每万人中仅有5.8个社会组织，而西方国家平均每万人中有数十近百个社会组织。而且值得注意的是，就是中国现有的这80多万个社会组织中还有很多是从过去的政府机构剥离出来的，它们提供社会服务和公共产品的能力较弱。由于社会组织相对弱小，结果就是难以形成社会合作状态，在公共事业方面国家基本上是独力承担，以一个政府面对"一盘散沙"式的、处于"原子化"状态的无数利益诉求者，压力大、责任重。另一个表现形式就是，我国政府与社会组织的关系虽然在理论上已经理清，但现实中两者却没有形成良性互动关系。一方面，政府很难依法对社会组织的行为进行约束。我国现在民间存在的草根社会组织有数百万个之多，但大多数却受登记条件所限无法合法化。美国规定，公民成立非营利组织可以自由选择是否注册，注册的具有法人资格，不注册的不具有法人资格，不能享受免税待遇。在德国，非公益性社会团体、民众团体、市民小协会和工会等可以不进行法律登记，目前德国100万个社会团体中约有一半是未经登记注册的非法人。另一方面，政府与社会组织良性的合作关系仍然有待加强。在发达国家，政府经常与志愿组织、社区形成一些合作协议，形成了一种平等的合作伙伴关系。如至2019年，美国劳联和产联代表全国 1300 万工人,工会通过集体行动代表这些工会成员的基本想法,代表工人与各级政府、企业平等地协商、妥协并达成共识,既发挥了利益表达的功能,又避免了政府与无数工人直接面对可能会带来的不利后果。

第二,政府组织"该小的还没有足够小"。尽管我国社会部门结构的转型目标并不是有些学者所提倡的"小政府、大社会"模式,但政府与市场、社会组织在公共事务上是否明确分工状态,却一定是衡量社会部门结构转型程度的主要指标,也是社会合作能否开展的一个前置性指标。当前,我国改革进入攻坚期和深水区,社会稳定进入风险期和考验期,为此党的十八届三中全会后,党中央提出"社会治理"新理念。社会转型理论认为,管理与治理最大的差别就是,"管理"强调社会建设主体的唯一性,以及在此基础上的绝对权威性与强力色彩;"治理"强调的是社会行动主体的多元化与平等性,各主体在协商基础上形成合作,共同解决问题,最终实现共生共赢。但是从现实来看,我国当前所提倡的社会治理与西方国家所提倡的"治理""善治"等理念在内涵上既有共性,也有差异。譬如,在社会治理方面,我国要构建的是一种"一主多元"式治理结构。"一主"是指党委领导。"多元"则是指在促进国家治理体制和治理能力现代化的进程中,提高党和国家机关、企事业单位、人民团体、社会组织的工作能力,发挥人民群众参与的积极性和创造性。当前,"多元"社会治理主体的社会治理功能发挥有其不足之处,未来还要积极鼓励人民团体参与社会治理,如在联系草根组织、促进和谐就业等方面发挥更大的作用;还要进一步夯实社区基础,通过寓管理于服务之中,使社区成为社会治理的综合性平台;等等。"一主多元"之间如何形成现代的新型合作模式也是一个新的挑战。

（四）社会心理现代性转型处于起步状态

社会转型不仅意味着结构转换、机制转换，还包括价值观念、行为方式的转换。从社会转型的过程看，首先是物质层面的转型，其次是制度层面的转型，最后是社会心理与价值观念的转型。社会转型理论认为，当代中国社会转型的一个基本现实是，社会经济领域的空前变迁已经对社会基本的道德、法律和宗教等价值观体系产生巨大冲击，旧的社会价值观体系已经不适应现实需要，但适应现代社会发展需要的新的价值观体系仍然没有完全形成。于是在价值评判体系日益多元化的背景下，重利轻义、信仰缺失、漠视法律、道德底线不断被击穿等社会不良现象时有呈现，从思想价值层面，对社会合作行为和社会合作状态构成威胁。以下仅以义利观和法律观为例进行说明。

第一，社会义利观从重义转向重利，有矫枉过正之嫌。郑杭生认为，长期以来，中国人普遍受儒家传统思想的支配，轻利重义，儒家的名言"君子喻于义，小人喻于利"。改革开放以来，现代化过程中两个不可避免的趋势，在客观上促使着改变这种观念。这两个趋势就是日常生活公共化和人际关系疏松化。日常生活公共化是指日常生活的各方面越来越多地由公共设施来承担，因而越来越方便。金钱的重要性也越来越为人们所体验到，利益驱动倾向越来越浓厚。在这种背景下，人们越来越重视个人的利益，并且追求个人利益最大化。这种变化有利于进一步促进社会结构的合理化，有利于增强个人的自主选择能力，为充分发挥个人的积极性和创造性提供了前提。讳言钱和物质利益的情况得到了根本的改变，但同时也滋生出利己主义、拜金主义，甚至还会恶性发展，出现了不择手段，甚至用违法手段获取利益。在社会转型中,义利观从重义转向重利,有从一个极端走向另一个极端之势。①

第二,急需实现从漠视法律向法治社会转型。社会价值体系的转型导致个别普通民众害怕权力但却漠视法律现象较为普遍,有的人宁愿相信上访、上网也不愿意相信法院。未来,社会转型在社会心理层面一定要进一步扭转这一态势,进而实现向法治社会的转型,其中最重要的一点就是,要让人民形成一种基本的社会合作型的法律意识,即任何人都有自由,但个体自由的实现以相对的义务存在为前提。

三、新型现代性的社会合作需求

20 世纪 70 年代以来,西方国家进入了现代社会新的发展阶段,其中的一个重要特征就是开始对工业社会的负面后果进行彻底反思,过去的这种从农业社会向工业社会转型的合理性受到强烈质疑,相关的知识体系或者被彻底颠覆,或者被重新构建。西方国家学者对新型现代化问题的研究不断深入,这种研究已经不仅仅是过去现代化理论的翻版,而是西方国家对现代化的方向和目标提出了一系列新的思路。在 20 世纪 70 年代,学者们提出"后工业社会""后传统社会""消费社会""信息社会"和"知识社会"等概念。在 80 年代,提出了"风险社会""可持续发展社会"等概念。到 90 年代以后,提出了"网络社会""数字化社会""学习社会""智能社会"和"创新社会"等新概念。受外部的这种思潮以及内部社会转型加速这两种力量的共同影响,最近 20 年间在中国思想界对现代性的负面后果的反思及重构的行动也开始流

---

① 郑杭生:《社会学理论视野中的社会矛盾》,见《中国人民大学社会发展报告(2006)》,中国人民大学出版社 2006 年版,"总论"。

行,人们对社会转型理论立足的基础如"传统—现代连续统""社会转型具有进步性"等基本的预设立场和具体观点都提出了疑问。

为了更好地反映全球和中国社会转型的最新进展,进入 21 世纪以后,当代中国社会学者综合考虑现代性的负面后果这一现实和西方学者的研究成果,提出了"旧式现代性—新型现代性"转型问题,进一步拓展了社会转型理论的研究空间,使社会转型理论的解释力和生命力得以扩大,也使社会合作的理论研究空间和实践操作空间得到进一步拓展。

(一)现代性危机对社会转型理论的挑战

在社会转型理论中,"社会转型"这一基本假设设定现代社会是更进步的,但现实生活中人们发现,现代化这一过程和现代性本身并非一定都是正面而积极的。因为自 20 世纪六七十年代以来,现代性的扩张给全球带来了许多非预期性的意外后果,如生态破坏、贫富差距拉大、核战争威胁、基因工程风险,生产力、政治权力、军事力量的日益失控也使人们处于极度的恐慌之中。

国外的社会科学界迅速对现代性的负面后果这一问题做出了学术回应,其中,后现代社会思潮是对工业社会负面影响的一种彻底展现,是对工业社会的全面解构。在社会学领域,德里达对现代性的解构,利奥塔对现代性的重写,福柯对现代性的控诉,詹姆逊对晚期资本主义文化逻辑的批判,以及大卫·格里芬对建设性后现代性的强调,都是对现代性的彻底反叛,虽然他们的分析侧重点各有不同,研究对象也复杂多样,但与现代主义者相比,也有很多共同的思维特征。例如,与强调理性主义的现代主义不同,后现代主义的特征之一就是批判、否定现代性,肯定多元性,倡导事物之间的平等关系,肯定价值的文化意义。再如,与现代主义的人类中心主义不同,后现代主义倡导生态主义的价值观,主张人类并不是高高在上的;又如,与现代主义的个人主义至上不同,后现代主义主张他人哲学,提倡人与人之间彼此要有相互依存的意识。另外,与现代主义的乐观的进步论不同,后现代主义提倡多元进化观。

可以说,后现代主义者彻底否定现代性存在的合理性,击碎现代性的合法性基础,对探究知识的普遍性、总体性和本质主义进行批判,试图用后现代取而代之。虽然这些解构的努力并不太成功,但对社会转型理论的一个启示就是,以上后现代主义者的反思甚至是解构行为,使过去"传统社会—现代社会""农业社会—工业社会"的进化式思维模式受到极大的挑战,社会转型本身是否意味着美好、发展、进步,也成为未知之数。

在20世纪八九十年代,社会转型理论以历史事实以及20世纪八九十年代中国快速转型的各种自然景象与社会景象作为理论的经验源泉。社会转型理论直指的理想型发展后果是"现代社会"。"现代社会"概念是对转型社会良性发展的后果的一种总体概括,它的具体内容如理性化、人性化等,仅反映了现代社会的具体特点。可以说,在当时,社会转型理论还没有就社会转型的最终归属点即现代社会进行深化描述,没有对社会转型理论中的"现代社会"作出一个清晰明确的理论回答:现代社会到底有哪些基本内容? 现代社会的基本特征是什么? 有哪些表达形式? 主要原因可能在于,一方面,社会转型理论主要关注的是1978年之后出现的中国社会的加速式转型,这种加速转型的现实已经让学者们与政策制定者、执行者们目不暇接、压力剧增,从而没有精力就最终追求的现代社会是何物进行系统全面的理论阐述;另一方面,这也可能是因为社会转型理论提出时的社会转型过快,尚无法较准确地预测与描述未来的现代社会的面貌，从而也就无法提出一个较清晰的理论目标。

现实发展比理论要快。到 21 世纪初叶后，我国的社会转型呈现出很多新的景象，除了以上列举的发达国家遇到的各种人为风险之外，经济全球化、生产跨国化、市场经济一体化开始使个人、群体、组织的行动日益超越国界，全球政治地理的"碎化"与全球经济的一体化并立存在相悖而行，社会的个体化与个人的社会化处于一种紧张状态，人类对自然的掠夺与自然对人类的报复也相互交织。可以说，当代中国正在加速转型，在最近的十几年间取得巨大成就，同时也出现了一些现代性的负面后果，人们对传统的回归意向更加明显，社会转型具有多元性的趋势日益显现。为了更好地反映当代中国社会转型的多重性、复杂性，中国的社会转型理论研究者提出了"旧式现代性—新型现代性"这对概念，进一步对新型现代性问题展开研究，丰富和发展了社会转型理论的基本内涵。

（二）新型现代性促进社会合作理论发展

经过 20 多年的理论检验与实践发展，尤其是受旧式现代性所带来的负面影响的刺激，社会转型理论提出"新型现代性"问题，对现代社会的基本特征及其实现途径进行了初步的回答，新型现代性是对现代性的一种肯定式的拓展。

所谓旧式现代性就是那种以征服自然、控制资源为中心，社会与自然不协调，个人与社会不和谐，自然和社会付出双重代价的现代性。郑杭生、杨敏认为，旧式现实性的负面后果的表象有"绿色惩罚"、对资源控制权力的争夺、价值尺度的扭曲、伦理准则的变形，以及其他风险景象的日益普遍；等等。这表明，旧式现代性已经进入了明显的危机时期,必须实现从旧式现代性向新型现代性的跨越。而所谓新型现代性,就是指那种以人为本,人和自然双盛、人和社会双赢,两者关系协调和谐,并把自然代价和社会代价减少到最低限度的现代性。①

社会转型理论认为,"旧式现代性"的危机是必然的,这是因为现代性是一把"双刃剑",正是现代性的这种两面性,导致了科学主义的泛滥、工具(技术)理性主义横行以及启蒙精神和"启蒙心态"的分野。西方的现代性论者坚持现代性的立场,无法跳出合法性、理性化、工业化等强调社会与自然、社会与个体对立而存在的思维逻辑,因此它无法彻底对强调微观层面的后现代性论者进行具有说服力的回应。而后现代论者着眼于现代性发展的负面后果,通过解构的方式强调现代性论者"此路不通"的理由,而对建构性的"另寻他路"则是无能为力。于是现代性论者与后现代性论者就现代性问题的论争长期处于胶着状态。因此,理论的出路和现实中社会转型的出路关键在于要让社会转型的目标从"旧式现代性"转向"新型现代性"。

结合中国的现实情况和政策实践,我国学者开始意识到,社会转型所追求实现的是"新型现代性"式的现代社会,"现代社会"的基本特征就是"互构共生":社会与自然、社会与个人互构、共变、共生、双赢。具体来说,我们之所以认为,"互构共生"是对社会转型理论中"现代社会"的基本特征、具体内容的一种理论表达,这主要是因为,一方面,人类生存共同体中相互关联的多种二重性关系,及其既差异、对立和冲突,也适应、协调和整合的关系,这种关系的良性循环即是现代社会的内在特征之一;另一方面,"现代社会"与"互构共生"本身就是重叠的:现代社会的实质内涵即为个体与社会、社会与自然的共

---

① 参见郑杭生、杨敏:《社会互构论:世界眼光下的中国特色社会学理论的新探索》,中国人民大学出版社 2010 年版。

生双赢、持续发展。

可以认为，"新型现代性"这一概念，拓宽了"现代性"这一理论术语的内涵与外延，对社会合作行动和社会合作状态的出现都有积极的促进功能。与其有些形似的吉登斯的"晚期现代性"理论也希望作出同样的理论贡献，但不同的是，"晚期现代性"概念强调的是，全球社会出现了新的社会风险景象，它是对新型社会现象及其在社会心理、政策制度等领域引发的变化进行的一种理论概括，它还没有进一步进行提炼，没有上升到对这些新景象背后所反映的更深层次的个体与社会、社会与自然这类社会基本问题层面的思考。而"新型现代性"概念则是从个体与社会、社会与自然的关系这一层面重新审视此前的现代性表象，并对新近涌现的社会现象进行理论归纳，它强调的是，在这些新生社会事物及其冲击的背后，出现了个体与社会关系、人类社会与物质世界的关系的一种本质性的变迁：由单赢、消极掠夺、控制走向双赢、和谐共生和良性互动。

（三）中国社会正向新型现代性快速转型

新型现代性的理论视角提出后，社会转型的时间维度就出现了延展，如王雅林提出了"社会双重转型"问题就是其中一个典型的研究范例。从传统转向现代是一种必然趋势。但是就近几十年的历史发展事实来看，现代性可能还有不同的亚类型，其中目前可以划分为旧式现代性与新型现代性，前者造成了社会与自然、社会内部不同群体间的紧张状态，后者才是人类发展所追求的真正目标。

对于中国而言，从历时性的角度来看，"传统社会—转型社会—现代社会"与"传统性—旧式现代性—新型现代性"这两种术语体系，所包括的时间维度及其内在特征具有高度的一致性，我们可以尝试用表

3-1来进行初步的描述。

表3-1　中国社会转型的基本阶段及其合作景象

类　型	主导时期	主导特征	合作景象
传统社会（传统性主导，旧式现代性萌芽）	1840年以前	理性化、世俗化、工业化等现代性特征处于隐化、萌发状态	日常生活与思维方式的惯性化、传统道德礼仪与制度规范得到惰性式的执行，等等。传统的自发性社会合作类型占主导地位。
转型社会（由传统性走向旧式现代性主导，并最终转向新型现代性主导）	1840—1949年	传统性占优势	现代性从物质层面经制度层面，最终全面渗入文化层面。新生事物和制度观念日益增多，传统性在现代性的侵蚀下日益消减，自觉性社会合作增多。同时现代性的恶果，使人与人对立的旧式现代性的合法性日益下降。主流社会日益提倡个体与个体、社会不同群体之间的共生与良性互动的理念与政策，社会合作理念开始深入人心。
	1949—1978年	传统性受到重击，旧式现代性日益主导	
	1978—2000年	旧式现代性危机显现，提倡新型现代性	
现代社会（现代性）	21世纪前半段	理念转向共生共赢，可持续的人类发展	和谐社会建设、社会共同体理念的流行使新型现代性理念在政策层面与民众心理层面全面生根发展，自为性社会合作日益增多。

综述之，在从传统走向现代的转型过程中，西方人提倡的旧式现代性理念使人类关系走上了不可持续的邪途，而中国文明式的、强调人与自然、人与社会和谐共生的新型现代性，则成为人们的社会合作行动的追求目标。未来30年，我国仍然处于一个现代性尤其是新型现代性不断生长并日益占据主导地位的关键时期，因此，需要对转型社会背景下的社会合作变迁这一重大议题持续保持理论关怀。

第四章　社会合作何以可能

　　"社会合作何以可能"是社会合作的首要议题,更是核心议题。对这一论题的理论阐发,直接决定着社会合作研究进一步展开的基本框架和主要进路。近代社会科学兴起以来,无论是基于对社会秩序的关注,还是力图构建出理想社会图景,有关"社会合作何以可能"的研究一直非常兴盛,从而形成了不同的理论传统。从这些理论传统出发可以较为系统地观察在向现代社会转型的过程中,社会合作是如何生成和延续的。

一、社会秩序的主要阐释传统

　　长期以来,中外思想家大多在不同程度上存在着某种"秩序情结",即认为秩序是一切价值的基石,以为"没有社会秩序,社会就不可能运转"①,较为极端者甚至宣称:"宁可要不公正的秩序,也不容忍混

---

① 　[美]布罗姆利:《经济利益与经济制度:公共政策的理论基础》,陈郁、郭宇峰、汪春译,上海三联书店1996年版,第55页。

乱。"①故而,近代社会科学兴起之初,尤其是霍布斯提出"丛林命题"后,社会科学界对"社会秩序何以可能"这一问题一直兴致盎然,并且形成了不同的解释学说。譬如,在面临严重失序威胁的19世纪的西欧社会,自由主义者密尔等人主张以改良来完善现有的自由主义制度②,保守主义者梅斯特尔等人主张通过恢复传统秩序、等级制、道德社会、精神权利来重建社会秩序③,实证主义者如孔德等人认为要重建与工业社会和科学时代相适应的全新的社会秩序④,而马克思主义者则主张在暴力推翻旧社会后构建出一个全新的美好社会,等等。

对以上这些主张所秉持的价值取向和基本观点进行归纳,可以看到,近代以来社会科学研究中蕴涵着两条最为基础的社会秩序阐析主线,一条主线是"自由竞争生成社会秩序",另一条主线则是"社会合作生成社会秩序"。

(一)自由竞争阐析传统

以自由主义者为代表的自由竞争阐析传统认为,自由竞争是社会秩序之源,即自由个体的有序竞争最终一定会自发地带来良好的市场秩序和稳定的社会秩序。亚当·斯密曾经勾画了一幅天赋自由体系的"良秩"图景⑤,不仅李嘉图等古典自由主义者对此深信不疑,新自由主义者如哈耶克等人更是认为,与"人为秩序"相比,人类在竞争中无意

---

① 张文显:《二十世纪西方法哲学思潮研究》,法律出版社1996年版,第571页。
② 参见[英]约翰·密尔:《论自由》,许宝骙译,商务印书馆2010年版。
③ 参见[法]约瑟夫·德·梅斯特尔:《论法国》,鲁仁译,上海人民出版社2005年版。
④ 参见[法]奥古斯特·孔德:《论实证精神》,黄建华译,商务印书馆1996年版。
⑤ [英]亚当·斯密:《国民财富的性质和原因的研究》上卷,郭大力、王亚南译,商务印书馆2017年版,第14页。

中创造出来的"自发秩序"如市场交易秩序和社会关系秩序等①,是社会不断发展进步的根本保证。

可以说,自古典经济学始,自由竞争阐析传统经过持续的理论完善和实践验证,至今已经能够以"自由竞争"为核心概念,相对完美地解释社会秩序形成的根本问题——"自由竞争何以可能"。具体而言就是,个人的思想和行为自由、私人企业主导下的自由市场经济、自由贸易、透明的政治体制以及驯服于法律的公共权力等②,共同保障了自由竞争的顺利开展,进而保障了所有社会群体的权利及社会整体的有序运行,支撑起世界各国尤其是西方国家的自由而稳定的社会秩序。

(二)社会合作阐析传统

与之相对应,社会合作阐析传统则认为,人类起源于社会合作,成功于社会合作,社会合作是社会秩序之源。与强调以个体为逻辑起点的自由竞争阐析传统的分析不同,社会合作阐析传统更强调群体,认为"丛林"法则和个体层面的自利行为从来就没有主宰过人类社会,社会成员是通过在各类群体层面进行合作,共同构建、维系和发展出各种层次的社会共同体。早期的保守主义者与实证主义者都以社会合作式的改良为基本立场,只是在如何改良以形成更好的社会合作状态上主张相异,如孔德在晚年强调以"人道教"来改造和重组社会,其观点就应者寥寥。马克思主义者认为,在资本主义社会中只有协作式的"协同劳动"③,并

---

① 参见[美]哈耶克:《个人主义与经济秩序》,贾湛等译,北京经济学院出版社1991年版;[美]哈耶克:《自由秩序原理》,邓正来译,生活·读书·新知三联书店1997年版。

② 张维迎:《社会合作的制度基础》,《读书》2014年第1期。

③ 《马克思恩格斯文集》第5卷,人民出版社2009年版,第378页。

不存在真正意义上的社会合作,但马克思有关共产主义社会的理论构想却是一种典型的社会合作式的秩序构建。在法国社会学家涂尔干阐述现代社会的社会分工问题之后,实证主义占主导地位的西方社会学开始以"社会分工""社会团结""社会整合""结构—功能""社会正义"等概念和在这些概念基础上构建起来的理论,来进一步回应齐美尔所提出的"社会何以可能"(How is Society Possible)这一世纪命题①。譬如,美国社会学家帕森斯就认为,"秩序"问题是社会学的最高目标②,由经济、政治和制度、社会、文化价值等四大系统共同构成的社会,需要通过社会整合来维护系统的稳定和实现变迁。美国哲学家罗尔斯甚至认为,人类社会就是一个世代相继的公平的社会合作体系③。

　　在长达数百年的有关"秩序之源"的学术争论中,以上两大阐析传统一直处于竞争状态。伴随着"经济学帝国主义"在全球的流行,自由竞争阐析传统的思想受众和实践主体持续增多,因此在社会秩序解释传统中长期占据"显学"的位置。为了与自由竞争阐析传统竞争,社会合作阐析传统在发展过程中形成众多理论,这些理论对于解释社会秩序形成的根本问题——"社会合作何以可能"一直非常专注,但由于内部一直存在两种迥然相异的解释路径,难以发出一个清晰而一致的强音,其学术拓展空间和社会影响力的增长受到很大程度的限制。

---

① Simmel Georg, How is Society Possible, *American Journal of Sociology*, 1910, Vol. 16, pp.372–391.

② [英]吉登斯:《现代性的后果》,田禾译,译林出版社 2000 年版,第 12 页。

③ [美]约翰·罗尔斯:《作为公平的正义——正义新论》,姚大志译,中国社会科学出版社 2011 年版,第 12 页。

二、社会合作阐析的理论分野

从"物质—精神"或"利益—价值"这一基本的两分法来看,社会合作阐析传统主要是从"集体利益"和"集体意识"这两种进路来解释"社会合作何以可能"的问题。

(一)马克思与集体利益论

在近代以来的社会科学知识谱系中,集体利益论的开创者和集大成者当属马克思。马克思认为,利益是一切社会经济行为的基础性动力。马克思所关心的利益是一个群体如农民、产业工人等的共同利益,而非一个个体的利益。马克思认为,集体利益最集中的呈现是阶级利益,虽然阶级意识极具影响力,但阶级意识是在阶级利益形成的基础上生发的,最终是阶级利益从根源上决定着阶级和国家层面的社会合作能否顺利开展。马克思进而认为,在资本主义社会及以前的各种社会中,所谓的"共同利益"是同"被支配"阶级所追求的特殊利益相对立的、"异己的",因此只存在"虚构的集体"①,资本主义社会中不存在真正意义上的社会合作,有的只是剥削与压制的方式在不断地变换。因此,以工人阶级为代表的"被支配"阶级明确地感知到集体利益配置状态的不公正之后,就会采取社会不合作行动,包括怠工等消极抵抗,也包括零散的打砸机器等暴力抵抗。但是只有在科学的革命理论的指引下,"被支配"阶级才能意识到更高层面的集体利益存在,暴力反抗才

———————

① 《资本论》第 1 卷,人民出版社 1975 年版,第 84、273、37—38 页。

会实现从"自发性行动"向"自觉性行动"的转向。

马克思之后,西方马克思主义学者如卢卡奇对"阶级意识"和"物化"现象的分析①,法兰克福学派的弗罗姆对"消费异化"问题的讨论②,马尔库塞对"虚假需求""单向度社会"以及"没有反对派的社会"的忧虑③,甚至是鲍德里亚对后现代消费社会中消费控制问题的剖析④,以及卡斯特对网络社会中"第四世界"的分析⑤,无不昭示着资本主义正在运用各种新型手段如物化个人、控制消费过程以及数字鸿沟等有意识地消解人们的反抗。因此,在资本主义晚期,即便能够在利益群体和社会阶层等中观层面形成和维系社会合作局面,也终难在阶级、民族国家乃至人类社会等宏大层面形成全局性的社会合作状态。

另有一些持改良态度的集体利益论者并不认同马克思等人关于资本主义社会难以在宏观层面实现社会合作的观点,于是这些学者就围绕集体利益的一些具体表征如利益固化、利益协商等问题进行分析,借希望于通过利益让渡等来实现更高层面的社会合作。其中有些学者如科塞、达伦多夫等通过论证社会冲突的功能,米尔斯等人通过论证西方社会实现中产化等,认为西方国家从不同层面缓和了集体利益冲突。还有一些学者以"治理""公共治理""协同治理""共同体构建"等为核心概念,论证了西方社会大团结的繁荣景象。尽管这些理论及其概念、命题

---

① 参见[匈牙利]卢卡奇:《历史与阶级意识:关于马克思主义辩证法的研究》,杜章智、任立、燕宏远译,商务印书馆1999年版。

② 参见[美]埃里希·弗罗姆:《健全的社会》,王大庆等译,国际文化出版公司2007年版。

③ [美]赫伯特·马尔库塞:《单向度的人:发达工业社会意识形态研究》,刘继译,上海译文出版社2006年版,第1页。

④ 参见[法]鲍德里亚:《消费社会》,刘成富、全志钢译,译林出版社2011年版。

⑤ 参见[美]曼纽尔·卡斯特:《千年终结》,夏铸九等译,社会科学文献出版社2003年版。

在西方资本主义社会中并不一定成立，但在根本利益一致的社会主义中国，这些理论中的一些具体概念和命题如利益固化、利益协商、利益让渡等，对认识当代中国的社会合作行动和状态具有较大的参考价值。

（二）涂尔干与集体意识论

集体意识论的主要开创者涂尔干对于 19 世纪末 20 世纪初正在进行现代化转型的西方社会充满信心，并予以热情的论证。但是涂尔干的关注点并非利益，而是意识。涂尔干认为，超越了利益考量而在意识层面形成的稳定的集体意识，是解开现代社会社会合作生成这把锁的真正钥匙。在涂尔干看来，作为一种独立于个人意识而客观存在的社会事实，集体意识是"社会成员平均具有的信仰和感情的总和，构成了他们自身明确的生活体系"①。涂尔干坚信，在现代性转型过程中，集体意识的核心——"职业伦理"作为一个独立存在的社会事实，在职业大分工的背景下必将承担起社会重组的使命。

除了涂尔干之外，社会学大师韦伯对理性资本主义精神的分析，以及对儒教、道教、印度教等其他宗教的社会学讨论，都是在力图说服人们，在宏大历史进程中，现代西方社会形成了一个最重要、最广泛的集体意识——新教伦理，正是它推进了理性资本主义精神率先在西方的普及，甚至推动了整个西方社会的发展进步。而重建了历史唯物主义的德国社会学家哈贝马斯则进一步提出，到了晚期资本主义时期，社会危机不是来自集体利益的对立，而主要来自"文化伦理"层面。②

可见，在论及"社会合作何以可能"这一问题时，与从个体行为层

---

① ［法］埃米尔·涂尔干：《社会分工论》，渠东译，生活·读书·新知三联书店 2000 年版，第 42 页。

② ［德］哈贝马斯：《公共领域的结构转型》，曹卫东等译，译林出版社 1999 年版。

面开始谈起的经济学家不同,社会学家更关心的是"集体"问题,这类集体自小而大包括利益群体、社会阶层、阶级、民族国家、人类社会。任何一个社会都需要在这些不同层次的集体内部和集体之间进行利益整合或者价值整合,从而在更高层面上形成各种社会合作状态,具体包括利益群体合作、阶层合作、阶级合作、国家合作,乃至整个人类社会的合作。有所区别的是,马克思等人从"落后—先进"转型的视角出发,从集体利益角度论证了资本主义为什么不可能达成阶级层面和国家层面的社会合作;而涂尔干等人则从"传统—现代"转型的视角出发,重点分析新的集体意识可以推进处于大转型中的西方社会顺利地以社会合作的形式实现现代化。应当指出的是,马克思也非常重视集体意识尤其是阶级意识的功用,涂尔干也并不否认集体利益在社会合作中的应有地位,但是他们进行分析的逻辑起点不同,即到底是集体利益还是集体是第一位序的;分析目的更是相互对立的,即到底资本主义制度和资本主义精神是否合理,是否应当延续。正因如此,在进一步展开的理论阐述中,集体利益论与集体意识论在推理逻辑、分析重点和基本结论等方面就呈现出完全不同的进路。

三、集体利益与社会合作生成

集体利益论认为,不同层次的集体分别拥有自身的集体利益,这是一种客观存在。但人们认识到必须有意识地超越小范围集体利益的约束,通过共同行动来关注和提升更高层面的集体利益,从而实现利益群体、社会阶层、阶级、民族国家乃至整个人类社会层面的共同利益。正是对这种集体利益的持续动员和不断超越,导致了各种层次的社会合作状态得以产生和维系。

（一）集体利益形成的社会基础

自从有了人类,就有了合作行为。关于人类的源起,尽管存在多源头之说,但根据现有的考古学证据,学术界最大的共识还是认为人类发源于非洲。在向人类进化的进程中,"四足猿"中的一支逐步进化成"两足猿"。脸部扁平的"两足猿"可以直立,这是一个重要进步。有学者认为,由于可以面对面观察对方,安全感更强,因而社会交往的暴力程度下降,更容易演绎出以"合作"为核心的社会交往模式。[①]大约200万年前,早期人类开始从非洲走向全球各地,在扩散的过程中,面对各种不可知风险,这种群体性合作的需要进一步提升。到距今5万年前,一次偶然的基因转变产生了完全现代的、具有人类神经系统特征的大脑构造。从此,在现代人类体质保持相对稳定的同时,行为的(文化的)进步得到加速发展。[②]

在人类社会的早期,持续的社会交往是集体利益萌生之滥觞。研究表明,社会性交往促使原始人类的脑容量不断增加,为"他心想象"的生成创造了条件。当脑容量达到一定水平后,人类就开始可以明确地识别社会交往的"目的性指向"[③]。随着社会交往中"符号"的广泛

----

① 这一观点由经济学者汪丁丁先生提出,具有理论讨论的价值,但却无证实或证伪的可能。参见汪丁丁:《合作与信誉在人类起源中的意义》,《学术月刊》2003年第9期;孔陈焱:《跨学科研究的劣化倾向——从汪丁丁〈合作与信誉在人类起源中的意义〉一文谈起》,《浙江学刊》2004年第4期。

② Richard G., Klein with Blake Edgar, The Dawn of Human Culture: A Bold New Theory on What Sparked the "Big Bang" of Human Consciousness, New York, John Wiley & Sons, Inc., 2002, pp.270-273.

③ Ofek Haim, Second Nature: Economic Origins of Human Evolution, Cambridge: Cambridge University Press, 2001.

使用,族群内部和族群之间就会逐步形成建立在礼物交换基础上的社会关系网。① 在此基础上形成的合作与信誉造就了广泛的社会交往潜力和信息网络。② 这种社会网络的长期存在及信息交流使人类社会的不同群体在社会交往中逐步达成一个共同的利益认知——遵从某些共享意义行事会导致效用的增进。

(二)群体理性与集体利益沉淀

以初步的共同利益认知为基础,在漫长的历史时空中人类逐步进化形成系统的理性思维能力。理性思维能力的不断提升使人们意识到,虽然是无形的、不可触摸的,但是在表面的、短暂的个体利益之上,客观上一定存在着独立于个体、沉淀于各个集体层面的集体利益。

首先,人类具有理性思维能力是这种集体利益得以感知并且在有意识的行动中逐步沉淀下来的基本前提。德国历史学家奥斯瓦尔德·斯宾格勒认为,在公元前5000年左右出现了一个划时代的创新,即"由于语言的作用,思考、理智、理性(你可以用你喜欢的名称来称呼它)从对做事的手的依赖中解放了出来——着手准备让自己对抗作为在它自身中的一种力量的灵魂和生命。纯粹智力的仔细考量,计算——它在这一节点上出现"③。正是这种理性思考能力的出现,使得集体行为的有效性越来越像是一个个体。

对于群体理性,学术界有很多不同的认识,其中最为著名的就是解释经济行为的"经济人假设"。在理性经济人假设下,经济活动的可解

① 转引自汪丁丁:《信誉:在从猿到人转变过程中的意义》,《浙江大学学报(人文社会科学版)》2003年第2期。

② 汪丁丁:《合作与信誉在人类起源中的意义》,《学术月刊》2003年第9期。

③ [德]奥斯瓦尔德·斯宾格勒:《人类:从起源到言语与规划》,《德国哲学》2017年下半年卷,第198—210页。

释性非常强,但是也导致经济活动参与人的身份特征和行为特征对经济活动结果的影响很大程度被忽略或者简化了,如人们的诚实(Honesty)、可靠(Trustworthiness)、忠诚(Loyalty)、为他人着想(Consideration)的品格特征就在很大程度上被忽视。① 在假设个人不顾集体利益只追求个人利益最大化的情况下,理论模型推出的结论在实际中常常得不到验证,甚至与实践完全背道而驰。受经济学思维的影响,许多学者认为个体的"理性"是一个与生俱来的、独立于社会情境之外的常量(Constant),而不是一个受社会环境建构的,因而会随着社会情势而变动的变量(Variable)。

20世纪50年代,经济学家赫伯特·西蒙提出并论证了"有限理性"的概念,新制度主义经济学以及社会学理性选择理论分别对理性进行了不同层次、不同内涵的分析和运用。研究涉及经济理性和社会理性、理性选择与感性选择②、完全理性与有限理性、工具理性和目标理性,形式理性、实质理性以及过程理性等方面,内容繁多,内涵也各有差别。

其中,社会学的理性选择理论更适合解释非经济的社会合作行为。社会人假设认为,"经济人"假设虽然有助于进行经济计量分析,但失之于笼统;该假设在解释社会现象如家庭、生育时也有些作用,譬如,美国经济学家加里·贝克尔对家庭经济现象的分析就卓有成效,但这一假设毕竟无法胜任"解释全部社会行为"这一沉重使命。因之,社会学认为"效用""收益"这些概念的内涵应当扩大。也就是说,社会学把制度与文化当作法宝,认为行为嵌入于这些结构性因素之中并受其影响,

---

① 转引自黄少安、张苏:《人类的合作及其演进研究》,《中国社会科学》2013年第7期。

② 刘少杰:《中国社会转型中的感性选择》,《江苏社会科学》2002年第2期。

但制度与文化这些结构性因素的内涵也是千差万别的。"社会人"假设将"经济人"假设所有意或无意忽视的一切社会因素,如社会结构、正式制度、非正式的习俗、传统等(瑟夫·斯蒂格利茨等曾将之概称为"正式制度"和"非正式制度"),都在不同程度上纳入考量范围,从而将社会人进行理性选择的基本依据和约束力量无限地扩大化。

根据社会人假设,正是在制度结构的约束下,很多时候,一个群体在决定行为取向时寻找的可能并非是"最大"或"最优"的标准,而只是"满意"和"合理"的标准,或者说是帕累托次优的选择。虽然这种"满意"和"合理"常常是不确定的,但它与该群体对群体实力、资源价值、对资源信息的控制分布以及行动后果等方面的主观估计有着直接的联系。也就是说,该群体自认为目前的结果已经令人相对满意,虽然理论上还有更满意的结果,但考虑到制度结构(包括法律等社会制度和机构)的约束力,从目前的结果再向前一步,可能会适得其反,反而得不到目前这个结果,故而,应该认为"现存的就是最好的",从而接受现实。因此可以认为,从社会合作角度来看,理性就是一种对自身行为与结果之间关系的清楚认定,它与不假思索式的、即时性的感性行动相对称。在排除了不假思索的感性行动之外,许多在经济利益的计算上不属于最优选择的行为,包括一些完全利他的行为也应当是一种理性选择的行为。

基于以上关于群体理性的一些分析,可以认为,一个群体会在采取各类理性合作行为的过程中逐步沉淀出其自身独特的集体利益。虽然霍布斯等人,尤其是卢梭的集体主义理论活动有"浪漫的集体主义"之嫌[1],但学术界有一个共同承认的认知——通过强调集体利益来实现

---

[1]　朱学勤:《理想道德国的覆灭》,上海三联书店 1994 年版,第 5 页。

个体利益最大化,一直是群体理性的基本特征。只不过为现存社会秩序辩护的学者,如霍布斯等人认为,由于有理性能力,将"自我保全"放在首位的社会个体同意通过"利维坦"来维护集体利益,以避免人类社会陷入"一切人反对一切人"的丛林战争状态,进而"达到恒久的合作状态"①。而批判现实社会秩序的学者如马克思等人则认为,集体是实现个人自由与利益的手段,虽然个体利益可以转化为集体利益,但资本主义社会只能实现群体利益、阶层利益以及本阶级内部利益层面的集体利益,只有共产主义社会才能真正实现在阶级之间、国家和人类社会等更高层面上的利益融合,形成国家和人类社会层面的社会合作状态,于是马克思等人的研究重心开始转向阶级斗争、暴力革命等方面,以寻找到进入共产主义社会的合适途径。

(三)集体利益的融合过程

如果仍然集中于社会合作行为和状态的研究,那么进一步的分析焦点就应当集中于利益融合过程,即从各类利益群体、社会阶层、阶级到民族国家,下一层次的集体利益需要通过怎样的利益融合过程,才能在上一层次直至在人类社会层面上形成社会合作状态。结合众多研究成果,可以看到这种融合过程的讨论集中于以下一些方面。

第一,利益固化。利益融合面临的首要问题就是防止利益固化。哲学家狄德罗指出,"人的善良或邪恶,是由于有一种符合一致的利益使他们联合起来,或者有一种背道而驰的利益把他们划分开来"②。现实中,很多学者坚持美国经济学家曼库尔·奥尔森的假说推论,即认为

---

① 参见[英]霍布斯:《利维坦》,黎思复、黎廷弼译,商务印书馆1985年版。
② 张玉堂:《利益论——关于利益冲突与协调问题的研究》,武汉大学出版社2001年版,第260页。

由于"不存在这样的国家:其中所有具有共同利益的人群都可能组成平等的集团并通过全面协调而获得最优的结果"①,因此在发展过程中必然会出现发展成果与发展成本在不同集体间分配不均并且沉淀下去的趋势,即集体利益固化。

集体利益的固化本身并不可怕,关键是不同利益集体能否在"必须打破利益固化状态"这一问题上达成一致。一旦没有社会共识,得利较多的集体不仅不愿意让渡出一些集体利益,还可能会通过强调集体内部的利益凝聚而不断地恶性膨胀;得利较少的集体则会在利益分配的自然累加机制、人为转嫁机制、代际传递机制等作用下不断恶性循环,最终的结果必然是利益群体之争、阶层之争,甚至是阶级斗争和民族国家之间的大规模战争。② 哈贝马斯以为,"阶级冲突是合法性解体现象的基础"③。一旦一定层面的利益固化演化为不同利益集体之间的激烈争夺,更高层面的社会合作就会可望而不可即。

第二,利益协商。当所有集体都意识到集体利益固化的危害性后,进一步推进集体利益的融合就要求在社会共识基础上进行集体利益协商。集体利益协商是"建立正常的渠道使一些相冲突的利益得以表达"④,即形成能够对利益固化现象进行利益协调和协商的良好的体制机制。可供选择的利益协商的主体有很多。有些学者认为,应当充分利用好政府在集体利益再配置中的关键功能,如霍布斯就强调,超脱自然状态的必要条件是社会契约,可能条件是自然法,解决自然

---

① 参见[美]奥尔森:《国家兴衰探源》,商务印书馆2001年版,第三章。

② 王道勇:《存量改革亟须社会合作意识的助力》,《中国党政干部论坛》2015年第6期。

③ 欧力同、张伟:《法兰克福学派研究》,重庆出版社1990年版,第343页。

④ [美]西摩·马丁·李普塞特:《一致与冲突》,张华青等译,上海人民出版社1995年版,第138页。

状态的秩序困境问题,唯一的出路是将除生命权之外的可协商权力移交给政府。① 也有一些人强调,需要充分运用好市场的利益再配置能力,因为自发秩序是一种自发性合作、天然性合作状态②;还有人强调,需要来自社会自治的约束,如利益相关者可以通过自主性组织的合约来解决政府失灵和市场失灵后集体行动的困境,实现"自主治理"③,或者进行"第三方治理"④。其实,无论是政府主导、市场调节、第三方调节,还是不同集体之间进行平等的自主协商,在不同的文化传统和现实的社会力量对比条件下,只有这些集体利益再配置力量所构成的最佳组合,如国家主导下的"一主多元"式组合⑤,或者"小国家—大社会—自由市场"式组合等,才能够使良好的集体利益协商成为现实。

第三,利益让渡。集体利益协商的目标是希图实现不同集体间的利益让渡。经过利益协调协商达成利益让渡的共识后,需要寻找良好的集体利益让渡方式方法。总体上看,进行集体利益让渡,无外乎两种基本途径:一是以暴力手段进行强制性的利益再配置,如国家之间的战争掠夺、阶级之间的强力剥夺财产等;二是以和平手段进行利益让渡,如征收新税、资源倾斜、相互妥协让步等。一个社会如果能够在同一层

---

① 参见[英]霍布斯:《利维坦》,黎思复、黎廷弼译,商务印书馆1985年版。

② 参见[英]哈耶克:《自由秩序原理》,邓正来译,生活·读书·新知三联书店1997年版。

③ 参见[美]埃莉诺·奥斯特罗姆:《公共事务的治理之道:集体行动制度的演进》,余逊达、陈旭东译,上海译文出版社2012年版。

④ Dennis R. Young, Alternative Models of Government – nonprofit Sector Relations: Theoretical and International Perspectives, *Nonprofit and Voluntary Sector Quarterly*, 2000, 29(1);[美]莱斯特·M.萨拉蒙:《公共服务中的伙伴:现代福利国家中政府与非营利组织的关系》,田凯译,商务印书馆2008年版,第20页。

⑤ 王道勇:《加快形成一主多元式社会治理主体结构》,《科学社会主义》2014年第2期。

次的不同集体间以一定的规则持续和平地进行利益让渡,更高一层次的社会合作局面就有可能生成。实践中,这些和平的利益让渡方式不仅包括由政府主导的自上而下的利益让渡,如大规模改善民生、推进脱贫攻坚、开征房地产税和遗产税、延迟退休等,还包括不同利益群体通过市场或自主性组织开展的平等型利益让渡,如劳资间的工资协商、社区事务协商,以及各种自发的性别平权行动,等等。

为了保障能够在更高一层次达成社会合作状态,集体利益让渡还需要集体利益置换的辅助。因为让一个或多个集体纯粹地进行集体利益出让却得不到任何现实的或预期的收益,会制造出一些处于被绝对剥夺境地的利益集体,进而加剧社会仇视和社会对抗。集体间的利益置换不同于个体间的利益交换,要遵循制度化的原则,既在各方认可的规则基础上开展;要遵循均衡性原则,即要尽量减少没有补偿的绝对剥夺;还要遵循利益增值原则,即这种利益置换最终要有利于社会总福祉的增加。譬如,对于为保护生态环境而移民的这种利益让渡群体,应给予生态补偿费用和发展生态经济方面的支持,以促成和谐共生理念的传播;对于自动让渡物质利益的群体如进行慈善捐助的企业家等,给以相应的社会赞誉,以促成正确认识和利用财富的社会氛围;对于自主脱贫致富的贫困户、不断学习进步的农民工、不断提升自我的企业白领等,给予充分的社会舆论支持,以形成在贡献国家的过程中实现自我价值的社会氛围;等等。从形式上看,以上这些利益置换有些是使用价值内部之间的置换,有些是使用价值与符号价值之间的置换,还有一些是现实利益与预期利益之间的置换,但总体目标都是希望通过利益置换减少社会合作的阻力,让更高层次的集体利益得到生成。

有关集体利益论的进一步探讨表明,由于人类有基本的理性判断能力,一旦集体利益固化的局面得到抑制,利益融合就有了开展的可能。如果能够进行利益协商,并且进行多种形式的利益让渡和利益置换,利益集体间就会依据共同认可的社会规则,按照各自的利益定位进行多层次、多方位的相互妥协并达成利益契约。[1] 马克思主义思想家对资本主义社会中的阶级合作和国家合作丧失信心,就是因为他们清楚地认识到,在资本主义国家中,掌握了国家强制力量、操控了思想工具并且在经济上处于绝对优势地位的资产阶级是不会在根本利益与其他阶级进行利益协商和利益让渡的,故而必须另寻他途,以不合作甚至是暴力革命的形式来重建社会,以实现绝大多数人的根本利益。

可见,有关集体利益的分析表明,集体利益论者认为,只有在"利益固化—利益协商—利益让渡"这三个关键点上,任何一个环节都不出现问题,超越该集体的更高层面的社会合作秩序才能够自然生发和延续下去。因此,有关"社会合作何以可能"的进一步讨论就需要由此进行深入开展。这三个主题也是本书随后的第五、六、七章要分别讨论的内容。

四、集体意识与社会合作生成

集体意识论强调,集体意识的存在是一种客观现实。不同层面的集体超越了利益的考量,在各个层面上都逐步沉淀并形成共同秉持的集体意识。在遵循着共同的集体意识的集体之间,社会合作必

---

[1]　张仲涛:《试论利益妥协与阶层合作》,《南京社会科学》2011 年第 9 期。

能生成和维系。

（一）集体意识的形成基础

一些社会学家很早就意识到,作为一种社会共同体成员共同秉承的精神凝聚物,集体意识对于社会的存续至关紧要。涂尔干认为,集体意识"代表集体类型,故而也代表社会,因为没有社会它是不可能存在的"①。没有这种意识,"有机关联"就会导致社会的解体。② 鲍曼则直截了当地指出,与那些激烈争吵、你死我活的竞争、讨价还价和相互吹捧的世界不同,社会共同体的基本特质就是拥有"共同理解"③。可见,集体意识是各种利益群体、社会阶层、阶级、国家及国际组织等这些共同体中,独立于个体而在集体层面上形成的一种共同理解。集体意识在制度层面上通常会表达为一种物质力,借助于法律或纪律等进行呈现,并对社会行为加以规范和调节。④

集体意识之所以能够不断地沉淀和交融,是因为各类集体在伦理层面形成一种共识,即必须采取一种超越自利的利他行为,从而维持和延续社会合作状态。

在人类历史上,利他行为作为一种客观存在,随处可见,即使是以理性人假设作为立论之基的经济学家们也无法否认。正如经济学家诺思认为的,世界历史中的大量事实绝非简单的理性非合作行为所能涵

---

① [法]埃米尔·涂尔干:《社会分工论》,渠东译,生活·读书·新知三联书店2000年版,第59、68页。

② [法]雷蒙·阿隆:《社会学主要思潮》,葛志强等译,华夏出版社2000年版,第104页。

③ [英]齐格蒙特·鲍曼:《共同体》,欧阳景根译,江苏人民出版社2003年版,第5页。

④ 王小章:《经典社会理论与现代性》,社会科学文献出版社2006年版,第162页。

盖,自我施加的约束等会改变人们实际做出选择的结果。① 许多实证研究都表明,如果没有亲社会情感,仅靠外部强制,人们都将是反社会的人,人类社会必将难以存续。② 故而,政治学家福山在《信任》一书中一针见血地指出,从理论上看不论怎么改变效用的定义,都能看到人类并非总是在追求效用③。

虽然人们对于利他行为的存在,以及它作为集体意识形成的基础并无异议,但对于这种利他行为是怎么促成了社会合作却有着完全不同的认知。

有些人以为,利他行为是一种道德天性,即认为人类天生具有一种偏好,此偏好有利于合作秩序的形成。④ 西方经济学始祖亚当·斯密在《国富论》中描述了一幅"良秩"的图景,即"请给我以我所要的东西吧,同时,你也可以获得你所要的东西",并且认为人们的大部分获得就是通过这种方式实现的。⑤ 但作为伦理学家的亚当·斯密却有其不为人们所重视的另一面。近期有关斯密的深入研究表明,在其一生中先后进行六次修订完善的名著《道德情操论》中,斯密更加强调的是"道德心"的重要性,认为人类的天性就是人的同情共感能力。⑥ 而来

---

① 　[美]道格拉斯·C.诺思:《制度、制度变迁与经济绩效》,杭行译,格致出版社2008年版,第33页。

② 　Bowles Samuel,Gintis Herbert,A Cooperative Species:Human Reciprocity and its Evolution,Princeton,NJ:Princeton University Press,2011.

③ 　[美]弗兰西斯·福山:《信任——对社会财富与繁荣的创造》,李宛蓉译,远方出版社1998年版,第28页。

④ 　Bowles Samuel and Gintis Herbert,The Moral Economy of Communities:Structured Populations and the Evolution of Pro-social Norms,*Evolution and Human Behavior*,1998,19(1).

⑤ 　[英]亚当·斯密:《国民财富的性质和原因的研究(上卷)》,郭大力、王亚南译,商务印书馆2018年版,第14页。

⑥ 　汪丁丁、罗卫东、叶航:《人类合作秩序的起源与演化》,《社会科学战线》2005年第4期。

自桑塔费学派的研究证明,在人类进化的早期阶段,利他行为作为社会规范内部化的产物,在有效提高族群生存竞争能力方面,具有不可替代的重要作用。[①] 当代一些关于合作行为的研究也表明,甚至在单次囚徒困境中,同情心的存在也可以导致合作的出现。[②]

当然,无论是从生物学还是从社会学的研究来看,并没有任何证据能够完全确证利他是一种人类天性。故而另一些学者认为,利他行为也有可能是一种后天形成的理性选择,正是这种理性选择在宏观层面和社会交往层面导致了社会合作的生成。从宏观层面看,人类在长期的进化进程中逐步意识到,社会分工和合作不断地提高人类的生产能力和自由程度,这种感性经验和理论知识告诉后人,对于人类而言,社会合作如同空气与水,一旦缺乏,将会导致整个社会的彻底毁灭。因此,罗尔斯断言:"对于社会合作,我们别无选择,否则,要么是互不情愿直至仇视抱怨,要么出现互相抵制直至内战。"[③]在社会交往层面,人类也强烈认识到,合作偏好比极端的利己行为更有利于追求效用最大化[④],合作程度更高的群体会因适应性更强而得以生存。当然,这种交往中的集体意识引发社会合作的直接诱因有很多,譬如,各集体普遍意识到采取利他行为,在未来可能会因此得益,可能会获得良好声誉并预期会得到第三方奖励,可以传递其是潜在伙伴的信号,还可以通过空间聚集来避免被背叛者剥夺[⑤],等等。

---

① 叶航、汪丁丁、罗卫东:《作为内生偏好的利他行为及其经济学意义》,《经济研究》2005 年第 4 期。

② Sally, David F., On Sympathy And Games, *Journal of Economic Behavior & Organization*, 2001, 44(1), pp.1-30.

③ [美]约翰·罗尔斯:《政治自由主义》,万俊人译,译林出版社 2000 年版,第 320 页。

④ [美]加里·贝克尔:《人类行为的经济分析》,王业宇、陈琪译,上海人民出版社 1995 年版,第 336—338 页。

⑤ 韦倩、姜树广:《社会合作秩序何以可能:社会科学的基本问题》,《经济研究》2013 年第 11 期。

（二）集体意识的呈现形式

在利益群体、社会阶层、阶级以及民族国家等各个层面，集体意识的呈现形式多种多样。

第一，基本伦理共识。最为简单的集体意识形式是各种利益群体通过长期合作行为的实践从而在集体内部形成的伦理共识。社会学在界定社会群体的概念时尤其强调，"群体"概念不同于"群众""公众"和"民众"等概念，它是一个拥有共同价值认同的集体，群体中最为稳定也最为常见的伦理共识就是群体认同感。在同学、同事、公民等较为稳定的社会群体中都明确存在"我们属于这个群体""应当遵守我们这个群体的规范"等集体共识。而最不稳定的伦理共识就是敌对群体之间达成的临时性伦理共识。

譬如，一战时期出现了著名的"西部无战事"状态，就是英、德军队这两个集体在长期的壕沟战中形成的一种"自己活也让别人活"的社会合作系统。相关研究表明，英德两军不仅在1914年底的圣诞节那天形成了一种默认式的停火共识，而且在圣诞节之前的一段时间已经以"作战营"为集体单位通过无数的行为尝试达成了一系列的集体共识，如在食物运输的过程中双方应当互不攻击，在进行宗教祈祷之时双方应当互不攻击，在士兵洗澡或吸烟等常规生活节点上双方应当互不攻击，等等。在前线部队不断换防的过程中，这些临时性伦理共识也在不断地传递给新接防的作战部队，传递给处于交战阵地后方的炮兵部队，从而使英德两军长期处于一种"假战斗、真和平"的群体性合作状态。分析表明，这种合作状态不仅仅是基于利益层面上的考量，如避免对方的报复，更是在两个集体之间形成了一种伦理共识，即"在堑壕战中，形式上的攻击是一种仪式"，"它表示和强化了双方相互同情的情绪和敌人也是共患难的伙伴的信念"。① 应当说，这种群体层面的社会合作较为脆弱，一旦它所依赖的临时性伦理共识被打破，如上级下达了进攻的最后期限的命令后，两个集体之间的社会合作状态就会自然终结。

第二，民间集体信仰。较利益群体层面的伦理共识更为稳定的集体意识呈现形式是民间集体信仰。这种民间集体信仰超越了利益群体的约束，能够在不同社会阶层，甚至不同阶级之间达成集体共识。在传统中国，农民、士绅等不同社会阶级阶层就通过长期合作，利用传统的民间信仰和社会权威共同修复、整合和维系着民间的社会秩序。② 譬如，在祖先崇拜中，无论是农民还是地主、秀才、官吏，不同的阶级阶层都是一体遵循的，这是因为祭祀有德祖先，能够"慎终，追远，民德归厚矣"③；而"妈祖信仰"等与儒道释思想的有机融合，不仅成为渔民的信仰，更成为沿海许多地区居民和海外游子们采取共同行动的思想基础，发挥了重要的稳定社会心理和凝聚社会团体的功能。④

虽然有些民间信仰有其作用的时空界限，甚至还会面临来自官方的抑制的风险。但是民间集体信仰一旦得到官方的加持，就会形成更加稳定、影响力更为广泛的集体意识，甚至成为社会的基本伦理道德的组成部分。譬如，在官方的支持下，"关公崇拜"就有可能经过沉淀融入儒家的仁义思想，从而更好地发挥服务国家、促进社会团结

---

① ［美］阿克塞尔罗德：《合作的进化》，吴坚忠译，上海人民出版社 2007 年版，第 51、59 页。

② 孙午生、王月峰：《"叫魂"习俗及其对社会秩序构造的影响》，《民间法》2016 年第 1 期。

③ 杨伯峻：《论语译注》，中华书局 2015 年版，第 6 页。

④ 王文钦：《妈祖崇拜与儒释道的融合》，《孔子研究》1997 年第 1 期。

的功用。

第三，主导性社会伦理。随着不同层面的集体意识持续沉淀，一些集体意识最终会在基本价值观层面凝聚，在民族国家甚至人类社会层面形成各个宏大集体共享的一种社会伦理。帕森斯认为，作为一种基础性伦理，"共享价值"可以解决理性选择的秩序困境。[①]罗尔斯也认为，在多元化社会中，持有不同价值理念、社会抱负以及宗教信仰的集体，都会形成一个"基本的善"的共识。[②]正因如此，最典型的团结还是基于道德考虑的团结。从一个国家或民族角度来看，社会伦理总有其独特的呈现形式，有些以宗教教义形式存在，有些则以世俗性的道德规范存在。

在传统中国社会中，以仁、和为贵、重义轻利等为核心理念的"儒家伦理"就是以一种官方化的社会信仰形式，成为所有社会群体甚至是整个民族的集体意识，发挥着巨大的价值整合功能，促成了古代中国出现长久的社会合作状态。

在社会现代化的进程中，随着经济上的大工业化、人口城镇化及社会世俗化进程的不断推进，适应现代民族国家和全球社会发展需要的各种新型社会伦理逐步形成。

在现代性拓展的早期，涂尔干坚信，集体意识的核心——"职业伦理"作为一个独立存在的社会事实，在大分工的背景下必将承担起整个人类社会现代化重组的使命，这是因为"相互依赖与协作"的个体需要依赖"职业伦理"这一全新的集体意识形式的约束，职

[①]　［美］塔尔科特·帕森斯：《社会行动的结构》，张明德、夏遇南、彭刚译，译林出版社2003年版，第45页。

[②]　［美］约翰·罗尔斯：《正义论》，何怀宏等译，中国社会科学出版社2009年版，第71、345页。

业伦理"可以减弱和调节他们彼此的竞争,使他们不再像今天这样,时常卷入像战争那样残酷的冲突"①,从而避免彻底的社会解组成为现实。正因如此,涂尔干对 20 世纪初的人类道德教育及其制度化赋予了极大的期望。他认为,基于道德教育并以制度规范为表达形式的现代职业伦理,构成一个以纪律精神、牺牲精神和知性精神为主的世俗道德体系,必将成为现代国家和民族间社会合作的主要动力源泉。②

几乎与涂尔干处于同一时代的马克斯·韦伯则期望传统宗教伦理的现代化转型所塑造出的新型集体意识对社会合作发挥出更好的功用。如前所述,韦伯对理性资本主义精神的分析,以及对儒教、道教、印度教等世界主要宗教的社会学讨论,都是在力图向世人证明,"清教伦理"是如何通过强调命定论、天职观及入世禁欲主义,以社会合作而非社会抗争的方式率先提供了理性资本主义发展所需要的两大基本要素——辛勤的劳动力与不断累积的资本,进而推动了整个人类社会的繁荣进步。韦伯因此断言,"当救赎意义及先知教示的内容发展成一种伦理之际,此一伦理原则上越是合理,就越能促成理性资本主义的发展"③。

到了 20 世纪六七十年代,哈贝马斯在重建历史唯物主义的过程中,通过他的去阶级化分析得出新的结论,即"交往伦理"在社会合作秩序的生成和延续中占据着决定性的地位。哈贝马斯提出,到了晚期

---

① [法]涂尔干:《职业伦理与公民道德》,渠东、付德根译,上海人民出版社 2001 年版,第 33 页。

② [法]涂尔干:《道德教育》,陈光金等译,上海人民出版社 2006 年版,第 31、55、80 页。

③ [德]马克斯·韦伯:《韦伯作品集(Ⅴ)》,康乐、简惠美译,广西师范大学出版社 2004 年版,第 509、512 页。

资本主义时期,社会危机不是来自集体利益的对立,而主要来自文化伦理层面,因为此时的"进化优势将从经济领域转到教育和科学系统"①。相应地,晚期资本主义时期的社会冲突与传统的阶级斗争已经大相径庭,它是一种由于生活方式差异和政治观点差异而产生的冲突,是一种典型的文化冲突,"更确切地说,新的冲突是在文化再生产、社会统一和社会化领域中形成的"②。交往伦理要求必须强调合理的交往行动和民主的"协商政治"的重要性,通过理性沟通和各种"参与民主",塑造出具有全新交往伦理的"世界公民"。

与社会学家、政治学家不同,法学家们更为津津乐道的是,在现代社会中,基于制度规范和法治意识等而形成的"制度伦理"尤其是"法律伦理"等,作为一种社会成员和各类集体的共同信仰,发挥着规范和约束各种集体行为的作用。③

(三)集体意识边界的跨越

应当指出,尽管不同集体有采取利他行为的倾向,但由于集体意识总是在一定的集体内部长期流行,因此要时刻警惕并克服集体意识的天然缺陷,那就是一个具体的集体意识总是存在着一定的作用边界——集体意识的一面是在内部形成亲和性,促成集体内部的社会合作;另一面就是仇外,它可能会使超出本集体界线的社会合作难以为继。因此,无论是临时性集体共识、民间信仰还是基本价值观层面沉淀

---

① [德]哈贝马斯:《重建历史唯物主义》,郭官义译,社会科学文献出版社 2020 年版,第 148 页。

② [德]哈贝马斯:《交往行动理论》第二卷,洪佩郁、蔺青译,重庆出版社 1992 年版,第 500 页。

③ 参见方军:《制度伦理与制度创新》,《中国社会科学》1997 年第 3 期;傅鹤鸣:《法律伦理:当代中国制度伦理构建的核心命题》,《伦理学研究》2016 年第 5 期。

下来的各种传统的和现代的社会伦理,都要时刻警惕并防止形成基于内部共同意识的"隔离区",因为"隔离区是对自由的否认"①。这就要求,必须摆脱一些极端的集体意识的束缚,努力跨越集体利益的边界。譬如,若一个社会中的社会底层普遍具有"仇富"意识、中产阶层普遍具有"屌丝"意识、上流社会则普遍具有"精英"意识②,该社会中的不同利益群体和社会阶层就难以对其他群体和阶层保持开放包容的心态,不同集体间的集体意识冲突就成为必然,阶级以及国家等层面的社会合作状态即便存在也将难以维系。

有关集体意识论的进一步探讨表明,无论出自天性还是基于理性考量,采取利他行为促成社会合作,成为各个层面集体的基本共识,这一共识为社会合作的生成提供了必要条件。虽然由于集体意识凝聚程度不同,社会合作的层次、模式及其稳定性千差万别,但只要约束好集体意识的天然不足,逐步沉淀在社会伦理层面的各种现代集体意识,无论是职业伦理、清教伦理、文化伦理还是法治伦理,或者是其他新的表现形式,都能够从不同角度促成社会合作局面的生成。由于集体意识是一种非实体的心理层面的共识,因此,有关"社会合作何以可能"的进一步分析,就需要对集体意识的一些外在表征,如群体层面的获得感和社会表情等进行进一步的分析,从而将集体意识促成社会合作的分析深入下去,这也是本书第八、九两章所要阐述的内容。

---

① [英]齐格蒙特·鲍曼:《共同体》,欧阳景根译,江苏人民出版社 2003 年版,第页。

② 王道勇:《存量改革时期的利益协商与社会合作》,《教学与研究》2015 年第 11 期。

五、"社会不合作"状态

应当说,以马克思和涂尔干为主要代表的这两种社会合作阐述传统,不仅理论推演逻辑严谨,而且实践的指导意义重大。人类社会历史上出现的众多"社会不合作"状态,就可以从集体利益和集体意识这两个视角出发去探寻产生的根源。譬如,法国大革命爆发前,法国国王路易十六"品行端方,生活俭朴,自愿放弃专制"[①],在国外极力支持进步的美国独立运动,在国内大力推进各项改革创新,曾为推进资本主义式的改革而四易财相,但最终却被推上断头台,此后数十年间法国政权不断更迭,社会持续动荡不安,价值观念尖锐对立。从社会合作角度究其根源,就在于随着自由资本主义经济发展和启蒙运动的推进,法国三个等级的国民分别拥有了完全不能相融的集体利益,也形成了完全对立的集体意识,三大等级在价值取向和利益目标上背道而驰,不仅无法形成阶级合作,甚至连阶层合作都存在巨大障碍,在国家层面就必然会出现"社会不合作"状态。[②] 虽然更高层面的集体利益缺失,没有达成更高层面的集体意识,这两者谁是大革命后法国出现数十年乱局的主因,学术界的解释众说纷纭、莫衷一是,但是一个不可否认的事实是,人们开始更加关注"社会不合作"状态。

[①] 参见英法历史比较与借鉴课题组:《从英法两国历史看财政与民生、革命、文明演进》,《财政研究》2013 年第 9 期;[美]弗兰西斯·福山:《政治秩序的起源:从前人类时代到法国大革命》,毛俊杰译,广西师范大学出版社 2012 年版。

[②] 参见[法]托克维尔:《法国大革命》,冯棠译,商务印书馆 1992 年版。

（一）集体意识异化导致"社会不合作"状态

对一些历史重大事件作进一步检视,还可以看到一种特殊的社会状态,那就是即使有共同的集体利益和共同的集体意识,可以超越利益群体、社会阶层甚至阶级进行社会合作,但最终也有可能在国家和人类社会层面出现事实上的"社会不合作"状态。

这是因为社会合作中跨越集体意识边界是一个艰难的过程,无法摆脱狭隘的集体意识的束缚,被集体意识所绑架,最终可能导致集体意识的异化——作为本集体的团结力量的集体意识最终成为毁灭该集体的导火线。

法西斯主义德国的兴起即是典型案例之一。一战结束后,德国之所以迅速进入法西斯主义流行的状态,原因众多。其中,社会主流阶级阶层间的社会合作的作用不可忽视。德国由于统一相对较晚,资本主义发展较晚,大企业兴起也就相对较晚,到一战之后,大资本主义在德国还没有形成强大的社会政治力量;而且德国从俾斯麦首相开始就在全国范围内推进现代社会保障制度的建设,德国也因此成为世界上最早推进社会保险制度的国家。一战结束后德国经济快速复兴,国民生活水平不断改善,所有这些都导致德国的中产阶层日益壮大,而德国的无产者和大企业主的力量都相对较为弱小。在世界范围内,当时的德国发展面临着两种选择,一种是以美国等为代表的、由资本家做主的大资本主义;另一种是以苏联为代表的、由无产阶级做主的社会主义。正如萨泊斯所认为的,当时的德国大部分民众既不想走无产化道路,也不想被大资本家奴役,因此有着强烈的"地位恐慌"。[1] 这种在民族国家

---

① 胡联合、胡鞍钢:《中产阶层:"稳定器"还是相反或其他》,《政治学研究》2008年第2期。

层面存在的独特的集体焦虑,就集中呈现为一种独特的"地位焦虑"式集体意识。在德法百年恩怨以及一战结束后形成的"强烈复仇"式集体意识的直接驱使下,国家成了集体意识的象征。"在每个人的眼里,它都是集体意识活生生的表现",其"基本职能就是为信仰、传统和集体行动赢得尊重,换句话说,就是为了保护共同意识去防范任何内部的或外来的敌人"①。由于对国家权力的侵犯便被视为对集体意识本身的侵犯,这种地位焦虑意识和集体复仇意识在种族优越意识的辅助下,为超越德国各阶级阶层的各自利益,在民族国家层面生成全民性的社会合作提供了共同的价值基础。于是,以中产阶层为主的德国主流社会选择了既反对大资本化、又反对无产化的民粹主义道路,彻底异化为法西斯主义最肥沃的社会温床和阶级基础。由法西斯德国所发动的二战,包括屠杀六百多万犹太人等,造成了人类历史上最为严重的社会失序状态。

其实不仅德国在二战前出现了这种集体意识异化现象。政治学家李普塞特等人甚至断言,意大利及奥地利的纳粹主义、法国的布热德主义、美国的麦卡锡主义等政治极端主义运动,都是社会主流阶层阶级之间激情合作后在国家层面形成的一种社会合作产物。② 一些历史事件中存在的这种"社会不合作"状态提醒人们,只有没有被异化的、"良性"的集体意识才能构建出良好的社会合作秩序。

(二)集体意识坍塌导致"社会不合作"状态

20世纪70年代以来的信息技术大飞跃带领人类社会进入一个全

---

① [法]埃米尔·涂尔干:《社会分工论》,渠东译,生活·读书·新知三联书店2000年版,第47页。

② Seymour Martin Lipset, *Political Man: The Social Bases of Politics*. Garden City, Anchor Books, 1963, pp.131–179.

新的发展阶段,有关社会合作的集体意识理论探讨开始有了新的实践场域。譬如,近些年来西方国家出现了西班牙"加泰罗尼亚独立事件"、英国"公投脱欧困境"、意大利"修宪公投失败"、法国"黄马甲运动"和养老金改革困境等一系列"黑天鹅"事件。现实再次提醒人们,集体利益与集体意识之间恶性循环会带来社会合作状态的"萎缩",最终导致社会合作局面的"坍塌"。

可以看到,近年来西方社会出现的上述事件都是以"最民主"的方式来实现的,整个社会的自由、民主、法治理念,包括职业伦理、清教伦理等良好的集体意识并没有受到根本性的冲击,但更高层面的集体利益相对弱化直接导致了"社会不合作"状态的出现。具体而言,在总人口中占比很大的一些利益群体和社会阶层不满于当前的集体间利益分配状况,出现整体性焦虑,但他们的集体情绪及其表达并没有得到充分回应,于是长期处于"被动性沉默"的状态,不同集体间出现隐性的撕裂。这种状态经过长期积累后不断进行内部再生产,在一定的诱导机制的刺激下,无须经过层级性的垂直的集体动员,仅仅依靠互联网等平行的沟通平台,无数无中心的自主选择最终汇聚形成社会性的不合作行动,甚至是极端的社会抗争行动。

维护集体内部利益的社会不合作行动将会带来集体意识的退化,进而带来社会合作层次下降。譬如,2017 年后,美国退出联合国教科文组织和人权理事会、退出中核协定和中导条约,以及在新冠肺炎疫情全球大流行的危急时刻退出世界卫生组织等,是在国际教育科学文化合作和维护世界和平等人类社会层面的集体共识上采取了不合作行动,目标都是为了维护"美国优先""让美国再次伟大"这一国家层面的集体意识。2018 年以来法国持续了一年多的"黄马甲运动",以及 2019 年以来巴黎爆发的反对养老金制度改革的参与者大多也是为维持本群体的内部利益而采取了一系列导致社会整体失能的集体行动,如全行业罢工、阻碍公共交通、打砸抢烧等。这些都是一种为了维系下一层面的社会合作状态,而做出的牺牲更高层面社会合作局面的"退化"行为。这种"退化"行为的效果一旦奏效,狭隘的集体意识就会变本加厉,使社会合作状态持续"萎缩"。近年来发达国家出现的一些现实再次提醒人们,对于狭隘的集体意识的过于强调和维持,可能会带来社会合作水平不断降低,最终导致良性的集体意识因为无容身之地而彻底"坍塌"。

　　历史和现实中的各种"社会不合作"状态表明,集体利益优先还是集体意识优先,并非"社会合作何以可能"这一议题的关键所在。面向现实和未来,更值得人们关心的是,能否努力融合集体利益论与集体意识论的理论视野,在实践中促成集体意识与集体利益的良性循环。对于不同的社会而言,存在两个值得深思的共性问题:一是什么样的集体利益和集体意识的结合才能达成良好的社会合作状态,从而防止更高层面的社会合作将人类社会带入歧途;二是怎样进行制度建设,才能全面阻止社会不合作行动诱发的"坍塌"趋势,使各种层面的社会合作局面始终生机勃勃。

　　综述之,集体利益论和集体意识论是社会学解释"社会合作何以可能"的两个最重要传统,在有关社会秩序的各种阐析中一直处于重要位置。马克思首创的集体利益论认为,在持续的社会交往基础上所形成的理性思维能力使集体利益成为可能,而防止利益固化、开展利益协商、进行利益让渡和利益置换的状况,决定着更高层面的社会合作行动能否顺利开展。涂尔干开创的集体意识论则认为,超越了自身利益考虑的、持续沉淀下来的各种集体意识是社会团结的黏合剂,集体意识凝聚程度的强弱和能否超越集体意识边界形成更高层次的共同意识,对更高层次乃至人类社会层面的社会合作至关重要。应当说,由马克思和涂尔干所开创的两种阐述传统奠定了我们对"社会合作何以可能"这一议题的基本认知框架。但是对一些历史大事件中出现的"社会不合作"状态进行检讨和反思,可以发现,实现集体利益与集体意识的有机融合,在"良性集体意识"基础之上不断构筑更高层面的集体利益,是社会合作得以形成和延续的基石。进一步的研究展开,就要结合实践,对其中的关键主题如集体利益中的利益固化、利益协商、利益让渡,对集体意识的一些表象如获得感、社会表情等进行探讨,从而进一步展开对"社会合作何以可能"的讨论。

第五章　社会合作中的利益固化

从集体利益角度来看,利益固化是社会合作必须面对的重要问题。利益固化不仅阻碍了更高层面的集体利益的形成,而且可能会带来集体意识中"共同理解"的内涵日益狭隘化和偏激化,最终也不利于集体内部合作状态的持续。认清利益固化的演化逻辑和具体的作用机制,形成必须打破利益固化的社会共识,采取打破利益固化格局的行动,是生成和维系社会合作局面的基本前提。

一、利益与利益固化

(一)利益的基本内涵

国内外有关利益概念的学术讨论主要是从两个方面展开。一方面,以赫希曼的名著《欲望与利益》为代表,主要探讨利益概念的历史演进,侧重于追寻和分析不同思想家所界定的利益概念内涵的变化,这主要是知识史的研究;另一方面是直接探讨"利益"这个概念的内涵①,

---

① 高鹏程:《利益概念的分析方法》,《学习与探索》2007 年第 3 期。

更多的学者是集中于这一方面。在对利益概念的内涵进行的讨论中，对"利益"的基本内涵的界定主要存在两种不同的进路。

一是实体范畴，即认为利益是一个能够带来好处的实体。《现代汉语词典》对利益的解释就是"好处"①，这是一个相对较为宽泛和抽象的解释。中国传统文化中一直将利益视为物质财富的占有，是一种好处的占有①。春秋战国时期，儒家、墨家、道家、法家均提出了不同的义利观学说。儒家倾向于将利益理解为私利，强调要重义而轻利，譬如，孔子提出要"罕言利""君子喻义，小人喻利"等。墨家将利益视为物质需要，同时也将"忠""孝"等道德价值视为一种利益，认为"义，利也"，在一定程度上将义与利混而为一。道家则提出了"绝仁弃义""绝巧弃利"等"少思寡欲"的学说。法家的管仲强调："仓廪实则知礼节，衣食足则知荣辱"②，这是在强调利是义的前提；另一法家代表人物韩非子则认为求利是人之本性，"医善吮人之伤，含人之血。非骨肉之亲也，利所加也"③。范晔在《后汉书》中首次将"利"与"益"两个字合为"利益"一词，《后汉书·卫飒传》中出现了"民得利益焉"之说，这里的利益还是实体范畴，主要是指物质利益。

在古希腊和罗马时代，对利益的理解大多也是满足物质需要的实体，主要是指某种实物(goods)的获得和经济上的增值。④ 近代以来的一些西方学者进一步认为，利益是能给人带来快乐和幸福之物。其中，法国启蒙思想家霍尔巴赫的观点较具代表性，他认为："人的所谓利益，就是每个人按照他的气质和特有的观念把自己的安乐寄托在那上

---

① 张成兴：《试论利益概念》，《青海社会科学》2000 年第 4 期。

② 《管子·牧民》。

③ 《韩非子·备内》。

④ 参见 R.A.Seligman.社会科学百科全书，"Interest"条目。

面的那个对象;由此可见,利益就只是我们每个人看作是对自己的幸福所不可缺乏的东西。"①

二是关系范畴,即利益是一个社会中的价值关系。当某一物品能够满足人的需要时,这种价值关系的实现即为利益。与中文"利益"相对应的英文"Interest"一词,就蕴涵着主观"欲望"与需要之义。② 但是一般都认为,"欲望"不同于"需要",欲望来自人的内心,是不可抑制的;而需要则是在欲望的基础上,根据外部世界所规范的现实可能性对欲望进行调整后而显示出来的。正如捷克经济学家奥塔·锡克所说:"成为利益的,通常只有引起人的最强烈的情绪和感情(爱好、满意、激动等)的需要的满足,或需要的满足中不充分的,并因此唤起他持久的注意和他对充分满足这种需要的追求。"③

马克思主义经典作家实现了上述两种利益概念倾向的有机统一。马克思等人非常重视"利益"概念中物质利益这一实体性的内涵,认为利益首先就是由对象化劳动创造的物质利益。马克思认为,"人们为之奋斗的一切,都同他们的利益有关"④。这里说的利益主要就是指实体层面的物质利益。列宁甚至认为,"物质利益问题是马克思主义整个世界观的基础"⑤。但马克思等人讲物质利益,讲实体利益,包括考察利益的分配格局,最终是为利益的关系范畴所服务的。利益不仅是一种物质状态,更表现为一种社会关系,只有观察通过物质利益呈现出

① [法]霍尔巴赫:《自然的体系——或论物理世界和精神世界的法则》上卷,管士滨译,商务印书馆1999年版,第259—260页。
② 刘可风:《论中西经济伦理的语境差异及其沟通——"利益"与"interest"之比较》,《哲学研究》2006年第11期。
③ [捷]奥塔·锡克:《经济、利益、政治》,王福民、王成稼、沙吉才译,中国社会科学出版社1984年版,第263页。
④ 《马克思恩格斯全集》第1卷,人民出版社1995年版,第187页。
⑤ 《列宁全集》第27卷,人民出版社1959年版,第339页。

来的社会关系,才能真正读懂物质利益变化的实质。恩格斯指出,"每一个社会的经济关系首先是作为利益表现出来"①,"'思想'一旦离开'利益',就一定会使自己出丑"②。在资本主义社会中,"利益就是一种由异化劳动创造的交换关系"③,正是这种利益关系异化显现出资本主义社会的反人性的本质,从而突显了进一步构建一个利益关系处于和谐状态的理想的共产主义社会的迫切性。

综上所述,可以认为,利益是一种能满足个体和群体的物质和精神需要的实体,更是一种体现价值的社会关系。从人与外部世界的关系来看,利益具有满足需要的功能;从人与人的关系来看,利益背后更为重要的是隐含的一种社会关系。从社会合作角度来看,对不同利益集体进行深入分析,不仅要从实体范畴出发,揭示这些集体的需要满足的实际状况;更要从关系范畴来思维,看到由于这种利益需要满足程度不一致,对不同集体之间关系的实际冲击,从而揭示出不同集体超越本集体的内部利益,共同努力形成更高层面社会合作状态的基本规律。

(二)利益固化的基本内涵

马克思说:"既然正确理解的利益是整个道德的基础,那就必须使个别人的私人利益符合于全人类的利益。"④但是,个别人的利益甚至是一些群体和阶级的利益并不一定与人类社会的整体利益相一致,甚至可能一些群体和阶级的利益是建立在牺牲其他群体和阶级的利益之

①　《马克思恩格斯全集》第 18 卷,人民出版社 1964 年版,第 307 页。
②　《马克思恩格斯文集》第 1 卷,人民出版社 2009 年版,第 286 页。
③　谭培文:《对和谐社会的利益概念的马克思主义解读》,《马克思主义研究》2008 年第 2 期。
④　《马克思恩格斯全集》第 2 卷,人民出版社 1957 年版,第 167 页。

上的。于是利益固化就成为社会发展中的一种常态现象。据此有学者认为,利益固化就是一个社会中的利益呈现出刚性的稳固态势,在一个社会中不同的利益集团、阶层或群体的利益地位在整个利益格局中出现了相对静止的状态。①

但是如前所述,一提及"利益"这个概念,相伴而至的就是"财富""收益""好处"等相关的词汇,这些都是从实体范畴进行考虑所得出的推论,是"好的利益",如改革红利或改革收益等。从关系范畴来看,利益更是一种社会关系。德国社会学家贝克在1986年提出"风险社会"概念时曾着重提出,人类社会已经从强调阶级和解放的工业社会走向强调风险和安全的风险社会,"阶级社会的推动力可以用一句话来概括:我饿! 风险社会的驱动力则可以用另一句话来概括:我怕!"②在工业社会中,财富生产的"逻辑"统治着风险生产的"逻辑",而在风险社会中,风险生产和分配的逻辑已经代替了财富生产和积累的逻辑。③从贝克的角度来看,风险社会中人们关注的核心问题已经不再是群体之间的压迫和被压迫的解放关系,而是如何通过团结共同应对更大风险的合作关系。因此,在从强调人际矛盾走向强调社会团结以应对新矛盾的过程中,"利益"问题既包括好处、成果和财富的分配,也应当包括坏处、成本和风险等的分配。

由此可以认为,人类社会的分配过程,实际上是对两种不同性质事物的配置。一种是发展成果的分配,如收入增加等财富分配,也就是好处的分配;另一种是发展成本的分配,如环境污染、职业病等风险分配,

---

① 章荣君:《利益固化的形成机理及其突破路径》,《行政论坛》2016年第6期。

② [德]乌尔里希·贝克:《风险社会》,何博闻译,译林出版社2004年版,第57页。

③ [德]乌尔里希·贝克:《风险社会》,何博闻译,译林出版社2004年版,"序言"。

也就是坏处的分配。在成果分配的过程中,各个群体担忧的是本群体获得的数量质量和占比过低;在成本分配过程中,各个群体所担忧的正好相反。一个群体所得好处(成果、财富)与所得坏处(成本、风险)会构成一个利益获得结构。如果该群体认为本群体的这一利益获得结构是理所应当的,其他社会群体也认可这个利益获得结构的合法性,认为也是应当的,那么这种获得结构就是正义的。如果其他群体认为该利益获得结构难以接受,普遍认为一个或多个群体获得成果过多而承担成本过少,则后者就是所谓的相对既得利益群体;如果被认为没有承担任何成本,则后者就是绝对既得利益群体。反之,这些群体就是相对利益受损群体或绝对利益受损群体。只要一个社会中存在既得利益群体和利益受损群体,那么该社会中的利益分配就没有达到正义的状态,利益关系就处于失衡状态,需要政府和社会等外力加以调节,从而不断靠近以至达到正义状态。①

基于以上讨论,可以对"利益固化"进行如下一个操作性的描述:如果处于优势地位的社会群体的群体利益与社会整体利益并不相符,但是这些社会群体利用自身优势不断巩固现有的利益格局,使其收益最大化、成本最小化,那么利益获得结构就会出现固化的现象。以当代中国为背景来考察,所谓"利益固化"就是指改革开放以来,改革成果和改革成本在不同社会群体中分配不均并且有定型化的倾向。

(三)当代中国的利益固化议题

由于利益固化对社会合作行为及社会合作状态都具有明显的负向效应,不利于社会共识的形成和社会团结局面的维系,因此,这一概念

---

① 王道勇:《改革进程中的利益固化与社会合作》,《学习与探索》2015 年第11 期。

很早就引起重视,出现在党和国家的正式文件中。文献检索可以发现,党中央最早正式提出"利益固化"这一词,是在 2012 年党的十八大召开之后。2012 年 12 月 7—11 日,习近平总书记在广东考察时指出:"我们要坚持改革开放正确方向,敢于啃硬骨头,敢于涉险滩,既勇于冲破思想观念的障碍,又勇于突破利益固化的藩篱。"①2013 年 7 月 23 日,习近平总书记在武汉召开部分省市负责人座谈会时再次强调,"必须以更大的政治勇气和智慧,不失时机深化重要领域改革,攻克体制机制上的顽瘴痼疾,突破利益固化的藩篱,进一步解放和发展社会生产力,进一步激发和凝聚社会创造力。"②同年 11 月,党的十八届三中全会通过的《中共中央关于全面深化改革若干重大问题的决定》,首次正式将"利益固化"四个字写入中央文件,认为:"当前,我国发展进入新阶段,改革进入攻坚期和深水区。必须以强烈的历史使命感,最大限度集中全党全社会智慧,最大限度调动一切积极因素,敢于啃硬骨头,敢于涉险滩,以更大决心冲破思想观念的束缚、突破利益固化的藩篱,推动中国特色社会主义制度自我完善和发展。"③2017 年 10 月,习近平总书记在十九大报告中再次强调指出:"必须坚持和完善中国特色社会主义制度,不断推进国家治理体系和治理能力现代化,坚决破除一切不合时宜的思想观念和体制机制弊病,突破利益固化的藩篱,吸收人类文明有益成果。"④

---

①　《习近平在广东考察工作时强调　增强改革的系统性整体性协同性　做到改革不停顿开放不止步》,《人民日报》2012 年 12 月 12 日。

②　《习近平在武汉召开部分省市负责人座谈会时强调　加强对改革重大问题调查研究　提高全面深化改革决策科学性》,《人民日报》2013 年 7 月 25 日。

③　《十八大以来重要文献选编》(上),中央文献出版社 2014 年版,第 514 页。

④　习近平:《决胜全面建成小康社会　夺取新时代中国特色社会主义伟大胜利——在中国共产党第十九次全国代表大会上的报告》,人民出版社 2017 年版,第 21 页。

一般认为，"利益固化既是市场调节的固有缺陷与制度建设滞后性的产物，也是改革非均衡化的产物"①。经过 40 多年的改革开放和持续不断地解放思想，如今党中央仍然在提"冲破思想观念的束缚"，主因应当并非思想解放自身，而在于利益获得结构。

当代中国正处在农业社会、工业社会与后工业社会并存的多重转型状态，一个群体的成果与成本的获得结构是否合理直接影响着利益是否处于固化状态。如果相对或绝对的既得利益群体不断地恶性膨胀，相对或绝对的利益受损群体不断地恶性循环，利益获得结构就会持续固化下去。譬如，可能会出现成果分配、财富分配向既得利益群体集中趋势，同时也会出现成本分配、风险分配向利益受损群体集中的趋势。这时，既得利益群体会因此形成利益分配的路径依赖，不仅无意改变现有的利益分配局面，甚至会积极采取行动维持现有的利益获得格局；而利益受损群体则急切地期盼打破现有的利益获得格局，但却有心无力；于是一些群体一直在做利益上的"加法"，而另一些群体一直在做利益上的"减法"，即财富进一步向强势群体集中，风险进一步向弱势群体集中，那么利益获得格局就会进一步固化。因此，一些学者的研究得出的结论就是，"利益格局在根本上是一个社会的公正问题"，"市场经济发展过程中社会利益格局的固化，无疑就是一种覆盖面最广、影响力最大的不公平"。② 也因此，党中央在涉及改革的重要文件中，多次提出要防止出现利益固化，必须"突破利益固化的藩篱"。

---

① 王秀华、薛俊文：《论利益固化与国家治理现代化》，《天津行政学院学报》2018年第6期。

② 王鸿生：《清除利益固化之害》，《光明日报》2014年4月9日。

二、利益固化对社会合作的侵蚀

利益固化导致的这种不公平状态直接影响了在同一层面的利益群体、各阶层、阶级的社会合作状态。从理论上看,一旦一个国家和社会中的改革进入全面触及利益格局、进行利益关系全面调整的时期,这时的各种集体利益如部门利益、行业利益、地方利益、群体利益等就会相互博弈,并且有日益激烈之势。在利益固化的前提下,这种相互博弈可能会演变为不同集体对既得利益的全力保护以及对改革新收益的全力争夺,最终将会导致阶层阶级对抗和社会分裂①,社会合作局面即使存在,也将难以延续。

结合理论研究成果和一些国家在发展过程中遇到的社会合作难题,可以看到利益固化的演进会依次出现以下几个基本阶段,随着阶段的推进,这种利益固化程度在不断加深,对社会合作状态的侵蚀和破坏也在同步推进。

(一)整体利益日益碎片化

整体利益碎片化是指社会从总体上看出现了一种趋势,即这个社会出现一个强烈的甚至是主导性的倾向,一些群体甚至是主流社会群体从过去强调和重视更高层面的大利益,转向只关注小群体和个体层面的利益。一些整体性的、宏观层面的整体利益,如人类社会利益、国家利益、民族利益和长远利益等开始被虚化,甚至阶级阶层的集体利益

---

① 王道勇:《改革进程中的利益固化与社会合作》,《学习与探索》2015 年第 11 期。

也不再受到各个社会群体的关心,个体利益、家庭家族利益、本社区内部利益、本单位内部利益以及短期利益等得到异乎寻常的重视。于是,与重视整体利益的传统相反,不同利益群体和阶层阶级很难就更高层面的集体利益达成一种共识,客观上存在的唯一共识就是各群体都只关注小范围内的集体内部利益。①

从社会整体角度来看,由于财富和风险分配严重不均而社会又无法进行自我调整,不同利益群体、社会阶层的利益差距较大,于是就会出现整体利益的碎片化。在当代中国,一定程度上存在整体利益碎片化的社会基础。我国国民收入分配格局的一个主要特征,就是中等收入群体人数和比例偏低。据 2016 年国家统计局的数据,以家庭年可支配收入 9 万元至 45 万元人民币为标准,可以测算出我国中等收入家庭占比为 24.3%,仅 3 亿多人口。2019 年 4 月 22 日,习近平总书记在中央财经委员会第四次会议上讲话指出,如以家庭年收入 10 万元至 50 万元作为标准,中等收入群体总人口仍不过 4 亿人口。② 虽然我国已经形成了世界上规模最大、增长速度最快的中等收入群体,但中等收入群体的占比不仅大幅低于发达国家水平,也明显低于这些国家与我国处在相同发展阶段时的水平。③ 时至今日,我国大多数人口(约占总人口的 60%)还属于低收入群体,具体包括生活在贫困线以下的贫困人口和生活在贫困线以上的低收入人口。这些人口占总人口的大部分,2019 年底我国有 2.91 亿农民工,有长期在农村地区生活的乡村人口 5.6 亿,城乡地区吃低保的特困人员约有 5000 万左右,城镇地区也有不

① 王道勇:《改革进程中的利益固化与社会合作》,《学习与探索》2015 年第 11 期。

② 习近平:《关于全面建成小康社会的短板问题》,《求是》2020 年第 11 期。

③ 王一鸣:《扩大中等收入群体是转方式调结构的必然要求》,《光明日报》2016 年 7 月 11 日。

少蓝领工人,以上合计有 9 亿人口。可以说,经过 40 多年的改革发展,我国所有人的收入水平都在提高、生活状态都在改善,但改善的相对速度却不同。正因如此,党的十八大报告和十九大报告都谈到,居民收入分配差距"较大"和"依然较大"是我国在前进道路上面临的一个主要困难和挑战。①

从群体角度来看,整体利益碎片化的表现就是利益的小团体化,即不同利益群体为了小群体的利益可以牺牲更大集体的共同利益。譬如,当前中央反腐败的重点——"塌方式腐败",就是典型的利益小团体化的表现。在反腐败斗争过程中可以发现,被查处的腐败干部大多存在向家人和亲友进行利益输送的现象。而干部中存在的形式主义、官僚主义、享乐主义和奢靡之风等"四风",实际上就是社会利益格局日渐固化情况下出现的不良政风,故而解决领导干部的"四风"是端正党风、改良政风,同时也有助于匡正世风。②

(二)利益群体关系的异化

在整体利益碎片化的过程中,一部分既得利益群体将向"利益部门化"方向发展。也就是说,一些在社会资源和社会机会控制方面占据优势地位和主导地位的社会群体将会利用这种对资源和权力的垄断优势来维护其特殊利益,甚至主动采取行动创造更有利的环境,为本群体谋取更大的利益。③ 辜胜阻认为,改革是对既得利益的调整,要防止

---

① 参见《中国共产党第十八次全国代表大会文件汇编》,人民出版社 2012 年版;《中国共产党第十九次全国代表大会文件汇编》,人民出版社 2017 年版。

② 本报评论员:《在打破利益固化上做探索》,《光明日报》2013 年 10 月 29 日。

③ 王道勇:《改革进程中的利益固化与社会合作》,《学习与探索》2015 年第11 期。

让既得利益者设计改革和推进改革,防止部门利益对改革的锁定①,这种"锁定"就是利益部门化最为形象的一种描述。在实践中,一些地区在GDP至上的导向下为短期利益而大力发展高污染高能耗产业;在全党全国反腐败的大背景下,一些官员为了明哲保身从"为官乱为"转向"为官不为"等,都是利益部门化的重要表征。这种利益部门化是在对国家利益进行分割,一旦不同部门以一定的权力为规则占有一定的利益,部门权力利益化后开始将部门利益进行小团体化和个体化,最后是通过各种法律规范将这些权力和利益都加以法制化,从而将国家利益与群体利益融为一体,最终就会生成李克强总理所说的"触动利益往往比触及灵魂还难"的状态。② 为此,党的十八届三中全会通过的《关于全面深化改革若干重大问题的决定》中明确提出,要反对"部门利益法制化"。

利益相近的群体和部门相结合会在部门化的基础上更进一步,发展形成利益集团。具体而言,首先形成的是单一的利益集团。有学者曾按参加集团的成员的类型和合作关系,将西方国家的利益集团划分为三类:第一类是"合作性集团",该团体中的成员为了每个人的共同需要而进行活动,成员以个体为主,表现形式有地区性的组织或社团等;第二类是"第二等级团体",这种团体的成员是一些合作性团体,成员以集体为主,表现形式有州际之间组织、商业贸易联盟等;第三类可称为"最高级联盟",这类团体又被称为"组织的组织",成员本身就是一个代表群体利益的利益集团,表现形式有英国工业企业同盟、美国劳

---

① 辜胜阻:《改革要突破利益锁定藩篱》,《中国组织人事报》2013年5月3日。
② 王道勇:《改革进程中的利益固化与社会合作》,《学习与探索》2015年第11期。

工联合会—产业工会联合会等。① 在西方国家,利益集团是常见的群体集合方式,其中值得关注的是以上三类利益集团中的一部分,即能够扭曲利益表达、利益分配和利益调节的特殊利益集团。异常的利益集团标志着对利益集团内部利益的极度强调,不仅完全无视同一层面其他集体的利益,而且以各种合法或非法的手段掠夺其他集体的利益,从而使本集团利益得以最大化。这些特殊利益集团大多有一些共同属性,如生存严重依附于权力;高度垄断特殊的资源;集体收益明显畸高;有严格的排他性,即群体成员资格限制严重,而一旦成为群体的一员则利益均沾。这种特殊利益集团还会在学术界和实践生活中不断宣传或论证本集团存在的价值,如正是由于本集团的存在,国家、社会和他人得到了大量的新福祉;本集团处于战略性要冲位置,不得不如此行事;本集团在国家和社会发展中发挥着不可替代的关键性功能;等等。

不同利益集团的进一步结合就会形成分利联盟,即各利益集团以现有的利益分配格局为基础,共同采取行动,通过有选择性的合作推动共同利益的增值,并且对增值部分进行内部分配。一旦多个利益集团抱团取暖,甚至相互间进行利益输送,最终会达成在不同集体间共生共赢的所谓社会合作状态,这种社会合作状态是内部通行的,但具有强大的排斥性。因为这种分利联盟主要是通过形成强大的压力集团来实现,这种强大的压力手段是系统性的,包括但不限于尝试影响政府人事决策和资源分配,寻找学术界的代言人,影响大众传播媒介,等等,从而使利益分配格局不断更新,向着更为有利于各利益集团发展壮大的方向前进。

① 沈仁道、杨明:《利益集团的概念和分类》,《政治学研究》1986 年第 3 期。

（三）社会阶层的利益固化

若特殊利益集团及其分利联盟无法得到均衡性社会群体的反制，则会出现经济学家斯蒂格勒所说的"国家俘获"（State Capture）现象，即立法者和政府管理者等整个国家政权都被俘获，特殊利益集团可以通过"点菜"式的服务购买，使政权为其利益服务。① 譬如，在一些发展中国家可以看到，通过向政府提供"租金"获得市场优势，通过设置各种壁垒，限制竞争者进入；通过促使立法者制定有利于自身的法律和政策，保护本群体利益；通过提供一些可怜的社会福利，暂时性地安抚利益受损群体，以维护现有利益分配格局的合法性及其稳定性。②

一旦政府俘获倾向明显，群体层面的利益固化就有可能进化成为阶层层面的利益固化。不同利益群体之间存在的相对一致的利益，既大大降低了将一群有着基本相似特征的人凝聚在一起的组织成本，也反过来增加了他们的阶级（阶层）识别与联合。③ 这种阶层的利益固化表现在客观层面，也表现在主观层面。

从客观层面来看，这个阶层利益固化就是阶层的内部再生产问题。有关社会流动的学术研究不胜枚举，通过纵向的长时段追溯或者大样本的数据分析，如果发现精英内部再生产，而贫困文化也在内部再生产，中产阶层在萎缩，社会流动率明显偏低，那么阶层的利益固化的倾向就非常明显。通过横向的分析也可以看到社会阶层结构中各阶层相

---

① ［美］乔尔·赫尔曼、丹尼尔·考夫曼等：《解决转轨国家的政府俘获问题（比较第五辑）》，吴敬琏译，中信出版社 2003 年版，第 47、55 页。

② 王道勇：《改革进程中的利益固化与社会合作》，《学习与探索》2015 年第11 期。

③ 张翼：《中国城市社会阶层冲突意识研究》，《中国社会科学》2005 年第 4 期。

对位置的高低。譬如,在新冠肺炎风险来临之际,美国不同群体面临的风险明显不同,黑人、贫困人口以及两者兼具的群体,其死亡率就明显偏高。

从主观层面来看,由于客观阶层地位不同,不同社会阶层感知到的阶层冲突强烈程度有明显的差异,这种不同主观感知从社会心理层面进一步巩固了阶层利益固化的趋势。有关阶层冲突的跨国比较研究发现,在中欧国家(瑞士、奥地利和德国)和盎格鲁—凯尔特国家(美国、英国和澳大利亚)中,主观认同与阶层冲突之间的关系差别较大。[1] 但有关中国的经验研究却发现,越是将自己认同为上层的人,就越认为现在和将来阶级阶层之间的冲突越小,反之则认为冲突会严重;[2]地位等级越低,就会越多地卷入冲突中,因而越是阶层地位低的群体,越认为存在较为严重的社会冲突。[3] 社会学家张翼曾利用调查数据分析了中国当前省会城市的阶层冲突意识,结果显示,那些收入并不低但却在参照群体中自我认同为最下层的群体,更易于生发不满。那些真正位于社会底层的群体,具有生发物质性冲突的可能,但这种冲突并不直接指向社会的合法性和合理性。[4] 这说明在中国,阶层层面的利益固化在客观上即使存在,也仅存在物质利益分配这些利益的实体范畴方面,还没有在利益关系范畴的意义上带来群体关系和阶层关系的进一步的异化。

---

① 　J.Kelley, and M.D.R.Evans, Class and Class Conflict in Six Western Nations, A-merican Sociological Review, 1995, 60(2), pp.157–178.

② 　李培林:《社会冲突与阶级意识:当代中国社会矛盾研究》,《社会》2005 年第 1 期。

③ 　李路路、唐丽娜、秦广强:《"患不均,更患不公"——转型期的"公平感"与"冲突感"》,《中国人民大学学报》2012 年第 4 期。

④ 　张翼:《中国城市社会阶层冲突意识研究》,《中国社会科学》2005 年第 4 期。

(四)阶级利益的持续固化

英国社会史学家汤普森在《英国工人阶级的形成》一书中对阶级层面的利益固化进程进行了详细的描述,他指出:"工人阶级并不像太阳那样在预定的时间升起,它出现在它自身的形成中……我把它看成是在人与人的相互关系中确实发生的某种东西,当一批人从共同的经历中得出结论,感到并明确说出他们之间有共同利益,他们的利益与其他人不同(并且常常对立)时,阶级就产生了。"①

阶级与国家政权直接相联系。恩格斯指出:"国家权力对经济发展的反作用有三种:可以沿着同一方向起作用,促进经济发展;可以沿着相反方向起作用,导致经济逐步崩溃;可以阻止经济发展沿着既定的方向走,而给它规定另外的方向。"②在后两种情况下,国家权力都会给经济发展带来巨大损害,并造成人力、物力的巨大浪费。应当说,这时的国家就已经是特定阶级的特殊利益的代言人。在国家政权、军队、意识形态工具等的帮助下,阶级利益就会持续固化。

具体而言,一旦成为既得利益阶级的代言人,国家政权就会致力于将集体利益异常集结的现象沉淀于文化层面,在此过程中,控制了国家政权的特殊阶级就会利用教育、媒体等各种制度化手段论证这一利益分配格局的合法性,使相关意识沉淀到社会心理格局的深层,成为各个群体中共同的潜意识结构中的一部分,以支配人们的思维和行动,让利益受损群体完全接受这一利益分配格局。由此希图获得文化上的合法性,从而营造出一种表面上的社会合作局面。但由于各阶级根本利益

---

① [英]汤普森:《英国工人阶级的形成》,钱乘旦等译,译林出版社 2001 年版,第3页。

② 《马克思恩格斯选集》第4卷,人民出版社 1972 年版,第 483 页。

的完全对立,实际意义上的社会合作状态遥不可及,利益群体、社会阶层之间,甚至阶级之间的社会不合作局面开始形成。

这时,制度和意识形态都已经成为阶级利益持续固化的帮凶。正如邓小平同志所指出的:"制度好可以使坏人无法任意横行,制度不好可以使好人无法充分做好事,甚至会走向反面。"①由于现实利益分配进程中利益受损的阶级时刻都感受到这种利益分配不均所带来的痛苦,处于既得利益状态的阶级所期望出现的"群体性沉默"的局面很难形成。一旦这种痛苦意识由个体和零散的层面被提升至集体层面,就会在利益受损的阶级阶层中形成共同的社会苦难感,从而为共同的反抗奠定基础。此时,不同群体之间的对立是不可调和的,利益冲突一旦爆发可能就是涉及范围广大的阶级冲突,直接推动的就是对国家政权的合法性进行集体质疑,甚至会出现阶级间的暴力革命和跨国性的大规模战争。

(五)社会合作状态的消逝

《吕氏春秋·尽数》指出,"流水不腐,户枢不蠹"。引申到利益固化的研究方面,可以认为,利益流动性对于利益是否固化具有举足轻重的影响。不同集体之间的利益流动性高,各集体之间的关系就不容易受到侵蚀。否则,利益固化的结果必然是古人所说的,"上下交征利,而国危矣"②。应当说,随着利益固化程度的不断加深,利益固化对社会合作局面的侵蚀也在不断加强,最终会形成一种社会整体性的"社会不合作"状态,甚至导致社会矛盾激化和社会冲突延绵不绝,社会合作状态将消逝在人们的视野中。

---

① 《邓小平文选》第二卷,人民出版社1994年版,第333页。
② 《孟子·梁惠王章句上》。

改革开放以来,随着区域发展差距拉大和巨大社会财富的创造,党和国家领导人很早就关注到利益流动性对社会合作的影响。改革开放伊始,邓小平同志就强调指出:"中国有十一亿人口,如果十分之一富裕,就是一亿多人富裕,相应地有九亿多人摆脱不了贫困,就不能不革命啊! 九亿多人就要革命。"①因此,要持续推进各个集体层面的社会合作,核心议题就是消除利益固化异常演化的基础,使改革能够在社会合作的氛围下推进。

结合我国的社会实践,可以认为在我国的改革进程中,利益固化的表征较多,利益固化的演化也处在急需干预的关键时期。具体而言,我国当前的利益固化主要表现为:整体利益日益碎片化,群体利益中小团体化和部门化现象较为常见。② 但从近些年来出台的全面从严治党、全面依法治国等国家大政方针及其巨大成效来看,我国出现利益的阶级对抗和"国家俘获"现象的可能性微乎其微。未来的基本任务就是关注利益群体层面、阶层层面的问题,如关注自发性组织的成长、扶助相对弱势群体等,从而不断消除利益固化滋生的土壤。

三、利益固化的作用机制

以上不同层面的利益固化的趋势和格局是在一系列作用机制的共同作用下形成。有学者认为,利益差距的一系列效应,如马太效应、循

---

① 《邓小平年谱(1975—1997)》(下),中央文献出版社 2004 年版,第 1133、1317 页。
② 王道勇:《改革进程中的利益固化与社会合作》,《学习与探索》2015 年第11 期。

环效应、世袭效应和集聚效应，导致了利益固化的生成和持续。① 这种分析虽然有启发性，但从逻辑推理角度看，却缺乏系统性和层次性。从以上我们对利益固化的概念界定来看，社会的财富分配和风险分配出现了自然累加、人为转嫁、代际传递等异常机制，而在利益表达机制不畅通的背景下，就会出现社会流动日益缓慢、社会阶层日益凝固的现象，从而使现有的利益分配结构不断固化。

（一）利益的自然累加机制

无论是财富分配还是风险分配，利益风险存在一个自我累加机制，这种机制以此前的利益分配格局为基础，无须外力的作用，自然而然地会演化形成一个新的利益格局，这个新的格局会更加有利于财富分配多而风险分配少的群体。景军曾将这种利益自然累加机制形象地概括为"泰坦尼克定律"。1912 年 4 月 14 日泰坦尼克号失事后，坐一等舱的作为强势群体的富商、高官等社会名流的存活率（63%），就明显高于坐二等舱的中产阶层的存活率（43%），更远远高于坐三等舱的作为社会底层的穷人的存活率（25%）。② 即在没有外力涉入的前提下，财富风险和风险分配会自然地形成负相关的分配规律。

在现实生活中，这类事例俯拾即是。譬如，城市中最危险的工作一般是由外来农民工来承担，但至 2019 年底，全国近 2.91 亿农民工中参加工伤保险的仅 8646 万人。从表 4-1 中可以看到，2010—2019 这十年间，我国农民工参加工伤保险的人数增长速度很慢，十年仅增加了2300 万人，参加工伤保险的农民工占农民工总数的比例一直在 30% 以

① 彭腾：《突破利益固化的藩篱》，《学习论坛》2016 年第 4 期。
② 景军：《泰坦尼克定律：中国艾滋病风险分析》，《社会学研究》2006 年第 4 期。

下。也就是说,一旦出现工伤,70%以上的农民工不会有制度化的抗风险机制的扶助。在失业保险方面,情况也是类似。以北京为例,2019年执行的失业保险金发放标准是:交纳失业保险1—5年的,失业保险金月发放标准为每个月1536元;时间越长,标准越高。但同时规定,农民合同制工人仅一次性发给生活补助费1372元。不仅中国,即使是西方福利国家也都类似,"无单位、无雇主、无劳动关系"的弱势就业群体,能够获得失业救济的机会明显低于正常的就业群体。

表4-1 2010—2019年参加工伤保险的农民工数量变化

年　份	2010	2011	2012	2013	2014	2015	2016	2017	2018	2019
农民工(万人)	24223	25278	26261	26894	27395	27747	28171	28652	28836	29077
参加工伤保险农民工(万人)	6329	6837	7173	7266	7362	7489	7510	7807	8085	8616
参保农民工占比(%)	26.1	27.0	27.3	27.0	26.5	27.0	26.7	27.2	28.0	29.6

资料来源:国家统计局网站公布的2010—2019年国民经济和社会发展统计公报。

在本次分配过程中成果分配少但成本承担多,将会导致处于弱势地位群体在下一轮分配过程中处于更为不利的位置,譬如,难以找到薪水更高、发展机会更大的工作岗位,将导致弱势群体日复一日地进行简单劳动,陷入"贫困陷阱"难以自拔。有关贫困文化以及阶层间社会流动的大量研究[1],都从不同侧面提醒关注利益的自我累加这一自然机制。

(二)利益的人为转嫁机制

与利益的自然累加机制相伴而生的是利益的人为转嫁机制。由于

---

[1]　例如,周怡:《贫困研究:结构解释与文化解释的对垒》,《社会学研究》2002年第3期;吴理财:《论贫困文化(上)》,《社会》2001年第4期。

我们界定的"利益"既包括好处、财富和成本，又包括坏处、成本和风险，成本和风险最小化也是不同利益群体共同考虑的关键问题。所谓风险人为转嫁是指，风险分配过程中强势群体将本集体的风险以各种有形或无形、合法或非法的形式转嫁给相对弱势群体，进而导致相对弱势群体的境况更为恶化。风险人为转嫁机制的存在使利益自然累加机制的作用力更为强大。

提出风险社会理论的贝克认为："围绕风险定义的争论也是社会利益冲突的体现形式，因为如何定义风险直接关乎如何分配风险以及采取哪些措施预防和补偿风险。"①现代社会中，风险的制造者更有可能是强势群体，而不是弱势群体，这是因为强势群体获得的收益更多，生产的风险也就更多。按照"谁产生、谁负责"的原则，强势群体应当承担更大的社会责任。但现实中更多出现的是贝克所谓的"有组织地不负责任"现象②，即强势群体更有可能利用各种手段，如在商业媒介进行正面的形象宣传，钻法律制度的空隙，甚至是非法的官商勾结，在制造了风险之后逃避所应承担的责任，从而使得风险不得不由弱势群体来负担。

实践中这种风险外部化的事例也较为常见。譬如，在快速现代化城市化的进程中，大量发展中国家的大中城市都出现了"垃圾围城"现象，大量没有处理过的垃圾被随意堆放之处正是城市中弱势群体的居住和工作场所；而垃圾掩埋场和垃圾焚烧厂的选址也大多定在远离强势群体工作和生活的地区，与弱势群体相邻相伴。此外，一些国家和地区出现的癌症村、血铅儿童、工人职业病高发、工业园区的水体污染等

① Ulrich Beck, Risk Society: Towards a New Modernity, Mark Ritter, Trans, London: Sage Publications, 1992, p.72.

② ［德］贝克:《风险社会》，何博闻译，译林出版社2004年版，第56页。

大多是强势群体在进行风险的外部化,将其自身本应承担的风险转由社会来承担,其中大多数是由弱势群体来承担。

(三)利益的代际传递机制

利益获得结构有可能出现代际传递现象。这种代际传递的最终呈现形式是内部再生产,但具体的传递机制却与教育、就业等基本生存资源和发展机会息息相关。在教育机会代际传递方面,2008 年 12 月,温家宝同志在国家科技教育领导小组会议上作《百年大计　教育为本》讲话,其中的一段话尤其值得深思:"过去我们上大学的时候,班里农村的孩子几乎占到 80%,甚至还要高,现在不同了,农村学生的比重下降了……本来经济社会发展了,但是他们上高职、上大学的比重却下降了。"[1]在职业的代际传递方面,早在 2004 年,中国社会科学院的研究报告就显示,干部子女成为干部的机会,是非干部子女的 2.1 倍多。[2]2011 年,冯军旗对"中县干部"的研究表明,"中县"当地重要的公务员职位获得者,大多出于本县的 21 个政治大家族,141 个政治小家族。[3]中国社科院全国社会状况综合调查(CSS)结果也表明,20 世纪 80 年代城市人初中升入高中机会是农村人的 1.9 倍,90 年代上升到 2.5 倍,本世纪以来上升到 3.9 倍。20 世纪 90 年代,城市人上大学的机会是农村人的 3 倍,本世纪以来扩大到 4.9 倍。[4]

正如罗尔斯所言:"合理的社会流动缩小了人与人之间的差异,缓

①　温家宝:《百年大计　教育为本》,2009 年 1 月 4 日,见 http://news.xinhuanet. com/ newscaster/2009-01/04/content_10601461_2.htm。

②　陆学艺等:《当代中国社会流动》,社会科学文献出版社 2004 年版,第 20 页。

③　冯军旗:《中县"政治家族"现象调查》,《南方周末》2011 年 9 月 2 日。

④　李春玲:《农村子女上大学难在哪儿?》,《光明日报》2013 年 7 月 14 日。

解了由社会地位差异而产生的隔阂和冲突,从而发挥了社会稳定的功能。"①一旦群体利益出现代际传递,支撑相对弱势群体生存的基本要素——社会底层永不绝望就会消失,"拼爹"现象一旦广泛存在,则表明社会阶层边界日益封闭,于是阶层内部开始进行再生产,处于社会底层地位的相对弱势群体就会丧失前途和希望,处于社会上层的相对强势群体也会因此而懈怠不前,社会发展出现动力耗竭的社会不合作局面。

(四)利益的社会表达机制

将本群体对利益分配状态的认识充分表达出来,从而引起其他群体的关注,有助于社会协商的开展和社会合作的局面形成。客观上,不同的利益群体和阶级阶层的表达能力不同,也助推了利益格局的进一步固化。

现代社会中每个社会群体都有依法自由表达利益诉求的权利。一般而言,相对强势群体有较高的教育水平和较为广泛全面的社会资本,表达能力强,一旦客观上或主观认定利益受损,就会以各种合法渠道表达利益诉求。相对弱势群体由于文化知识水平低下、社会交往范围狭窄等原因,表达能力就相对低下,在各方面压力下选择接受一个妥协的结果。从理论上看,如果相对强势群体进行"过度表达",而相对弱势群体却"无力表达",利益的社会表达就会出现堵塞。在出现革命性的彻底决绝和利益结构彻底重构之前,利益固化趋势就会持续下去。

---

① [美]约翰·罗尔斯:《正义论》,何怀宏等译,中国社会科学出版社 1988 年版,第56—58 页。

四、消除利益固化的社会合作共识

由前述分析可知,从宏观层面来看,无论是为了保持社会稳定,还是进而促进社会团结和实现社会和谐,或者仅仅是为了使变革得以推进,消除利益固化都是世界各国无可回避的巨大挑战。阻止社会不合作趋势的蔓延,最为重要的就是在不同层面形成各类群体普遍参与、相向而行的局面。相向而行的基本前提就是,不同利益群体和各阶级阶层等都对消除利益固化的必要性、方式方法等形成一定的社会共识。这种社会共识的基本内容包括:消除利益固化需要在利益群体、阶层阶级甚至整个国家层面,让所有社会群体摆脱基本的对抗意识的束缚。处于相对弱势地位的群体和处于相对强势地位的群体都需要在群体意识层面进行一些相应的调整,从而为各类社会合作行动的生成奠定思想基础,提供行动依据。

(一)反对"刁民"意识

消除利益固化,首先就要摆脱"刁民"意识的束缚。按《辞海》的解释,刁做"狡诈"解,有"刁钻"等贬义。"刁民"是狡黠、刁钻、刻薄的个体与群体。千百年来,"刁民"意识一直在以官员为代表的社会强势群体的心理意识中存在。譬如,有学者曾经对清代84起"图赖"现象进行分析,列出了刁民的具体表现形式,如"以老病之人图赖""妇女撒泼图赖""借路遇之尸图赖""自杀图赖""杀亲图赖"等类型①,认为这是

———————

① 段文艳:《死尸的威逼:清代自杀图赖现象中的法与"刁民"》,《学术研究》2011年第5期。

典型的"弱者的武器"。而对现实社会的进一步分析表明,利益分配模式无法满足民众的物质欲望,政府权力运行模式的政治化与非规则化,以及理性救济途径的堵塞都是导致民众刁民化的基本原因。①

从理论上分析,"刁民"群体类别是社会与历史的共同构建物②,是社会文化建构的结果。在与威尔达维斯基合著的《风险与文化》(1982)一书中,人类学家道格拉斯利用文化人类学方法研究风险的"文化—象征"理论,她认为,尽管风险在本质上具有一定的客观依据,但必然是通过社会过程形成的建构物,因此风险是一种社会产物,是一种集体建构物。文化是一个社会的认知手段和保护方式,风险意识是人们应对紧张的手段,因为他们可以借此找到抱怨或指责的对象,从而使人们共同认为有"风险的"他者会对个人的身体健康或所从属的共同体或社会的象征性形态产生威胁。

从建构主义的角度看,"刁民"是一种典型的皇权体制的强势群体建构出的话语。与"刁民"相关的是"牧民"思想,牧民之官一般都视人民为顺从的羊群。为此,中组部研究室的一项研究指出,"刁民"是封建地主阶级和旧中国反动统治者对一些敢于反抗剥削、反抗压迫的群众的一种污蔑。③

可见,"刁民"是传统社会中强势群体对弱势群体的一种贬抑式称谓。民之所呼,政之所向,不仅是当代中国党和政府执政的基本行为取向,也应当成为其他国家、政党和政府追求的基本价值取向。因此,"刁民"意识是社会合作局面构建过程中急需摒弃的一种过于偏激的

---

① 李佳:《法律实践中民众"刁民化"的"病理"及调适》,《甘肃社会科学》2014年第 1 期。

② 李敢:《城镇化进程中的"刁民"问题》,《广东社会科学》2015 年第 1 期。

③ 中共中央组织部研究室:《莫把群众当"刁民"》,《求是》1996 年第 14 期。

社会对抗意识。

（二）反对"无条件同情弱者"意识

与"刁民"意识相对应而存在的是另一种走向极端的意识，即"无条件同情弱者"的意识。这种与民粹主义相关的社会意识，也有可能不利于社会合作局面的形成和维系。

人类社会天生有同情弱者的群体意识，我国自古更有平均主义的思想传统，社会主义国家的性质更让"同情弱者"成为必然选择，但是"无条件同情弱者"事实上并非真正的同情弱者、帮助弱者。"无条件同情弱者"意识一旦泛滥，可能会出现以下一些极端的社会后果：

一是弱势群体自身的问题被有意识地忽视。由于"无条件同情弱者"，无论是强势群体，还是大众传媒，甚至是各个政党和政府，都不敢如实地反映弱势群体自身的问题。一旦这种倾向成为一种"政治正确"，弱势群体就不会反思群体的内在问题，而将弱势的成因归于外因，政府也不再出台约束和规范弱势群体的政策法律。

二是整个社会出现"示弱"效应。由于任何同情弱势群体和阶层的思想与行为在道德上都会占据制高点，并有可能使坚持这一思想和采取相关行动的群体成为道德的"守护者"，因此，整个社会就会出现一种趋势，即人人都认为自身是弱势群体，或者认为自身是与弱势群体站在一起的。于是，很多强势群体也会自视为弱势群体，从而使弱势群体这个概念的外延被无限泛化，真正的弱势群体的声音就会被淹没。

三是使相反的社会意见销声匿迹。社会的活力在于各个群体都有自由表达意见的自由。如若整个社会都蔓延着"无条件同情弱者"的氛围，从而使无条件同情弱者的意识裹胁所有其他群体，就会出现绝对的平均主义思潮的流行，一旦民粹主义流行，甚至可能会出现"多数人的暴政",使整个社会发展缺乏活力,甚至是走向歧途。因为,这时一切不利于弱势群体的言行表面上销声匿迹,但却在相对强势群体、在中上社会阶层内部波涛汹涌,长期累积后可能会以最激烈的对抗形式爆发出来。

以上三种情况长期存在所带来的社会后果非常严重。因此,未来的社会合作状态需要的是"有条件地同情弱者"的意识,即要依靠正式法律和制度来扶助弱势群体。如通过可持续性的民生制度的设计,更准确地区分哪些弱势群体是值得同情的和必须同情的,并且依此进行民生资源的配置。

(三)弱势群体形成利益妥协意识

一般而言,社会弱势群体尤其是绝对弱势群体具有自强不息的精神,但如果没有社会合作意识,加之"无条件同情弱者"意识流行,就会形成永不妥协的、极强的斗争意识。如前所述,这一斗争意识虽然可以逼迫政府暂时无条件地偏向弱者,但却极易引起"仇富"心理,导致"社会中层永不满足"和"社会上层永不松懈"这两大目标无法实现,使这个社会的活力丧失殆尽,最终会损及弱势群体的根本利益。因此未来需要加强社会预期的引导,让弱势群体普遍形成利益妥协意识。

这种利益妥协意识首先表现为,要意识到现实中任何利益诉求的满足都具有相对性。由于群体利益不可能会短期间完全得到满足,弱势群体不仅要学会依法进行"合理要价"的方式方法,还要有以"着地还钱"的心理决定随时进行利益妥协。在此过程中,弱势群体依规与强势群体进行协商沟通,通过相互让步来满足自身的需求。譬如,在有关集体工资的劳资协商过程中,处于相对弱势地位的工人,应当在工会的支持协调下,以合理合法诉求的相对满足为协商目标,并且以辛勤劳动、创造性劳动等作为向资方提出协商条件的基本前提。唯有如此,这种协商才有可能达到社会合作状态,也才具有可持续性。

利益妥协意识还要求认识到收益的增长具有明显的阶段性。利益满足的相对性尤其是阶段性,要求降低本群体的过高的利益诉求,对未来的集体利益获取有一个较为理性客观的认识。譬如,对于中国的民生建设而言,过去10多年社会福利快速增长只是"从无到有"这一发展阶段的一种短期现象,未来的民生改善是不可能以这个速度再持续二三十年的。近年来,习近平总书记在多次讲话中都强调,"知屋漏者在宇下",改善民生既要尽力而行,更要量力而行。要按照"守住底线、突出重点、完善制度、引导预期"的思路做好改善民生工作,其中的引导预期就是指要引导群众树立通过勤劳致富改善生活的信念,从而使改善民生既是党和政府工作的方向,又成为广大人民群众自身奋斗的目标。[①] 其中的"引导预期"是一个适应民生改善进入"从有到好"的质量提升阶段后而适时提出并需要进行探究的新理念。

"引导预期"等相关理念的提出,表明弱势群体还要树立起靠自己的双手来改变命运的意识。也就是说,弱势群体既要期盼着通过国家和外力推进的社会变革来重构既有的利益获得格局,更要通过本群体自身努力来改善群体现实状态和未来的境况。唯有如此,包括强势群体在内的其他社会群体和阶级阶层才会尊重弱势群体和阶级阶层,弱势群体和阶级阶层也才能够获得基本的尊严。"尊严"与"尊重"是群体间进行正常沟通的基础。在此基础上,其他社会群体和阶级阶层才愿意与弱势群体和阶级阶层进行协商、沟通和妥协,通过各种社会合作方式来改进各自的群体利益状态,通过共同努力实现社会

---

① 《习近平总书记系列重要讲话读本》,学习出版社、人民出版社2014年版,第111—112页。

整体利益的最大化。

（四）强势群体形成自我抑制意识

防止利益固化,既需要国家、政党、政府的干预,也需要弱势群体和阶级阶层形成不走极端的共识,但更需要的是强势群体对利益的自我抑制。

首要的是,社会强势群体需要摆脱精英意识的束缚。精英意识一直与人类社会相伴而行。徐贵权认为:"所谓精英意识,在我们的语境中,是人的一种自我意识,是人关于自己在社会角色、社会地位、社会责任、社会作用等方面优于或重于一般社会成员的意识。"[1]汪丁丁则进一步指出:"精英是外在的'身份',精英意识则是内在的'品质'。身份的基础可以是任何一类外在于心灵但受到社会成员普遍尊重的社会学特征——财富、权势、名望。这些社会学特征之所以普遍受到尊重,是因为在稳态社会里,它们统计性地或多或少反映了普遍受到尊重的内在品质。"[2]虽然不同学者对精英意识的内涵界定有所区别,但作为权力精英,无论是政治精英、经济精英还是知识精英,这种"优越于普通人"的共同认知是其基本内核。

具体到中国现实,在过去数十年的改革过程中,以先富群体为代表的利益群体,由于创造就业岗位多、纳税多等原因,经济社会贡献巨大,政治地位和社会声望日益上升,时间一长其中一些人不免就会有意无意地形成"我是精英"的意识。但与"刁民"意识异曲同工的是,这种精英意识一旦形成,也会自然而然地将自身与其他社会群体、阶层尤其是利益受损群体对立起来,在利益固化的背景下,可以为了一己私利而不

---

① 徐贵权:《当代大学生精英意识式微透视》,《中国青年研究》2004 年第 7 期。

② 汪丁丁:《什么是"精英意识"》,《中国报道》2008 年第 2 期。

断进行无序争夺,从而使利益固化格局无法缓解。这是因为这种精英心理会让自身的优越感突显,在有"能者多得"理念但却无"富而仁"的富人文化的背景下,既得利益群体自愿出让存量利益的意愿很低,国家以保护工人权益、税收等形式进行利益协调就可能带来巨大的社会冲击。

在对精英意识进行自我抑制的基础上,强势群体将有可能形成长远视野和整体利益观念,自愿主动地参与消除利益固化的各项行动。强势群体应当主动调整思维方式,配合进行利益格局的调整,甚至主动进行利益的部分让渡。一般而言,强势群体在心态上稳重,具有控制感,这正是社会变革中主导者的心理特征。强势群体处于成果和财富分配多而成本和风险分配少的"帕累托最优"状态,因而在改革进程中自然而然地具有天生保守的倾向,不愿对现有的利益固化格局进行改良。这就需要整个社会在舆论层面不应将强势群体视为改革对象,而应视其为改革的参与者、合作者,从而减少存量改革的对抗性和不稳定性。

唯有在以上四个方面共同努力,整个社会会才能营造出一个社会合作的氛围,从而为消除利益固化的各项具体政策的出台奠定基础,为消除利益固化的各种社会行动提供支撑,使集体利益调整的变革收获丰硕的成果,使社会整体利益得到最大化,使各群体能够长期共生共赢共荣。

第六章　社会合作中的利益协商

　　达成打破利益固化的社会共识,表明群体层面的社会合作拥有了良好的社会氛围,可以开展利益协商。能否实现成功的利益协商,是利益固化局面打破后社会合作状态能否推进的关键一环。

　　现代社会是一个利益分配日益多元化的时代。利益取向各异的利益群体甚至是社会阶级阶层之间通过合作形式和谐共处,不外乎两种途径:一种是利益协商,即各利益群体和阶级阶层通过自主进行利益协商,并最终达成合意,依合意状态而行动;另一种则是利益协调,即在利益群体和阶级阶层之上有一个超然的权威(如强大的执政党和强大的政府等),由这个权威主导,各利益群体和阶级阶层处于一种配合状态。利益协调是通过权威的力量对于社会利益进行综合统筹,从宏观层面对各层次的利益配置和再调节等进行统一协调,最终使各利益群体和各阶级阶层的利益都能得到相对的满足。通常来讲,利益协商与利益协调这两种社会合作的传统相互补益,缺一不可,而具体在某个发展时段需要提倡哪种传统,则需观察社会中哪种传统更为稀缺、更契合未来社会发展的方向和需求。① 当代中国的利益协调传统的力量一直

----

① 王道勇:《存量改革时期的利益协商与社会合作》,《教学与研究》2015 年第 11 期。

非常强大,因此能否实现利益协商传统的兴起,并且与利益协调传统相互融合,对社会合作局面的形成至关紧要。

一、理解利益协商的主要维度

探讨利益协商,首先需要了解这个词的含义。根据《现代汉语词典》中的解释,"协商"是指共同商量以便取得一致意见。概言之,协商就是主体之间在平等、公正、自由的基础上,针对某一议题,通过对话、沟通、妥协、让渡等积极的互动方式,以期达成某项目标的过程。利益协商就是针对利益的平等对话与沟通,在此基础上利益各异的各个集体达成某种动态性均衡。之所以强调"动态性",其原因在于协商是一个历时性的过程,小群体如家庭、社区、单位范围内的利益协商可能在较短时间内完成;较大的群体,例如不同阶层之间的利益协商则是一个漫长且荆棘满路的过程。

进一步理解社会协商的内涵,可以从以下三个方面展开。

(一)合作状态维度的利益协商

从社会合作状态来看,首先可以从社会结构的维度来观察利益协商。社会合作作为一种客观存在的社会状态,是一种宏观的结构性约束。社会结构对利益群体、阶级阶层,甚至是民族国家和超国家性质的各种利益协商都是主要的影响因素。

改革开放以来,中国社会结构发生剧烈的变迁。社会学家李强曾利用全国"五普"的调查数据,采用 ISEI 指数的方法对中国的社会结构进行测量,得出了中国社会结构呈现"倒丁字型"的结论①,而后他又

---

① 李强:《"丁字型"社会结构与"结构紧张"》,《社会学研究》2015 年第 2 期。

利用了全国"六普"的调查数据追踪、测算,认为中国社会结构开始由"倒丁字型"向"土字型"转换①,这种转换模式意味着中国发展进程中底层群众的数量有所减少,中间阶层的群体数量有一定扩大,但这样的社会结构距离"橄榄型"的稳定结构仍然差距甚远,甚至比传统意义上的"金字塔型"结构更容易产生结构紧张,进而影响阶级阶层关系。

宏观层面的结构紧张表现为社会结构分化与制度规范整合的快慢差异,使得结构要素之间产生了紧张与脱节②;中观层面则表现为社会分层形态日趋复杂,阶层间、利益群体间的分界日益清晰,阶层间过渡带与缓冲带不明晰;微观层面的结构紧张则表现在社会上层引领的主流社会价值观沉淀于社会文化心理层面,这些价值观与底层群体追寻价值认同与客观社会现实产生巨大的张力,例如社会上对于成功标准的定义往往聚焦于财富、权力、知识,社会底层群体在期冀社会流动的同时遭受潜在的结构性排斥,就可能导致产生失望、自我放逐甚至是愤恨、不满等消极情绪。

为缓解这样的结构紧张,自新中国成立以来党和政府已经从宏观制度设计层面进行了大量努力。例如,国家在教育、医疗、社保等民生领域投入大量资源,逐步完善社保体系,缩小贫富差距,推动乡村振兴战略以弥合城乡发展不均衡,通过反腐败斗争打击和破除权力寻租,等等。可以看见的是,近年来社会底层的生活状况有了显著的改善与提升,但围绕阶层是否固化、社会流动率的水平,学界、媒体界仍然存在较强的争论,例如有的学者通过研究代际地位关系的演变,得出了伴随着

---

① 李强:《中产过渡层与中产边缘层》,《江苏社会科学》2017 年第 2 期。
② 李汉林、魏钦恭、张彦:《社会变迁过程中的结构紧张》,《中国社会科学》2010 年第 2 期。

产业升级和经济结构调整,社会的绝对流动率在上升,但这样的流动囿于经济结构的升级,而不是社会阶层结构的开放①;而有的学者从中等收入群体的不断扩大,提出了意见相左的思考②。

阶层间主动的利益协商,应与外在的宏观制度设计互补互构,以缓解社会结构的紧张,消弭社会的不满情绪。对于处于社会上层的利益群体和阶级阶层而言,其具有较为完备的利益表达渠道并且群体内部认同感较强,是推动实现利益协商的关键因素,应主动、积极地与处于中下层的利益群体和阶级阶层进行对话协商,使利益协商的结果纳入政策建设等制度化保障中,中下层对于利益的诉求才能得到正常表达,才有助于逐渐建构利益群体之间和阶级阶层之间的缓冲带,最终实现利益群体和阶级阶层间开放、制度性流动的目标,使社会结构分布更加合理、更富有弹性和吸纳性。

(二)合作主体维度的利益协商

从社会合作主体角度看,作为有合作能力的主体,公民性是其基本要素。因此,可以从公民性维度来观察利益协商。

"公民性"的概念可溯源到西方的概念体系中。卢梭等学者从与政治的关联角度出发阐释公民性的意涵。卢梭认为,公民性是政治共同体存在发展的必要条件,也是构成合格公民的实质性条件,现代民主不仅依赖"基本结构"的正义,而且还依赖于其公民的品性。③ 社会学家埃利亚斯在《文明的进程》中进一步对公民性的概念做了启发性的

---

① 张顺:《70 年来中国阶层变化与社会流动机制变迁》,《人民论坛》2019 年第 29 期。

② 龚维斌:《我国社会结构:变化、特点及风险》,《中国特色社会主义研究》2019 年第 4 期。

③ 陈海平:《卢梭的"公民性"理论及其启示》,《理论探索》2008 年第 3 期。

阐释,即公民性只不过作为社会整体结构及个人世界的一种平衡而存在。① 概言之,公民性可从建构的视角加以理解,即采用二分法分成私域与公域两个维度,两个维度的划分中分别囊括着不同的价值类型。私域维度中的公民性可以指礼貌、理性、客观等,而公域中的公民性可以指公正、参与、宽容等。全球化、现代化进程伴随着经济社会的全面发展,同样也是培育公民性的重要过程。

中国特色社会主义市场经济建设和社会建设的推进,客观上要求公民性的内生性培育。进入 21 世纪以来,个体间的利益分化日趋加剧、利益关系复杂化、利益诉求多样化和差异化,甚至在关注个人利益的同时,损害他人或是集体利益的现象也时有发生。从目前表达利益的方式而言,出现了两种较为极端的现象,一种是社会底层群体利益受损时,由于利益的碎片化而无法进行有效的利益整合,缺乏恰当的利益表达途径,往往选择忍气吞声、放弃表达;另外一种则是由于利益表达结构的客观制约,利益诉求者采取非理性、较为激进的表达方式,例如群体性事件、缠访闹访等。成熟、理性的现代公民应学会以适当的方式表达其利益诉求,在与他人进行利益协商后,实现某种利益妥协,满足自身利益的最大化。利益协商作为表达利益、协调利益的重要方式既是今天中国社会稀缺的一种方式,同样也是培育公民性的重要环节。

另外,公民性中对于"公"的强调也是利益协商所需要的基本条件。正如黑格尔所谈及的,"国家的活动是同个人发生联系的。个人之所以有权处理国家事务,并不是由于他们天生的关系,而是由于他们

---

① 　Norbert Elias,The Civilizing Process,Translated by E.Jephcott,Oxford:Blackwell, 1939.

的客观特质。能力、才干、品质都属于一个人的特殊性。他必须受过教育和特殊职能的训练。"①由此而言,国家赋予公民以权利、给予公民以保护、公民与国家发生联系的一个不可或缺的条件即为"公"的属性,公民必须保持一定的公共性,而不是培育私利性。而利益协商就是使参与其中的个体、社会群体打破固守私利的思维定式,在追求自身利益的同时,更富有社会责任感的观照群体层面的利益,将个人利益与群体利益、本群体利益和其他群体利益有机地结合起来。

(三)合作过程维度的利益协商

从社会合作过程角度来看,利益协商是一种典型的合作过程。在利益协商的过程中,不同主体间围绕利益分歧展开的互动而最终达致目标的过程本身就是社会合作的一种重要方式,彰显着合作共赢的精神内核。

这种合作过程可以从很多方面来分析。从纵向看,不同利益群体和阶级阶层间针对利益差异进行的协商本身就是回应彼此诉求,探讨群体合作和阶层合作的过程;从横向看,同一利益群体和阶级阶层的群体参与协商的过程不仅是以合理的方式反映自身诉求,更是通过行动展现出了包容、理性、公正等价值取向,利益协商最终指向的是一种社会合作的状态。

因此,过程视角是大多数社会合作实证研究的基本视角。在有关利益协商的各种个案研究中,社会合作类型不同,合作的范围也有小有大。有自发性群体层面的,如"打工妹之家"与其他群体的合作过程;也有在地方政府有关部门协调下进行的阶层之间的合作,如大量企业主群

---

① [德]黑格尔:《法哲学原理》,范扬、张企泰译,商务印书馆 2012 年版,第 293、162 页。

体与工人群体之间达成集体劳动合作、集体工资等方面的一致协议等；还有在跨国家跨民族层面的合作，如反战运动、黑人平权运动等。其中各利益群体、阶级阶层为达成社会合作而进行利益协商的过程及其运行逻辑、作用机制等，成为这一维度下社会合作研究关注的核心内容。

二、中国已经形成完备的利益协调传统

（一）新中国成立以来我国利益格局的变迁

新中国成立伊始，国家进行了严格的计划经济、户籍制度等宏观制度安排，中国社会的阶层结构呈现较为稳固的状态。在国家话语和集体话语的主导作用下，不同的利益群体和阶级阶层对本集体的利益感知性相对较低，产生的利益分歧、利益纷争较少。例如，受制于当时的经济社会水平，国家为快速实现工业化发展以巩固政权基础，抵御外部威胁，实行了严格的城乡户籍分割制度，依附于此制度上的不仅是农村户籍的人口无法自由的迁徙到城市居住和生活，更重要的是户籍制度附带的一系列社会福利与社会保障，无论是教育、医疗还是养老金等，都将农村户籍的人口天然地排斥在城市主流社会之外，在城乡二元经济之外，形成了城乡二元社会。即使有这种巨大的利益分异，但在国家力量的支配下，各利益群体和阶级阶层内部的消解能力很强，最终都没有转化成为不同阶层、不同利益群体间的规模对话，或者是大规模的纷争。

改革开放之前，新中国的群体性利益冲突相对较少，其原因有很多。

一是利益存量少。源于新中国成立初期经济社会水平发展很低，全社会范围内的利益存量非常有限,客观上可以争取的集体利益原本就没有改革开放以后多,基数和存量过少,导致利益冲突相对就少很多。

二是利益差异小。改革开放之前,我国在同一利益群体和阶级阶层内部实行平均主义,群体和阶级阶层之间的利益差异也不大。

三是在社会领域内存在一些增量改革。对于全体国民的福利而言,中国现代化的发展道路是具有利益增量价值的。也就是说,在社会福祉方面如各种社会福利,全体国民感受到了从无到有、从有到多的增长趋势,即使这样的拥有和增长是由国家统一调配,存在着时序差异、地域差异、城乡差异,甚至因国家宏观政策的取向变化而出现曲折,但从较长时期来看,依然呈现出增长的态势。

四是政治因素导致利益冲突不是主要关注点。彼时的纷争主要聚焦于政治层面而非社会层面,例如"黑五类""出身""成分"等附着政治色彩的词汇是在当时社会环境中很常见的。由于出身具有先赋性特征,加之实现社会流动主要是靠政治渠道,即党内有很强的政治吸纳能力,因此,利益分歧依旧在可控的范围以内。在当时的政治社会环境下,群体间、阶层阶级间自主进行利益协商显得有些"不合时宜",利益协商的可能性、必要性与土壤都极为匮乏。

改革开放以来,在经济体制转轨和社会快速转型的双重作用下,中国社会发生剧烈的变迁。市场经济释放了经济与社会活力,改变了由党和政府单一分配社会资源的方式,使封闭的社会结构愈发开放。

一方面,社会转型的过程也是社会利益结构深刻变革的过程。而在其中不同的社会群体的阶层位置也发生了较大变动,不可避免的使得一部分群体失去很多利益,另一部分群体获得新生的利益,利益获得结构出现重大变化。

另一方面,社会的不断变迁导致利益主体日益多元化。如前所述,在一定的社会利益配置体系中,具有相同的利益地位、共同的利害与需求、共同的境遇与命运的人群会脱离原生的经济社会身份,重新聚集、组织和融合成为新的利益群体和新的社会阶层。由于这些新的利益群体和新的社会阶层沉淀时间短,群体互动的规则仍在建立之中,阶层文化仍在培育过程之中,一旦遇到巨大利益的分配,如城中村拆迁利益分配、农民工工资和社会保障待遇的提升等,出现突发性的利益冲突事件的概率大大提高,因此如何协调不同利益主体间的关系一直是维护社会大局稳定的一项基本任务。

(二)日益完善的自上而下式利益协调传统

从改革开放以来的实践来看,不同利益群体和阶级阶层之间利益均衡的生成主要是依靠党和政府以利益协调的方式实现的。现实中,很少可以观察到不同社会阶层、利益群体通过自主的利益协商与利益妥协的方式调整彼此的利益分歧。因此,我国长期存在的是较为强势的利益协调传统和相对弱势的利益协商传统。

为什么我国长期存在强大的利益协调传统? 应当说其原因是多方面的。一方面,与改革开放之前相比,我国过去40多年改革的增量改革性质更加明显了,其基本特征天然地决定了各社会阶层在利益分配方面的互动需求较少。从总体上看,大量的改革是一种社会总福祉自动改善的纯增量改革。也就是说,在这类改革过程中,几乎所有社会阶层都会因改革而受益,如农村家庭联产承包责任制不仅解放了农民,也让城市摆脱了物质匮乏的状态;大力发展民营经济,不仅让一部分群体先富起来,也使经济效率、产业结构和就业结构都得到快速改善;等等。这种普遍受益的状态使各社会阶层的互动很少夹杂着利益因素,相互交往处于一种相对原始的自然和谐状态。

当然,改革开放以来的有些改革并不是纯增量改革,但这些改革多是为了增进社会总体福利而进行的一种"利益调整—事后补偿"型改革。从长时段的历史进程来看,这类改革仍然属于增量改革的范畴。譬如,20世纪90年代以来的农村税费改革、国有企业改革、集体企业私营化、医药卫生事业改革、高校招生改革,以及农民工长期处于"半城市化"的状态等,分别让农民、国有企业和集体企业职工、农民工以及其他一些中下社会阶层的社会福祉,如家庭收入、工作、看病和上学等利益暂时受到影响。但这是国家为了整体福祉而进行的阵痛式改革,在一段时期后国家一般就会对利益受损主体进行事后补偿,对改革中的不足进行完善。譬如,在农村税费方面,2006年以后国家就全面取消了农业税和附加的各种费用,对种地农民提供各种种地补贴,到现在为止,种地已经不再是既吃苦又吃亏的代名词;在农民工方面,近些年来我国农民工的工资增长迅速,各种社会保险制度等也在日益健全,社会上甚至已经出现大学毕业生工资与农民工相差无几的感叹;等等。尤其值得注意的是,从阶层互动角度来看,这种"利益调整—事后补偿"型改革在让一个社会阶层的利益暂时受损的同时,并没有让另一个特定社会阶层直接受益,所以没有同时出现两个不同的社会阶层利益相互损益的状态。这种改革中的直接利益主体是两个,一个是某个被改革的利益群体或阶级阶层,一个是推进这种改革的政府部门。因此仍然不需要各利益群体和社会阶层通过沟通、谈判和妥协等形式,自主地进行利益协商并寻找应对策略。

另一方面,改革进程中形成了较为完善的现代利益协调体系。改革开放以来,尤其是进入21世纪以来,我国现实中出现了一些阶层间、群体间利益冲突的现象。但总体而言,社会依旧保持安定有序和快速发展,其中重要的原因就是在社会各阶层之上有一个强大的权威,即代表阶层和国家利益的党和政府在直接地进行宏观调控。在既往的发展历程中,党和国家通过顶层设计与制度建设,自上而下地形成了一个较为完善的现代利益协调体系。正是这种利益协调体系在改革进程中起到类似"稳定器"的社会安全保障功能。

由此,在过去40多年的改革过程中,虽然利益协商的传统长期缺失,但党和政府主导下的利益协调传统发挥了巨大的功效。这种功效具体表现为:在改革推进的过程中,改革阻力很小,各阶层很少会为了局部利益、个别利益和暂时利益而进行无休止的争吵;于是社会活力很强,改革很容易取得成效;而且由于利益协调体制机制日益完善,改革的风险也被降至最低程度。

三、积极培育社会合作式利益协商传统

自古而今,有组织地进行利益协商都是社会合作行动的重要表现形式,持续的利益协商对各种社会合作状态的形成发挥了重要功能。相反,"当一个社会中各种成分缺乏有组织的集团,或无法通过现存的有组织的集团充分代表自己的利益时,一个偶然的事件或一个领袖的出现都可能触发人们积蓄的不满,并会通过难以预料和难以控制的方式突然爆发"[①]。伴随着社会发育程度的不断提高,随着改革的路径日益向存量性质转变,单纯依靠利益协调传统应对全面深化改革进程中的阻力已经显得有些力有不逮。因此,需要做出相应的调整和完善,重

---

① 　[美]加布里埃尔·A.阿尔蒙德、[美]小 G.宾厄姆·鲍威尔:《比较政治学:体系、过程和政策》,曹沛霖等译,上海译文出版社 1987 年版,第 202 页。

视并强化利益协商传统的培育。

（一）利益协商传统缺失的困境

如前文所述,增量改革时期回避了各阶层之间的利益互动问题。从思想上,各群体和阶层之间达成了不需要进行利益协商的共识;在实践中,各群体和阶层也没有主动地、自主地进行利益协调的经验及教训。但是随着改革的不断深入,尤其是存量改革日益增多,利益协调传统发育不足的窘境开始显现。

从各群体和阶级阶层在利益分配中发挥的功能来看,出现了利益协商异常发展的困境。在过去的利益协调传统中,由于强大的超群体超阶级阶层的国家力量和政党力量的存在,各群体和阶级阶层经常会被客体化,社会各阶层不会、也不用平等地、自主地进行利益协商并且通过社会合作来实现共生共赢。随着改革的持续推进,利益获得格局和配置格局呈现出利益主体多元化、利益来源多样化、利益差别显著化、利益关系复杂化、利益矛盾显性化等新的特征。由于没有进行过长期而广泛的利益妥协,各社会群体和阶层无法在短期内实现从"客体化"向"主体化"的转型,因此在利益协商过程中就可能会出现一种畸形的行为状态。譬如,在互动时过于关注个体、家庭、社区、单位等层面的小利益,很少关注整体、国家、民族、阶层等层面的大利益;可能会选择过高的参照群体进行比较,导致本群体和本阶级阶层的相对剥夺感强烈,而改革成果的获得感明显偏低;在进行协商时可能会漫天要价,对国家、对其他社会阶层提出过高的期望值,不愿从对方、从共同利益角度来进行思考和理性妥协;等等。所有这些都会妨碍社会合作状态的达成。

从国家在利益分配中承担的角色来看,出现基层党组织和政府角色转换的困境。在改革过程中,国家开始从经济领域里有选择的退出,在社会主义市场经济体制日益成熟的过程中,政府与市场两者的关系也在日益理顺并且逐渐定型。但是为了维护社会稳定和均衡各社会阶层的利益,大力加强社会建设,在社会领域有开始被重新全能化的趋势,如加强民生建设,将新增财力的大部分用于改善民生,基本公共服务全覆盖、提高公共服务质量,大力推进基层社区建设,等等。在进行群体和阶层间利益协调的过程中,处于执行层面的基层政府等就面临一个理论的窘境:党代表最广大人民群众的利益,但在存量改革时期当广大人民群众内部出现利益纷争时,基层党委和政府等作为裁定者的角色只能定位于维护人民共同利益,执行中就有可能倾向于"和稀泥"。同时基层党组织和政府也面对着一个现实窘境:各阶层在利益调整时都对基层党组织和政府过于依赖,一旦感受到自身利益受到损伤,直接的求助对象就是基层党组织和政府,而如果利益补偿不力或是没有达到心理预期,那么责任也在基层党组织和政府,于是基层政权就会从"仲裁者"转变为"当事人",陷于各种具体的利益纷争之中,难以自拔。结果就是,如果没有国家主导的利益协调,各阶层的群体无法针对利益问题自主地进行协商和妥协;而国家过度主导,又有可能会出现"由民做主"演化为"为民做主"的困境。

从利益分配的各项具体制度安排来看,出现利益沟通制度缺失的困境。我国纵向的利益表达机制较为健全,但横向的利益沟通协商机制很不健全。在国家主导的利益协调传统下,我国已经建立了一系列比较科学管用的利益表达制度,如政党利益表达制度、人民代表利益表达制度、政治协商制度、社会团体利益表达制度、信访制度、大众传媒利益表达制度、行政领导接待制度等,但这些主要是纵向的对话,聚焦于处理一个群体、一个阶层和国家、政府之间的关系。但时至今日,我国横向的利益表达机制、利益协商及妥协机制却较为匮乏。这样的匮乏使得横向的、具有利益分歧的群体,如农民工与市民、职工与企业主、穷人与富人等难以开展真正意义上的平等的对话、沟通与协商。诸如异地高考改革、户籍制度改革等对话仍然很难制度化,社会各阶层缺乏横向的、制度化的平台去实现利益关系的社会自我调节。

(二)存量改革需要利益协商传统

在存量改革推进的过程中,改革的基本特征决定着社会各利益群体和阶级阶层通过社会合作进行利益协商愈发重要。

利益让渡成为一种常态现象的现实,要求利益协商传统的兴起。在存量改革时期,存量改革是增量改革顺利推进的基础。存量改革是对优质资源优化分配,也是政府对自身权力的一种自我革命,能否实现各群体和阶级阶层均从改革中获得收益,关键就在于这些体现存量改革性质的制度建设能否成功。因此,如第五章有关利益固化问题的讨论,在存量改革的过程中,如果强势的社会上层等利益群体及阶级阶层无法产生社会合作的意识,没有形成进行利益协商与利益让渡的心理预期,反而有意或无意地对改革进行直接抵抗或是软性抵制;弱势的利益受益群体及阶级阶层也没有形成利益妥协意识,那么存量改革必然困难重重。

培养存量改革的支持力量也要求利益协商传统的兴起。在存量改革时期,改革的支持者处于缺位状态。譬如,近年来我国推行的众多存量改革如反腐败斗争、依法治国、权力清单、淘汰落后产能、优质医疗资源的下沉等,已经触及一些既得利益群体的核心利益,还有一些群体虽然感觉这些改革措施并没有让自身直接受益,但是也没有明显的"获得感"。在这种情况下,如果没有一种社会合作意识,只关注自身的相对剥夺感、不确定感和不安全感,不愿做存量改革的有力支持者,改革也会后继乏力。

在存量改革时期,存量改革的正面效应显现具有时差性。存量改革力图通过深度的利益调整最终形成整体利益的增益,但这种正面效应的显现却需要人们的全力参与和耐心等待,其正功能在数年、十多年甚至数十年后才能充分显现。譬如,中央政府提出要通过政府权力的"减法",来换取市场活力的"乘法"。但短期内人们只能看到让一些群体很"痛苦"的"减法",如一些政府部门的传统权力被下放、一些企业的生存无法再依赖高能耗的传统产业等,一时还很难看到"乘法"效应的充分释放,如市场活力充分释放、空气质量快速提升等。所以在存量改革中,如果没有一种社会合作意识,没有"前人栽树、后人乘凉"的长远眼光,只追求短期效应,只偏爱采取短期行为,那么存量改革也很难维系下去。

基于上述分析,改革的深入推进要求各利益群体、阶级阶层甚至是国家政权等通过社会合作行动,逐步培育出一种新的利益协商传统,以应对国家主导下的深层次利益协调所带来的各种冲击,弥补利益协调制度的天然不足。具体而言,这种社会合作行动就是,利益冲突各方要依据共同认可的规则,就各自的利益定位进行一种多层次、多方位的"谈判",这种"谈判"实质上是一种相互妥协并达成利益契约的过程。[①]

(三)社会合作式利益协商的类型

根据协商各方主体的诉求不同,利益协商的目标具有多重维度。

---

① 张仲涛:《试论利益妥协与阶层合作》,《南京社会科学》2011年第9期。

从类型学角度可以将其分成两个目标类型。

第一类是围绕让渡型目标的协商,也是最直观意义上的利益协商的目标,即利益强势一方通过对话、谈判、妥协等方式主动向弱势一方出让部分利益,以实现对于利益不均的某种补偿和再平衡。

在利益分化日渐加剧的当代社会,社会底层群体对于自我利益的感知愈发深刻、维护手段日渐多样,不再是"弱者的武器"那般软抵抗,而时不时会采用一些较为激烈的手段宣泄不满,这种不满的宣泄并没有影响社会的总体稳定与安全,但宣泄之后,利益不均衡的客观事实仍然存在。因此围绕利益让渡的协商是急需与必须的。利益让渡的艰难性是显然易见的。在当代中国,这种利益让渡型目标的协商数量是最多的,各地各部门和各利益群体在实践中探索的积极性也是最强烈的,它也是我们进一步在第五节里着重讨论的内容。

第二类是围绕价值型目标的协商。价值型目标的协商并不侧重于实质性的物质利益或是风险规避,而是聚焦于精神层面的沟通与共鸣。概言之,价值型目标是弱势一方向强势一方寻求认同、尊重、包容等积极精神层面的给予。

价值型目标可以在两种不同的社会情境下具体化,一种是利益差异双方在经历了协商之后,利益得以妥协与均衡,情感也产生共鸣,增进了彼此的理解;另一种则是利益差异双方虽经过协商仍存在利益分歧,但得到了彼此的尊重,实现了精神层面的暂时缓解,达成了一定共识,舒缓了彼此对抗、仇视的情绪,为未来的继续协商提供一定基础。价值型目标既具有传统中国文化中面子、人情等熟人社会关系中的自我期冀与心理预期,也具有现代社会中个体对于人格尊严的基本诉求,更是社会分工、异质性、个体化社会到来中建构彼此互动关系的精神基点。

　　价值型目标的主要意义在于拆掉利益分歧群体之间的心灵围墙，例如，外来务工人员如何融入城市，实现户籍身份与社会身份的双重转换，成为真正的新居民，不仅关乎教育、医疗、养老等公共资源的给予，更重要的是原住民是否从内心接纳新居民的嵌入，以及真正意义上的正视与尊重他们为城市发展所付出的努力。

　　从社会合作类型角度看，与注重自身利益的自觉性社会合作不同，围绕价值型目标的协商应当是与自为性社会合作阶段相适应的一种新型利益协商形式，它将尊重、自由发展等作为追求目标，因此需要更高形态的社会合作方式与之相配合。

四、社会合作提升利益协商意识

（一）形成基础性社会合作共识

　　要在所有社会群体中普及基本的协商妥协意识。一般而言，熟人社会天然地具有自治特征，而不需要外部权威和规范的在场。陌生人间的关系是可见不可及的，所以，陌生人社会要求外部权威和规范的在场。① 美国政治学家科恩曾指出："如果对立各方认为不妥协地维护其势不两立的立场，比维护他们同在的社会更为重要，这个社会就必然会毁灭。"②

　　在存量改革日益增多的背景下，中国的各社会群体最急需形成的基本的社会合作意识有三个：

　　一是从性质上看，所有利益群体和阶级阶层都要认识到，未来的存

---

①　张乾友:《匿名、匿名社会及其治理》,《社会学评论》2015 年第 3 期。
②　[美]科恩:《论民主》,聂崇信、朱秀贤译,商务印书馆 1988 年版,第 186 页。

量改革不是"你死我活"式的改革,它只是在人民内部进行的一种利益调整,为此要彻底从"在阶级对抗中找同盟"的思维转变为"在阶层和谐中求共赢"的思维,充分利用社会分层机制来促进社会资源和社会机会的合理分配。

二是从收益来看,未来的存量改革不是"你增我减"式的改革,虽然存量改革会具有使一部分群体短期内利益受损的情况,但是在社会整体福祉提升后,这些利益受损的群体也会从中获得新生的利益。

三是从进程来看,未来的存量改革也不是"一蹴而就"式的改革,存量改革的实施需要一段时期的设计、出台、碰撞、冲突、磨合,直到最后的成功耦合,因此不仅要积极参与改革,还要对改革过程中可能出现的曲折和问题有充分的心理准备并积极寻找解决问题的根本之道。[①]

当然,其中最关键的还是利益协商各方都要有规则意识。要意识到,利益协商是一个平等参与制定社会规则的过程,是一个服从自己参与制定的社会规则的过程,更是一个承认社会规则运行合法性、权威性的过程。这是不同利益集体通过社会合作进行利益协商的基本前提,否则真正的社会合作永远都将是遥不可及。

(二)培育健康的中产阶层意识

未来,中产阶层的扩大化将成为我国社会结构变迁的主要方向和最大特征。按照中国现代化的战略安排,到2050年我国将基本实现共同富裕。如果从收入分配角度看,共同富裕的社会就是一个高收入群体很少、低收入群体也很少,中等收入群体占绝大多数的社会。我国的中等收入群体正在不断发展壮大,到2019年已经有4亿人口为中等收

① 王道勇:《存量改革亟须社会合作意识的助力》,《中国党政干部论坛》2015年第6期。

入群体①,而且正在以每年至少一个百分点的速度快速增长。② 但是值得注意的是,随着中等收入群体人数的不断增多,他们在收入水平、居住方式、消费方式、日常行为方式,甚至思维方式等方面开始趋同,中等收入群体将从利益群体进一步进化,拥有自身文化的现代中产阶层正在形成过程之中。

中产阶层究竟发挥什么样的政治社会功能是值得深入思考与探讨的。人们普遍认为,"两头小,中间大"的橄榄型社会阶层结构是社会长期和谐稳定的基础。但从历史经验来看,中产阶层所发挥的功能却表现出很大的差异性。一种情况下是起到了维护社会稳定的功能,即发挥着阶级阶层中的缓冲力量,与社会主流的意识形态相吻合,可被称作"温和的中产阶层";另一种情况则是在日益发展壮大的过程中,在已经在社会上占据主导地位但突然受到经济衰退或政治变故的重大打击时,中产阶层表现出非常强的抵制情绪,产生强烈的政治对抗倾向,甚至采取大规模的暴力行为,可称为"愤怒的中产阶层"③。其中对中国就有借鉴意义的就是,中产阶层在占主导地位的进程中发挥的作用需要引导。正如亨廷顿认为的,中产阶层的社会政治功能"经历一个渐次保守的过程,其队伍每扩大一次,就越趋于从革命转向稳定"④。

因此,未来一段时期是我国中产阶层队伍迅速扩大的时期,也将是我国培育各个社会行动主体的利益协商意识和妥协意识的关键时期。必须对成长中的中产阶层进行正确引导,努力培养出积极向上、认同主

---

①　习近平:《关于全面建成小康社会的短板问题》,《求是》2020 年第 11 期。

②　陆学艺:《当代中国社会结构》,社会科学文献出版社 2010 年版,第 23 页。

③　胡鞍钢、胡联合:《中产阶层:"稳定器"还是相反或其它——西方关于中产阶层社会政治功能的研究综述及其启示》,《政治学研究》2008 年第 3 期。

④　王道勇:《存量改革时期的利益协商与社会合作》,《教学与研究》2015 年第 11 期。

流价值观、积极参与以及理性表达的中产阶层意识。

具体而言,需要从集体利益和集体意识两个角度共同对中产阶层进行引导。在集体利益方面,要实施就业优先战略,将就业优先政策置于宏观政策层面考虑,在稳就业方面不断发力,在充分就业基础上重点考虑和谐就业与体面就业,在职业培训和继续教育等方面致力于提供更多向上流动机会,让中产群体看到更大发展空间。还要大力加强社会建设,适当地提升社会保障水平,优化公共服务资源的配置和质量,使中产阶层形成较为稳定的心理预期。在集体意识方面,要充分吸纳各类中产阶层进入主流的政党、政府、各类经济组织和社会组织,进一步完善党内民主、协商民主和人民民主。此外,近年来中国社会向消费社会转型的趋势不断显现,应积极引导中产者树立良好的消费理念,营造积极的社会价值氛围。

除了中产阶层自身之外,执政党和政府等还要理性地应对中产阶层因利益变动而采取的各项行动。应当意识到,现代社会是一个动态的相对稳定的社会,控制在一定范围内的社会冲突是一种"社会安全阀"机制。如果全社会形成这一共识,积极推进各种形式的利益协商,依法依规应对各种中产阶层的诉求和行动就显得尤其关键。

五、社会合作型利益协商制度建设

在利益协商意识兴起的过程中,可以考虑逐步建立健全各种社会合作型的利益协商制度。从具体内容来看,以民意调查制度、信息公开制度、听证会制度、公民投票制度等为基础进行利益诉求表达制度体系建设,通过多方集体谈判制度建设完善利益对话制度体系建设,等等。

从利益协商的具体作用空间看,可以聚焦于以下几种具体利益协商形式。

(一)社区协商

社区具有开展利益协商的天然基因。社区作为居住的共同体,本身理应是熟人社会,从中国的历史传统而言,熟人社会既是一个情感共同体,又呈现出自我调节和"无讼"的特征。因此,居民自发的利益协商日益成为解决利益纠纷、化解邻里矛盾的重要方式,也成为再次构建共同体、向传统情感共同体复归的关键路径。除了村民自治和居民自治等法律中有关于自我管理、自我服务、自我教育的相关规定外,2013年党的十八届三中全会首次明确提出了"社会治理"的概念,由管理到治理,虽仅一字之差,但体现了我们党施政逻辑与理念的全面革新。治理概念最核心的内涵在于共同参与,这也从宏观政策层面为居民积极参与协商对话提供了新的政策依据。

第一,居民参与利益协商的首要基础就是共同参与。但近年来,由于传统的社区结构被打散重组,居民间难以形成常态化的、高频度的集体行动,因此如何在社区协商中调动所有相关各方的参与积极性是一个重要挑战。

这里分析一个案例。2014 年以来,厦门市以"美丽村居共同缔造"为基本理念,对如何激发村民以社会合作的方式参与村庄内部的公共事务进行了积极探索。"共同缔造"的核心是群众和社会各界的共同参与,现有的自然村是共同缔造的基础单元。基本原则是以群众参与为核心、以奖励优秀为动力、以项目活动为载体、以分类统筹为手段,其中,以培育精神为根本,主要培育的精神为勤勉自律、互信互助、开放包容、共建共享。

在执行过程中,共同缔造首先就是要发动群众参与。具体做法就是,以小区、自然村为基础单位,把小区、自然村的"能人"找出来,共同就村民关心的事情进行谋划,形成初步的建设意见或方案,再通过他们去征求意见、宣传发动群众,最大限度地把群众组织起来。

在组织起来后,关键是生成共同缔造项目,找到共同利益并进行集体协商。实践中,各个社区根据大多数群众的共同愿望,自主策划生成项目,根据申报条件分别向社区或政府申报,主要是通过申报来获得以奖代补资金。在此基础上,开展项目建设,具体的项目涉及房前屋后改造、小区自然村公共空间打造等,这些都是社区居民最为关心的直接利益,而且是一种利益群体层面的社区集体利益。

然后,依托社会组织进行利益协商。充分发挥传统社会组织如妇联等的作用,让其真正沉到居民周围,更好地服务居民群众;同时围绕居民的需求,培育形成各类非营利的社会组织、兴趣小组、理事会、行业协会、合作社、志愿者队伍、义工队伍、联防队、妇女互助会等,让群众参与进来,把大家积极性调动起来,为居民提供更加精准有效的服务,解决传统上政府干不好、干不到位的问题。同时,对这些社会组织进行规范化运作,让各类组织制定好自己的章程,执行良好的程序,并在村居党组织的领导下,开展互动共治和协商共治。

除了利益协商之外,共同缔造的一个重点还着力于共同参与培育社区文化。在实践中,各村社都在发动村民,尤其是调动本村的退休教师、族内长老等文化人的积极性,把本村的历史文化、名人传记、家传宝贝等挖掘出来,通过开展各种评选、兴趣活动,促进社会主义核心价值观落细、落小、落实,培养社区的共同精神。农村社区还通过合作社、专业协会实现共同致富,通过对居民的精细化了解,提供个性化的服务,提升居民的幸福感。

第二,在社区的利益协商中,搭建居民社区内部治理型组织。这些治理型组织有利于缔造居民间的横向社会关系网络,可以凝聚共识,提升利益协商的绩效。譬如,在城镇化进程中,农村行政体制改革不断深入,特别是"合村并居"的发展,使原有村庄格局发生变化,行政村落面积扩大,传统人际关系松散,新的利益分配难题产生,而原有的村民代表大会等传统的治理组织难以召开,因此必须采取新的村级治理机制来加以应对。

以下以一个案例为基础进行分析。进入21世纪以来,四川省成都市在吸取一些乡村议事会的经验基础上,经过几年试点,于2010年出台了村民议事会组织规则、村民委员会工作导则、加强和完善村党组织对村民议事会领导的试行办法等文件,在乡村地区推广农村议事会。这种议事会就是一种新型的社区利益协商组织。

议事会的利益协商性质主要从制度设置层次展现出来。村民议事会议制度大致可以简化为"三步骤",即村民提议、议事会审议、村民监督。村支部书记作为议事会召集人或议事长,议事会成员是在村民代表中选举产生,每小组有5—7名由户代表选举的小组议事会。再由这些议事会成员选举产生村议事会成员,为保证各村民小组均有发言权,由村民在各村民小组选举1—2人为村议事会成员。一般来说,为保证议事会成员与群众需求密切联系,会采取"每名村议事会成员联系1—2个村民小组,每名组议事会成员联系10户农户"的方式。此外,还选举3—7人的民主监事会,包括党员代表、村民代表,分别由全村党员大会和村民议事会"海选"出来。原则上议事会每季度开一次会,在实践操作中一般遇事即议。

这种新型乡村治理模式确保了村民在村级事务中的主体地位,整合了村庄资源,理顺了村级组织的职能工作,确保了具有不同利益诉求的村民群体的利益都可以充分呈现并且得到有效的关注。

（二）社会组织协商

在当代中国，社会组织是一个具有特定内涵的概念。民政部将社会组织划分为社会团体、基金会和民办非企业单位，另外还有一些由公安部管理的涉外社会组织。2015 年，中办印发的《关于加强社会组织党的建设工作的意见（试行）》指出，"社会组织主要包括社会团体、民办非企业单位、基金会、社会中介组织以及城乡社区社会组织等"。2016 年通过的《中华人民共和国慈善法》以及中办、国办印发的《关于改革社会组织管理制度促进社会组织健康有序发展的意见》将"民办非企业单位"改称为"社会服务机构"。从这些法规和文件中可以看到，社会组织主要包括社会团体、基金会、社会服务机构、社会中介组织和社区社会组织，我们党直接领导下的工青妇、文联等是群团组织，承担了一些社会组织的功能，但并非法律意义上的社会组织。社区居委会、村委会等基层自治组织具有自治性等特征，也并非法律意义上的社会组织。社会组织具有自治性、非营利性、志愿公益性等特征，因此，在当代中国，社会组织存在的最大意义就是通过提供各类社会服务参与社会治理，协调社会关系，促进社会和谐。

第一，着力培育社会组织。从中国的发展历程来看，新中国成立初期"总体性社会"的背景下，城市中的单位制社会辅之以街居制、农村中的人民公社，构成了基层社会的组织形态。20 世纪 80 年代以来，社会主义市场经济迅猛发展的同时，社会力量也随之生长，社会组织的数量也如雨后春笋般大量涌现，成为重要的社会力量。其作为建构社会的重要力量将会在政策话语与现实舞台中得以不断凸显。而从社会组织的实际发展情况与宏观政策释放空间来看，经历了一个从"宏观鼓励,微观约束"①,到党的十八届三中全会中指出的"激发社会组织活力"的政策转变,再到十九大中"推动社会治理重心向基层下移,发挥社会组织作用",社会组织作为多元治理主体中的关键维度,其效用也应从传统的为缓解"双重失灵"和提供公共服务的锚定中逐渐延展至治理领域中的积极力量,发挥其在反应利益诉求、协调利益关系、化解社会矛盾的功用。

　　党的十八届三中全会通过的《中共中央关于全面深化改革若干重大问题的决定》明确指出,要创新社会治理体制,激发社会组织活力。适合由社会组织提供的公共服务和解决事项,交由社会组织承担。在公共服务供给中,当前存在的较为突出问题是,政府责任不到位和包揽过多的现象并存,政府对社会组织的公共服务供给能力信任度不高,发挥市场机制、社会资本的作用不够。古人云,"始生之物,其形必丑",不加以扶助和培育,社会组织不可能健壮成长,也不可能真正成为党和政府的得力助手。对于社会组织能够充分发挥作用的公共服务领域,如教育发展、就业培训、弱势群体扶助、自然灾害救助、公共卫生及健康服务供给、公共危机治理、特殊人群的心理服务等,要放心地对社会组织放开,热情地扶助社会组织发展,引导社会组织发挥出最大的潜能。

　　第二,认识到社会组织参与利益协商的独特优势。首先,社会组织是个体间的社会网络重塑的新纽结。现代化进程的加速伴随着个体化时代的降临,传统的家庭网络、亲缘网络,在快速的社会变迁与社会流动中失去了原有的基础性庇护作用,而社会组织则是建立在趣缘、业缘、地缘关系之上的,可以成为个体化时代来临中个体社会网络的聚合体。而组织的内部成员也是由某种程度相似的价值观念、兴趣偏好聚

---

① 俞可平:《中国公民社会:概念、分类与制度环境》,《中国社会科学》2006 年第1 期。

集而成,因此成员的同质性较强,并且在持续的、较高频度的交往互动中一定程度的消解彼此利益纠纷,最终凝结而成共同的群体意识。因此,在利益协商的目标反馈时,理想状态是,组织内所有成员认可协商的最终目标,但难免会遭遇到协商结果与成员诉求的差异性,但由于组织内部的自我协调能力、自我消解能力较强,通过一定的变相补偿机制,加之成员间关系中所聚合的情感因素,最终大概率可让其内部成员接受协商之后的结果。

其次,公民参与社会组织通常表现为一种自发行为,即从私人的领域中走出来,参与到公共事务与陌生关系构成共同体的过程中,这一过程既是社会性土壤生发的重要环节,同样也是公民培育自我公民性的重要途径,正如前文所述,公民性对于利益协商具有基础性的作用。

再次,从社会组织间的横向关系来看,有的学者通过研究指出,由于社会组织通过政府实现了既定的组织目标,导致社会组织间的横向网络较难产生。① 但组织学习理论认为,社会组织之间的搭建的横向网络有利于掌握与其他组织者协商利益与合作的技巧,进而实现共同的保护,以及建立组织之间的互惠、信任关系。② 因此,社会组织之间的横向利益协商是其建立合作网络的重要途径,并且,由于社会组织内部具有消解分歧、凝聚共识的重要作用,因此在需要与横向关系中的其他社会组织协商时,协商的双方往往可以快速且精准的寻找到利益分歧加以沟通,提高利益协商过程的效率,达致社会组织之间的联结与合作。

---

① Foster K. W., Embedded within State Agencies: Business Association in Yantai, *China Journal*, 2002(47), pp.41-65.

② 毛佩瑾、马庆钰:《我国社会组织参与协商民主的要素研究》,《中共中央党校(国家行政学院)学报》2019 年第 1 期。

最后,社会组织在纵向协商上依然具有优势。一方面,社会组织可为代表公权力的政府与利益诉求的群体搭建一个平台,加之社会组织内部对于利益诉求的整合功能,可使得政府在与群众沟通时不必陷入利益诉求零散化的状态下,有助于提升政府的治理绩效;另一方面,政府可将自身的目标、价值导向通过社会组织的载体功能传递到组织内的成员中去,变相的增强组织内成员对于公权力的认同。在群体或个体与政府发生利益分歧时,认同性更有可能促使双方进行对话沟通,提升社会合作的可能性。社会组织同样也具有监督政府运行的诉求,可以减少或打消组织成员对于政府权力运作的"黑箱"猜测和臆断,增进社会组织内成员对于政府权力的信任。组织中的领导者,比如企业家协会中优秀企业家、环保组织中的学者、治理型组织中的富有声望等社会资本的长者,往往与政府部门建立着非正式的社会网络,而这样的联系有时可为解决群体与政府间的利益分歧提供一种柔性的支撑,使得解决的方式无需诉诸激烈,而得以平和、沟通的方式实现群体与政府的合作关系。

第三,充分利用好各种社会组织协商形式。一方面,在利益协商中,社会组织可以利用组织特性更好地发挥好中介功能。专业社会团体可以利用其专业性,为各类利益协商提供科学的数据支撑、可供选择的各种利益协商方式,行业协会可以成为行业协商的重要中介组织,基金会可以利用其公信力搭建不同利益主体共同商讨利益问题的学术平台和实践平台。以上一些社会组织还可以通过提供各类第三方评估和监督服务,参与到利益协商之中。另一方面,社会组织可以直接参与利益协商。在实践证明有效的领域积极推行政府购买、特许经营、合同委托、服务外包等新方式,可以让各类社会组织通过公平竞争参与公共服务的供给,并且在竞争中优胜劣汰。在诸如项目重大社会风险的评估、劳资双方工资和合同协商等需要进行重大利益协商的领域,各类社会组织尤其是社会企业等可以以多种方式参与试点,让社会组织在表达公共利益诉求、调节社会主体间矛盾和综合利用社会资源等方面的能力不断提高。

(三)人民团体协商

人民团体在中国的语境下是一个特定的政治概念。狭义上讲,它主要指中国共产党直接领导下的工商联、工会、青年团和妇女联合会等。[①] 广义上讲则指两类主要的社会团体:一类是参加人民政协的社会团体,包括工会、共青团、妇联、科协、台联等;另一类是经国务院批准的免于登记的社会团体,包括10个文艺家协会,以及对外协会、外交协会、宋庆龄基金会等。[②] 从政策定位来看,2015年2月出台的《中共中央关于加强社会主义协商民主建设的意见》指出:"发挥人民团体作为党和政府联系人民群众的桥梁和纽带作用。"党的十九届四中全会进一步指出:"推动人民团体增强政治性、先进性、群众性,把各自联系的群众紧紧团结在党的周围。"[③]这样的政策演进和表述为人民团体开展利益协商指明了方向,提供了基本遵循。

从协商层次来看,人民团体协商既不同于人民政协的围绕国家政治、政策制定、大政方针的出台的政治协商,也不同于基层协商中围绕社会自治,开展的民主恳谈会、乡贤参事会、百姓议事会等吸纳社会力

---

① 俞可平:《中国公民社会:概念、分类与制度环境》,《中国社会科学》2006年第1期。

② 布成良:《论人民团体在我国协商民主中的属性和内容》,《中共天津市委党校学报》2014年第6期。

③ 《中国共产党第十九届中央委员会第四次全体会议文件汇编》,人民出版社2019年版,第5页。

量共同对于基层治理问题决策的基层自治协商。人民团体协商处于中间层次,是党和政府联系普通群众的重要纽带,可以发挥重要的利益协商功能。

第一,通过人民团体搭建利益协商平台。作为具有官方性质的人民团体,其可以很好地充当公权力机构与普通群众之间对话的平台。加之,人民团体本身的性质更易得到党和政府的充分信任,因此,人民团体在向权力机关反映群众利益诉求时更为便捷、更为高效。无论是工会组织参与劳资协商,还是通过共青团、妇联、律师协会等人民团体直接发出各项利益协商的对话要求,都因为人民团体的特殊性和权威性,对话开展的可能性及开展后的成效都是有目共睹的。

第二,人民团体参与利益协商具有较强的人才智力优势与广泛的动员能力。人民团体吸纳着社会的进步力量,密切联系着各界的代表优势,在参与利益协商的具体进程中,一方面,可以得到充沛的智力支撑;另一方面,由于其涵盖范围广、覆盖面积大,因此可针对不同群体、不同阶层的利益诉求做出灵敏的反应。

第三,人民团体还为权力机构与普通利益群体之间开展协商提供了可能性。从人民团体本身运作的逻辑而言,其体现的是"行政吸纳与再嵌入"的逻辑。"行政吸纳政治"是著名学者金耀基提出的构想,主要是指政府把社会中精英或精英集团所代表的政治力量,吸纳进入到决策结构,从而实现精英层面的整合。① 借鉴此构想的意涵,人民团体本身就是对社会中各界人士的吸纳,并在吸纳的过程中对其价值取向进行重新整合,将官方积极的价值形态移植其中。"再嵌入"的过程则指人民团体内部成员可保持与权力主体的调试性和二次整合性。具

① 金耀基:《中国政治与文化》,牛津大学(中文)出版社 1997 年版,第 43—44 页。

体而言,人民团体内部的多数成员毕竟并不完全隶属于行政的科层体制之内,与公务人员仍然保有一定身份上的差别。因此,在作为中介组织参与到权力机构与普通群众的利益协商时,可根据权力机构在协商中给出的条件保有一定的调试性,即可以将权力机构给予不合理的诉求予以拒绝、再次或反复协商,并不是听之任之,并可将通过调试后的利益协商条件再次整合到组织目标之中,进而与普通群众开展协商,有助于提升利益协商的质量,减少协商环节的冗杂性与反复性,最终贯彻"从群众中来,到群众中去"的根本路线。

譬如,北京的"打工妹之家"这一非营利性组织自1996年4月成立以来至今已经有24年,该组织在维护女性农民工的各项权益和提供各种服务方面做了许多工作。在平台方面,该组织创办了《打工妹》杂志,杂志由全国妇联主管,中国妇女报社主办,农家女百事通杂志社出版。在维权方面,维权小组的顾问组由北京市人大代表、政协委员、妇女界和法学界的专家组成。可以说,20多年来,作为一个代表性的人民团体,妇联在推进"打工妹之家"的发展壮大,在为女性农民工与主流社会之间进行平等协商和利益妥协、利益让渡等方面,都发挥了重要的支撑作用。

(四)企业劳资协商

企业劳资协商机制是企业内部协调劳动关系的一种方式,是企业内的劳资双方就企业生产经营和职工利益的事项进行协商沟通,以实现相互理解和合作,并在可能的条件下达成企业协议的活动。企业劳资协商机制代表企业全部职工的利益(不包括企业的高级职员),对于增进企业内劳资双方的相互信任、预防劳动争议、改善劳动关系等方面发挥了不可替代的作用。

　　从世界范围看,企业劳资协商机制的表现形式多样,在各国的称谓也不同,如德国、荷兰、英国把劳资协商机制称为企业委员会,日本称为劳资协议会,我国则称为职工代表大会制度。① 而从人员的构成来看,一种是以德国、荷兰、英国为代表的完全由企业劳动者代表组成的单方机构;另外一种则是以日本、韩国为代表由企业经营者和劳动者双方同数代表联合构成的双方机构。此外,实践中还有职工代表制、雇员论坛、劳资联合会等形式。

　　近年来,随着我国的产业不断升级,职员的素质不断提高,职员的维权意识也不断增加,因此企业劳资协商有助于提供横向的、理性的对话平台,将劳资双方可能产生的摩擦、矛盾内部消解,而无须通过政府机构对劳资双方发生的利益纠纷予以调解,在减轻基层政府部门行政压力的同时,也可以推动企业经营者与职工之间更为深入的互动、沟通与互信,有助于社会的平稳运行,最终达致一种广泛的社会合作状态。

---

　　① 聂鲲、赵碧倩:《典型国家企业劳资协商机制研究》,《中国劳动》2016 年第11 期。

第七章　社会合作中的利益让渡

对于绝大多数利益协商而言,协商的目标就是实现利益让渡。利益协商成功有许多标志。一是达成一个思想共识——必须以社会合作的方式进行群体间的利益让渡;二是形成一个规则共识——应当依据哪些原则、制度和方法进行群体间的利益让渡。借由各种和平形式的利益让渡,可以实现利益群体间、阶级阶层间,甚至是国家间的利益再均衡,从而促成各种层面的社会合作状态。可以说,利益让渡能否顺利进行,对于社会合作局面的形成和延续发挥着承上启下的关键功用。故而,需要对利益让渡的原则、形式和效应等进行一些探析。

一、利益让渡的基本前提

"让渡"这个词在法律上使用较为普遍,在其他研究领域运用相对较为少见。从法律层面来看,让渡是指权利人将有形的物品、无形的权利以及这些物品和权利所附加的价值,通过一定的方式转让给他人所有或者占有的过程。在转移或出让的过程中,权利人有其他方面的利益获得。基于这一基本内涵,从社会群体和社会合作的角度进行观察,可以认为,所谓利益让渡就是指某个或某些群体通过向其他群体让渡出一部分本集体的利益,建立起合作关系,从而在更高层面创造出更多的集体利益的过程和状态。

在现代社会,任何社会行动主体所做出的任何社会行为都应当有一个共同的评判标准,这个标准就是法律。让包括社会治理主体在内的所有社会合作主体都信仰法律,是现代社会合作的基本前提。

(一)社会治理主体笃信法律

在管理学中有一个著名的定律叫"100-1=0"定律。在2014年1月召开的中央政法工作会议上,习近平总书记曾用这个定律告诫社会治理者:如果没有法治思维,不运用法治手段来化解社会矛盾,以维护社会稳定、增进社会团结、实现社会和谐,那么一切社会治理行为与结果都将是不确定、不安全的。无论社会治理者为社会有序与充满活力做了多少工作,一旦一项工作造成巨大的破坏作用,所有工作都将归零,因为没有形成一个明确的区分标准和区分原则,所有成功的社会治理举措都烙上了人治的烙印,其他社会行动主体缺失了主体性,社会治理就完全谈不上"现代"二字。

信仰法律是我国社会现代化的必由之路。我国现行宪法已经明确规定,中华人民共和国实行依法治国,建设社会主义法治国家。但正如西谚所言,"宪法创制者给我们的是一个罗盘,而不是一张蓝图"。2014年党的十八届四中全会在依法治国的顶层设计与具体制度方面都有系统的安排。具体到社会合作方面,最需要做的就是以宪法所提供的这个"罗盘"为依据,将十八届四中全会所强调的严格执法与全民守法等精神贯穿于合作全过程,树立法律在社会合作中的权威地位,从而为社会合作体制机制的创新奠定坚实的基础。

社会治理者要实现依法治理必须率先笃信,因为只有相信社会治理者是社会正义的"守护神",人们才会在道德层面上认同并内化法律,从而使社会合作有矩可依。

在社会合作过程中,社会治理主体首先要做到的是杜绝各种侵权行为。现实中,社会治理者应当做到"四个警惕":一是要警惕"以权代法",即不能以权压法,以上压下,否则人们宁愿上访和上网也不愿去法院的社会现象将会长盛不衰;二是要警惕"选择性执法",即要反对需要时执法而触及利益时不执法的现象,这实际上是既得利益群体在阻碍社会治理的现代化;三是要警惕"扭曲性执法",即要警惕在保障他人利益和社会利益时,却侵犯了治理对象的相关权利,如暴力违法强拆等;四是要警惕"运动性执法",即将治理视为运动,需要强力治理时就全力执行,不需要时就得过且过,故而各地的诸如"严打""扫黄"之类的社会治理行为不能在执行中时紧时松。

在社会治理实践中治理者最需要做到的就是"一碗水端平"。正如培根所言:"一次不公的裁判比多次不平的举动为祸尤烈。因为这些不平的举动不过弄脏了水流,而不公的裁判则把水源败坏了。"社会治理要依法公正对待人民群众的诉求,如在执法过程中,不能搞威吓主义,不能搞"马拉松"审判,不能搞一判了之,等等。唯有如此,其他社会合作主体才会由衷感到问题能反映、矛盾能化解、权益有保障,感受到社会正义的无处不在。

在社会治理实践中治理者还需要着力于对弱者的全力救济。在法学界一直流传着一句非常古老的法律格言:"有权利必有救济。"手执代表正义的"达摩克利斯之剑"、身负重托的社会治理主体应当意识到,人民群众的每一次求告无门、每一次极度抗争,不仅损害了他们个人合法权益,更损害了法律的尊严和权威,使人们对社会公平正义的信心渐减。在权力救济方面有一个优先顺序的问题,首先要做的就是建立和完善违宪审查制度,对各种下行法律和执法过程中存在的违宪现象进行全力救济;其次才是对违反基本法律和具体法规的受害者进行救济。

（二）社会合作主体信仰法律

卢梭说过,一切法律中最重要的法律,既不是刻在大理石上,也不是刻在铜表上,而是铭刻在公民的内心里。法治的根基在于人们发自内心的认同,法治的伟力源于人们的真诚信仰。只有让所有的社会合作参与方对法律日益敬畏,坚持和信仰法律,法律作为现代社会合作的基石的地位才能不断得到夯实。

一是形成信仰法律的社会氛围。亚里士多德曾提醒人们:"我们应该注意到邦国虽有良法,要是人民不能全部遵循,仍然不能实现法治。"如果一个社会大多数人对法律没有信任感,维护权利主要是靠越级上访、缠访、群访,靠托关系、找门路,甚至要靠以聚众闹事来强相威逼等,那就不可能在社会上形成守法光荣的良好氛围。在形成信仰法律的社会氛围方面,社会治理需要柔性维稳与隐性维稳的全力扶助。一方面,要通过民生立法进行柔性维稳。在立法中着重关注收入分配、住房、教育、医疗制度改革中出现的新问题,以及农村土地征占、城市房屋拆迁、劳动合同签订、农民工权益保护等问题,这些法律能让人们切身感受到法律执行所带来的收益,开始愿意亲近法律并喜爱法律。另一方面,要通过道德建设进行隐性维稳。法律是成文的道德,道德是内心的法律。个人的行为从他律走向自律、从自利走向自为,需要社会层面的正向的引导向。各种大众化的宣传教育形式,可以逐步在人们中间树立起法律的权威,在潜移默化中让人们逐步相信法不容情、法不阿贵,只要是合理合法的诉求,通过法律程序所得到的就是合理合法的结果。

二是培育形成现代的法律意识。其实,无论是以英国和美国为代表的美英法系国家还是以德国和法国为代表的大陆法系国家,其国民对本国到底有多少法律、具体法律都有哪些内容、如何操作等都是一知半解。西方国家数百年来所形成的法治传统并不是把所有国民造就成为法律专家,而让所有国民长期浸淫在法治环境之下,在意识层面甚至是潜意识层面形成"有事找法律""有事找律师""法律判决是最后决断"等法律意识。未来,我国也要让人们形成一些类似的法律意识。

其中对社会合作意义最重要的是,让所有行动主体都形成一种"权利与义务对等"的法律意识,即任何人都有自由,但个体自由的实现以相对的义务存在为前提。孟德斯鸠认为:"自由是做法律所许可的一切事情的权利,如果一个公民能够做法律所禁止的事情,他就不再有自由了,因为其他的人也同样有这个权利。"①譬如,日本现行法律就明确规定,如有妨碍官厅事务、交通秩序、夜间安静、携带枪支、凶器和其他危险物的,可取消游行。另外,让人们形成现代的法律意识,还要求人们必须放弃"法不责众"的群氓心态,认识到一切社会行为无论是群体性的还是个体性的,只要违反法律,均要承担相应的法律责任。人们更多需要关注的是,执法过程中执法者是否有违法行为。

三是通过参与来保障持续信仰法律。要保障一切权力属于人民,就要在权力行使过程中充分体现参与性。只有了解了治理的运作过程和其他相关的治理信息,各方的权利才能得到体现,否则两眼一抹黑,就无法进行权利的保护,认清义务的边界。同时,只有充分地、合法地

---

① [法]孟德斯鸠:《论法的精神》上册,许明龙译,商务印书馆1995年版,第154页。

利用选举、协商、座谈会、论证会、听证会、批评、建议、平面媒体和互联网等途径和形式，人们才能真正参与社会治理决策全过程，从而感受到自己对国家、对社会、对所在的工作与生活共同体的权利与责任。若再加上表达权的保护和监督权的行使等的配合，人们的各种社会合作行为就会不断结成硕果，从而促使人们更加笃信法律。

二、利益让渡的基本原则

宏观上看，顺利实现不同社会群体间的利益让渡，应当遵循一些原则。其中，最根本性的原则是法治原则，这也是基本前提。在操作层面进行制度执行还需要一些具体的原则，如形成相对公正的利益让渡实施细则等。在根本性原则和具体原则之间，还需要满足一些基本的社会性原则。所谓社会性原则就是指只有这些基本条件得到满足，利益让渡才有可能形成一种社会氛围，具体层面的制度设计在社会上才能得到广泛认同并顺利实施。具体来看，这种社会性原则主要包括以下三个。

（一）理性讨论原则

不同社会群体可以进行理性讨论，是顺利进行利益让渡的基本思想氛围。由于"人们自觉地或不自觉地，归根到底总是从他们阶级地位所依据的实际关系中——从他们进行生产和交换的经济关系中，获得自己的伦理观念"[1]，因此，"一切以往的道德论归根到底都是当时的

---

[1]　《马克思恩格斯选集》第3卷，人民出版社1995年版，第434页。

社会经济状况的产物"①。可见,如果没有理性沟通这一基础性共识,各个群体具有其独有的伦理准则,受不同的交换行为以及在此基础上形成的特定伦理道德的影响,群体之间很难进行真正意义上的社会交流。

强调理性讨论原则有充分的理论和现实的依据。孔德首创了"利他主义"(Altruism)之词,他使用该词来表示为他人作出牺牲的崇高精神和高尚品德,并以此作为善的标准。但此后的大量研究表明,在利他主义的三种典型的表现形式,即"亲缘利他主义""互惠利他主义"和"纯粹利他主义"中,只有"纯粹利他主义"才是真正不追求任何"回报"的。在其他两种情况下,保持理性交流就极为关键。在理性意识"离场"的情况下,如果主要社会群体普遍具有相对剥夺感、不确定感和不安全感,弱势群体普遍具有"仇富"意识,中产阶层普遍具有"屌丝"意识,社会上层普遍具有"不安全的精英"意识,利益群体、阶层和阶级之间进行理性讨论就极难成为现实。因为,所有社会群体的最为理性的选择就是,在行动上自觉地维护本集体利益,对其他社会群体进行无视和排斥。此时,偏颇和激进的思想就会有快速泛滥的基础,而与利益让渡相适应的社会合作意识却丧失了存在的土壤。

(二)社会宽容原则

宽容不仅是一种道德上的美德,更是社会互动的基本原则。有些学者甚至认为,社会宽容是自由主体之间自愿合作体系得以建立的必要条件。②

---

① 《马克思恩格斯选集》第 3 卷,人民出版社 1995 年版,第 435 页。
② 邹吉忠:《论现代制度的宽容功能》,《哲学动态》2000 年第 7 期。

自从荷兰裔作家亨德里克·房龙于九十多年前写了那本轰动世界的《宽容》以来,"宽容"便成了一个国际性流行用语。有关宽容的基本功能及其特征的论述一直都为世人所接受。譬如,"没有宽容就没有和平,没有和平就没有幸福和繁荣。"①"容许不同的声音出现,容许别人有判断和行动的自由,对于异己的观点表现出开放的心态,是宽容的基本特征。""维护真理,捍卫民主是宽容的底线原则。"②

对个人而言,宽容是一种个人品格。对于社会而言,社会宽容,甚至是社会包容则是一种社会品性。托克维尔在论及美国人时,认为美国人"没有任何私人的理由憎恨同胞,因为他们既非他人的主人,又非他人的奴隶,他们的心容易同情他人。他们为公益最初出于必要,后来转为出于本意。靠心计完成的行为后来变成习性,而为同胞的幸福进行的努力劳动,则最后成为他们对同胞服务的习惯和爱好"③。无论是政治上的、宗教上的,还是道德和文化艺术领域,没有宽容就没有尊严与平等,而不同群体之间相互平等与尊严的存在是顺利进行利益让渡的基本条件。

(三)社会妥协原则

妥协是一种社会交往的基本原则,某种程度上看,社会正是在社会妥协的过程中日益走向现代化。

古希腊思想家伊壁鸠鲁在论证社会契约的重要性时曾指出:"人生的目的就是追求幸福……为达到这个目的,甚至不惜违反正义。这

---

① 李德顺:《宽容的价值》,《开放时代》1996 年第 1 期。
② 钟秉林:《和谐社会多元、宽容与秩序化》,《中国特色社会主义研究》2005 年第 1 期。
③ 〔法〕托克维尔:《论美国的民主》下卷,董果良译,商务印书馆 1988 年版,第633—634 页。

样一来,人们之间必然形成彼此妨害以致达到危险的局面,这是同人们追求享乐目的背道而驰的。而唯一摆脱困境的方式则是互相妥协。通过契约的方式建立国家,成立政府,制定法律,调整人们之间的利益。"①在三权分立的政治格局下,现代西方学者对政治妥协给予极高的赞誉,正如阿克顿所说的,"妥协是政治的灵魂——如果说不是全部的话"。达尔也认为,"民主依赖妥协"。马克思主义者也没有否定妥协的存在价值,而是对妥协给予了很高的评价。列宁指出:"马克思主义对历史的曲折道路的态度,实际上同它对妥协的态度是一样的。历史的任何曲折转变都是妥协,是已经没有足够的力量彻底否定新事物的旧事物同还没有足够的力量彻底推翻旧事物的新事物之间的妥协。马克思主义并不拒绝妥协,马克思主义认为必须利用妥协。"②不仅在革命年代,在社会主义社会中,在人民内部矛盾激化之时,采取妥协的态度、建设妥协的制度等,更应当是利益让渡的基本原则。

在社会合作过程中,社会妥协是一种达成利益均衡的手段。不同集体之间自主地通过不断的谈判、协商,通过各自在利益上的部分让步可以达到双方虽不完全满意但至少都能接受的方案。社会妥协的优势在于避免了采取以激烈的群体间冲突来解决矛盾冲突。以不同的利益主体依据共同认可的规则,在群体利益层面上进行一种"give-and-take"的协商,可以避免任何一方的全赢或全输的零和博弈。可以说,同意和参与了利益妥协的各个社会群体,在承认和保护别人利益的同时也保护和巩固了本群体的集体利益。

---

① [苏]涅尔谢相茨:《古希腊政治学说》,蔡拓译,商务印书馆 1991 年版,第 210 页。

② 《列宁选集》第 1 卷,人民出版社 1995 年版,第 734 页。

三、社会合作型利益让渡形式

经过利益协商,达成以社会合作形式进行利益让渡的基本共识后,在利益让渡的各项原则的指引下,实践中出现了各种形式的群体层面、阶层阶级层面,甚至是民族国家层面的利益让渡。结合近年来我国各地区各领域正在进行的各种利益让渡实践,可以总结出一些基本的利益让渡形式。

(一)"削峰填谷"式利益让渡

"削峰填谷"式利益让渡是一种在利益群体和阶层阶级之间直接进行"劫富济贫""抽肥补瘦"式的利益再分配,即在确认一个或多方的集体利益存量额度后,以政府自上而下的社会协调制度或者平等主体之间协商确定的具体规则为依据,将存量利益较多的一个或多个社会群体的现有存量利益切割出一部分,直接将其转移给另一个或多个利益受让群体,这是一种最为简单直接的利益让渡方式,其中有社会合作的成分,但色彩相对较弱。

譬如,2016年4月,教育部和国家发展改革委印发执行了各地各部门普通高等教育招生计划和相关工作方案。个别媒体由于对招生计划存在认知错误,于是公开了各省高校生源计划中东中西部地区各省份对口协作生源的具体人数,但没有说清楚这一协作计划的改革性质和操作规定,从而引起舆论关注。实际上,跨省生源对口协作计划方案一直都存在。按照该方案,高等教育资源丰富、2016年升学压力较小的上海、江苏、浙江、福建等12个省市,将向中西部10个省区提供共16

万个生源计划,其中教育大省湖北、江苏、浙江分别提供 4 万、3.8 万和
1.9 万个生源计划,直接对口中西部地区省份生源进行招生。目标是
提高中西部地区和人口大省录取率、缩小录取率最低省份与全国平均
水平的差距,逐步实现省际之间高等教育招生名额的相对均衡,从而不
让贫困地区的孩子输在起跑线上。

应当说,在全面深化改革时期,这种存量改革性质明显的"削峰填
谷"式利益让渡非常普遍。正在或即将在全国推进的基础养老金全国
统筹、县域义务教育资源尤其是师资力量的均衡配置、研究征收房地产
税、研究择机开征遗产税等,都是从相对强势的利益群体和社会阶层,
如养老金存量多的发达省份、教育资源丰富的城市地区、拥有房地产和
财产量多的先富群体中,直接转移出巨量的集体利益,让渡给处于相对
弱势地位的利益群体和社会阶层。"削峰填谷"式利益让渡规则简单,
直接的操作成本低,效果的可预期性强。但不足之处是也是过于简单
直接,巨量集体利益的让渡涉及大量群体、大量资源的再调节,如果不
进行大量的前期调研、舆论宣传和充分的社会协商,直接由政府自上而
下地进行强力的协调,利益让渡很容易引起各种群体间的利益冲突。
譬如,在 2016 年的全国高招对口协作计划中,由于对利益让渡的规则
和过程不了解,甚至受媒体不实信息的影响,一些家长认为自身这个集
体处于相对弱势地位,还要在没有进行利益协商的基础上让渡出巨量
的群体利益,于是反对意见强烈,有个别家长采取了多种形式的集体意
识表达行动,包括聚众去主管部门申诉、在街头向媒体表达愤怒等。

(二)"资源共享"式利益让渡

"资源共享"式利益让渡是政府和社会促使处于优势地位的利益
群体和阶层阶级利用本集体的优势地位创造出新生的增量利益,将这

些新生的增量利益进行定向让渡给相对弱势的利益群体或阶级阶层。这种利益让渡形式与增量改革的效应有相同之处,那就是由于没有直接对利益出让群体和阶级阶层现有的存量利益进行调节,阻力相对较小。它是一种在"增量改革—存量改革"连续统中处于半存量改革状态的利益让渡形式,社会合作的色彩相对浓厚一些,但仍然存在政府的主导规划作用。

譬如,北京市虽然优势教育资源集中,但 16 个区县之间的义务教育资源的差别较大,城区的海淀、西城等与郊区的平谷、延庆之间的差距,尤其是优质师资、重点高校实际招生比例等关键数据上的差距,远高于全国其他一些地区的内部差距。为了促进区域间教育资源的相对均衡配置,近些年来,北京市对初中升高中的招生政策进行了"校额到校"改革。2014 年,北京市将区域内各优质高中招生总计划的 30% 分配到区域内的所有初中。2016 年北京市进一步规定,对于通过统招升入优质高中的学生比例低于 50% 的初中校,以定向分配到校的方式补足名额,即保证当年进入普通初中校学习的学生,在三年后至少有 50% 以上的学生能够通过在校内的竞争而直接升入优质高中继续学习。到 2020 年 7 月这一目标全面实现。这些新增的优质高中入学名额一方面靠压缩优质高中原来的招生计划这种"削峰填谷"式的利益让渡,更多的是靠优质高中通过各种途径新生出增量资源来实现,即各优质高中可以通过扩招、建新校区、建分校等形式扩大办学规模。

类似于北京的这种利益让渡形式,还有近年来国家统一实行的对 832 个贫困县的重点高校专项招生计划。各重点高校自行实施的扶贫性质的招生计划,如清华大学、南京大学等 6 所高校共同实施的"新百年自强计划"等,没有减少各高校原有的招生数量,而主要是通过新增招生名额,面向农村地区尤其是贫困地区学生进行专项招生。这些都是典型的资源共享式利益让渡。

"资源共享"式利益让渡形式的优势明显,即没有触动利益出让群体的现有存量利益,更多的是激发出利益出让群体的创造新的利益的动力,因此接纳度高,引起群体间社会不合作行为甚至是直接的社会冲突的几率低。但这种利益让渡形式的局限性也较为明显,即改革的空间较小,能够创造出的新的利益总量有限,一旦改革空间见顶,这类利益让渡形式就会失去用武之地。

(三)"协商—妥协"式利益让渡

"协商—妥协"式利益让渡的基本特征是平等协商基础上的社会妥协。由政府等提供自由的市场环境、公正的法律体系和宽松的社会交往氛围,在此基础上,参与利益让渡的各利益群体和阶级阶层通过各种组织形式进行长期的平等对话,在进行充分的意愿表达、沟通对接、持续谈判后,各群体主动选择让步达成妥协,利益受让群体下调集体利益受让的期望值并与利益出让群体达成一致,并且在共同商定的让渡规则的支撑下开始进行群体间的利益让渡,最终实现社会合作式的利益让渡。

譬如,近些年来,广东省实施外来务工人员积分服务管理制度(以下简称"积分制"),通过系统的顶层设计,分别从积分入户和积分入学两个方面着手,建立了外来务工人员有序融入城市的制度性通道。如广东省中山市通过调研、协商对话、征求各种意见建议等,形成了一种积分制,该积分共分基础分、附加分、扣减分三部分。农民工累计积分 30 分,其子女就可以申请进入当地小学和初中入学。累计积分达到 60 分,就可以排队申请入户,一旦入户其子女就可以正常参加当地的中考高考。

中山市"积分制"是以"权利与义务对等"这一各利益群体共同认

可的、比较公正的基础性原则为基石,通过设定一定的义务梯度,让农民工子女能够分群体、分层次、分时间段地入学入户,参加城市的中考高考,是一种各利益相关方经过协商后都可以接受的最佳方案。在此过程中,政府、市民、常住城市的农民工以及新来的农民工都需要进行"各让一步"式的利益妥协:政府对所有城市社会成员要一视同仁,提供更多更好的教育等基本公共服务;市民则要主动进行心理调适并且让渡出一部分利益;常住城市的农民工则要积极努力达到入户入学标准,让子女获得中高考机会;新来的农民工则要通过自身努力积累,逐步实现人生目标,在不远的未来让自己的子女也有机会在城市中参加中高考。

在现代社会中,这种协商—妥协式利益让渡是最为重要、最为基础性的利益让渡形式。广东省推进的农民工子女积分制入学政策,是一种典型的通过社会合作达成共赢共生的利益让渡方式。其优点是改革过程是逐步推进的,规则较为清晰、公正,照顾到不同利益主体的利益诉求,改革的负面影响小,社会合作色彩鲜明。但不足之处是到目前为止不同利益主体自主协商、相互妥协的过程,如听证会、人大代表表决,以及农民工工会表达意见等,仍然或者较为缺乏,或者虽然有但形式主义色彩较重,不同利益主体之间平等协商的合作程序仍需进一步完善。

从发展趋势来看,在一定意义上,只有当社会成员学会依据一定的规则、利用利益妥协的办法来解决社会冲突,只有当自主地进行利益协商和利益妥协已经成为解决社会冲突的主要方式时,这个社会才是一个真正成熟的现代社会。在实践中,无论是"削峰填谷"式利益让渡、"资源共享"式利益让渡,还是各让一步的"协商—妥协"式利益让渡,都有其存在的强烈需求。但是考虑到"削峰填谷"式利益让渡对社会合作会产生各种不利的外溢效应,"资源共享"式利益让渡的实施空间有限,因此,未来进一步完善利益让渡方式,最大的潜力和重要的着力点还是在协商—妥协式利益让渡。需要着重考虑的是,经过长期努力,要确保在即使没有一个强大外力的干预或主导,不同利益群体和阶级阶层也能够自主地通过协商和妥协顺利地实现利益的让渡。因为这一培育过程,不仅让集体利益的群体间让渡更加顺畅,而且也让各利益群体和阶级阶层之间的社会合作意识不断生长,而后者的意义可能更加深远。

四、利益让渡的社会合作效应

利益让渡所产生的社会效应是评估各种利益让渡形式效果的直观标准。从理论上分析,通过以上三种利益让渡形式进行各种利益让渡,将会产生一些完全不同的改进结果,我们需要做的就是努力避免负改进,向各种社会合作型的效应不断靠拢,其中的相对改进效应如卡尔多—希克斯改进,应当成为主要的追求对象。

(一)帕累托改进及其相反

众所周知,集体利益的让渡所产生的最佳改进效应是帕累托改进(Pareto Improvement),即通过利益让渡,最终发现至少有一个利益群体或社会阶级阶层的集体利益得以增值,但是出让集体利益一方也没有什么丧失感,社会整体利益增加。如果最终所有参与利益让渡的利益群体和阶级阶层均从利益让渡过程中得到增值的集体利益,如积分入户制度不仅让常住城市的农民工子女立即获益,也为新进城农民工提供了希冀,城市市民也从社会关系和谐、经济繁荣等方面得到其预期收益,各方都得到利益盈余,属于理想状态的帕累托最优。在进行利益让渡的存量改革时期,这种帕累托最优是通过长期努力力图实现的目标,但现实中却很难寻找到其具体的实践形式。

与帕累托最优相反,人们最不愿意见到、但又在利益让渡可能会出现的结果就是负改进。在进行大量的利益让渡后,利益出让群体形成严重的利益丧失感,被剥夺感强烈,但是利益受让群体却没有形成明显的利益获得感,社会整体利益因为这次利益让渡而总体下降,不同社会群体之间的社会合作水平下降,群体关系更为紧张。于是,既得利益群体开始采取保守的自我保全策略,而相对弱势群体也倾向于采取激进的行动策略,各群体之间没有形成社会妥协意识,法治、理性讨论、社会宽容、社会妥协等利益让渡的基本规则也被抛之脑后。以上这种情况是所有利益主体都不愿意见到的客观状态。之所以出现这类负改进的结局,关键是在进行利益让渡时,利益让渡所需要的社会合作状态等前置条件没有得到充分满足。

(二)卡尔多—希克斯改进

现实中,各种利益让渡最有可能出现的改进效应是卡尔多—希克斯改进。这种改进是最为现实的,也最能够呈现社会合作精神。

1939 年,福利经济学家卡尔多在题名为《经济学福利命题与个人之间的效用比较》的研究论文中,首次提出了"虚拟的补偿原则",认为一些群体利益受损,而让另一些群体受益,只要总体上利大于损,社会总福祉就在增加。福利社会学家约翰·希克斯进一步完善了卡尔多的这一原则,提出了"长期自然的补偿原则",认为只要一项政策从长期来看能够提高全社会的效率,所有群体的境况都会由于社会生产率的提高而"自然而然地"获得补偿。改革就达到了卡尔多—希克斯效率

（Kaldor-Hicks Efficiency）。从卡尔多—希克斯效率角度看，如果一次利益让渡能够使社会总收益增加，这种让渡就是值得实施的，关键是要在不同利益群体和阶级阶层之间确定社会合作式的、共同认可的利益补偿方案。

在全面深化改革阶段，尤其是在存量改革不断增多的背景下，利益让渡时时刻刻都在尝试和推进之中，但利益让渡所需要的所有前置性条件可能却一时无法完全得到满足。为此，在实践中不仅要探索和利用好各种恰当的利益让渡形式，更要着力于思想的统一，促成不同社会群体对利益让渡的必然性形成共同的认知。

第八章　社会合作中的获得感

除了集体利益之外,集体意识是影响"社会合作何以可能"的另一个主要因素。同时,集体利益的满足状态也会集中地反映在集体意识层面。根据本书对集体意识概念的界定,集体意识在各个群体层面有众多的表征,其中各个表征的共性之处就是集体意识会集中呈现为一种集体层面的获得感。

一、获得感的社会合作意涵

获得感是一个社会群体在打破利益固化、进行利益协商和利益让渡的过程中对自身可能的益损状态所进行的一种主观评价。获得感作为一种集体意识,可以引导和规范一些群体的社会行为,这些社会行为又进一步传导影响更多、更高层面的群体行为,进而形成叠加效应。在现实社会中,会出现"羊群效应""跟风现象",甚至"黑天鹅"事件,导致"多米诺骨牌效应",这些现象都是因部分人存在非理性预期和行为而产生的不合作状态。因为尽管人拥有过去,并且立足于现在,但却总是像德国著名学者恩斯特·卡西尔所说的那样,"思考着未来,生活在未来"①,

---

① [德]恩斯特·卡西尔:《人论》,甘阳译,上海译文出版社1985年版,第68页。

关于未来的思考构成人们思考过去和现在的一个不可或缺的因素。因此,获得感和剥夺感的强弱,在一定意义上决定着进一步的社会合作行动能否顺利推进,进而决定着同一层面的社会合作局面能否延续,以及社会合作能否提升到更高层面。

(一)获得感对社会合作的理论意义

随着利益让渡的持续推进,不同群体对利益让渡的过程和后果开始形成不同的群体心理感知和情感判断。在"帕累托最优"仅为理想状态的现实社会中,卡尔多—希克斯改进对整个社会而言是可以接受的,但是由于卡尔多—希克斯改进是一种有增益也有丧失的状态,因此,对于不同利益群体、阶层甚至阶级和国家而言,客观上就会形成不同的利益增损的结果,不同的群体在获得感上就会形成不同的认知。

从社会合作维持的角度看,获得感不同,对社会合作的意义迥然相异。仅以两个利益群体(如企业主与工人)之间的利益让渡为例,我们就可以看到四种完全不同的获得感受。

第一种局面是出让利益群体在让渡出自身利益后,丧失感并不强烈,但受让利益群体的获得感却在显著增强,这种局面正是现实中努力追求的社会合作局面。如企业主在可承担的范围内与工人协商达成了涨工资的协定,就会让工人很有获得感,同时也会激发工作激情,进而有利于企业主。

第二种局面是出让利益群体丧失感不强,但受让利益群体的获得感也没有明显提升,如经过利益协商后给工人的工资涨幅非常有限,或者说企业主让渡出的利益是具有公共物品性质的,如在工厂区开设食堂,同时这个食堂也对社会开放。这时这种福利不仅工人可以享受,普通市民也可以同时享受,这种利益让渡的效率是低下的,工人群体的获得感就会不太明显。

第三种局面是出让利益群体让渡完集体利益后有强烈的丧失感，但受让利益群体也有强烈的获得感，这是一种相对较好的结果。如在政府的压力下，企业主被迫大幅涨工资，工人群体就会有明显的获得感。但由于利益出让群体的获得感差，可能会影响进一步的利益让渡的推进，这时就需要对利益让渡方向和规则等进行相应的调整，以激发利益出让群体继续参与社会合作的积极性。

第四种局面是利出让益群体在让渡集体利益时有强烈的丧失感，但受让利益群体却没有什么明显的获得感。如政府要求企业主补交此前所欠的职工养老保险的社会统筹部分，对于农民工而言，这种获得感就不明显，因为养老保险的社会统筹部分是留在工作地区统筹用的，农民工在离职时无法申请领取，也很少有农民工在工作地养老，因此，企业主的丧失感强，但农民工的获得感几乎没有，这种利益让渡的效率有可能就是无效的。

从社会合作角度看，最好的局面是第一种情况，即丧失感弱但获得感强，因为这时的社会合作是最容易生成和延续的；对社会合作最为不利是第四种局面，即丧失感强但收益感弱。

而获得感是否强烈对于深层次改革能否推进，以及在改革基础上能否形成社会合作局面意义重大。经过一段时间的集体利益让渡后，如果出让利益群体尤其是处于相对弱势地位的群体的获得感差，如普遍具有较为强烈的相对剥夺感、不确定感和不安全感，认为本群体在变革中获利比其他群体少，在社会底层中就有可能出现各种消极的社会心理如仇富心理等，社会心理的对立使进一步的利益让渡的社会氛围不复存在。反之，如果各利益群体普遍出现获得感增强的趋势，各个群体对集体利益的调整就会持宽容态度，利益让渡的痛苦程度低，可以为各领域的进一步变革提供稳定的社会舆论氛围,也较容易形成进一步变革的社会共识和社会合力,使更深层次更长远的变革措施能够不断地出台落地。

(二)获得感对当代中国社会合作的意义

当前我国正处于全面深化改革的关键时期,不断提升人民的改革获得感意义重大而深远。客观上,改革收益的实际分配状态与主观的获得感之间经常会出现不一致的现象。中国社会科学院的一项调查结果表明,2011 年中国有 44% 的人口认为是社会中层,而发展水平明显低于我国的印度却有 57.4% 的人自认为是社会中层。① 2013 年,上海大学对全国 6 个省市城市居民的抽样调查也表明,有 36.8% 的被查对象认为近年来自身的生活改善程度比别人低、没有改善甚至比以前更差。② 这种主观评价明显低于客观地位的心理倾向,将使各社会群体无法对改革、对自我、对其他社会群体进行客观评价,不利于整个改革的持续推进。

正是基于理论和现实的考虑,习近平总书记提出并高度重视改革获得感问题。2015 年 2 月,习近平总书记在中央深化改革领导小组第十次会议上明确提出,要"推出一批能叫得响、立得住、群众认可的硬招实招","把改革方案的含金量充分展示出来,让人民群众有更多获得感"。③ 此后,在众多国内外重大场合中,习近平总书记频繁地提起"改革获得感"这个关键词。在 2016 年的新年贺词中,习近平总书记

---

① 李培林:《中产阶层成长和橄榄型社会》,《国际经济评论》2015 年第 1 期。
② 孙远太:《城市居民社会地位对其获得感的影响分析》,《调研世界》2015 年第 9 期。
③ 《习近平总书记系列重要讲话读本(2016 年版)》,学习出版社、人民出版社 2016 年版,第 76—77 页。

着重强调"获得感"这个词；在 2016 年 2 月的中央深化改革领导小组第二十一次会议上，习近平总书记正式将"是否促进经济社会发展、是否给人民群众带来实实在在的获得感"这"两个是否"上升为改革成效的评价标准①。同年 3 月的全国两会召开期间，习近平总书记谈及企业发展时，提出要"让民营企业真正从政策中增强获得感"②；同年 4 月，在网络安全和信息化工作座谈会的讲话中，习近平总书记提出要"让亿万人民在共享互联网发展成果上有更多获得感"③；同年 9 月，在二十国集团杭州工商峰会开幕式发表主旨演讲时，习近平总书记提出，中国将"更加注重公平公正，在做大发展蛋糕的同时分好蛋糕，从人民最关心最直接最现实的利益问题出发，让老百姓有更多成就感和获得感"④。在党的十九大报告和此后的中央文件中，"获得感"与"幸福感""安全感""满意度"等一起，共同成为描述民生改善状态和社会秩序改进的关键词，可以说，如何进一步提升人民获得感，已经成为当前中国人最为关心的重大理论与现实问题之一。

二、影响改革获得感的主要因素

在改革进程中，作为一种群体性社会心理现象，获得感既受客观的

---

① 《习近平主持召开中央全面深化改革领导小组第二十一次会议强调　深入扎实抓好改革落实工作　盯着抓反复抓直到抓出成效》，《人民日报》2016 年 2 月 24 日。

② 《习近平谈治国理政》第二卷，外文出版社 2017 年版，第 262 页。

③ 习近平：《在网络安全和信息化工作座谈会上的讲话》，人民出版社 2016 年版，第 5 页。

④ 习近平：《中国发展新起点　全球增长新蓝图——在二十国集团工商峰会开幕式上的主旨演讲》，《人民日报》2016 年 9 月 4 日。

改革形势变化的冲击,也受整体社会心理方面各种因素的影响。其中,改革的基本性质、改革的主要效应和改革收益的主观评价等因素对改革获得感的影响尤为明显。

(一)改革的基本性质

客观上,是增量改革还是存量改革,对改革获得感的影响巨大。增量改革是以"做大增量"为特征的改革,这种改革以不损害既得利益群体的利益为前提来提升其他利益群体的地位,从而使社会整体利益增加,这是一种"皆大欢喜"式的改革,自然而然地,整个社会的改革获得感也就很强。而存量改革是以"优化存量"为特征的改革,这种改革要对既有利益格局进行深度调整,在改革中至少有一个既得利益群体需要出让现有的利益,甚至不同社会利益群体都要参与到利益让渡过程中,虽然最终会全面增进社会的整体福利,但短期来看必然会出现"几家欢喜几家忧"的现象,在这种欢喜与忧愁并存期间,改革所带来的整体获得感暂时就不会太强。

当前,我国许多直接关系到人民最关心最直接最现实的利益问题的改革已经走过了增量改革时期,进入了以存量改革来推进增量改革的新时期。也就是说,随着改革的不断深入,我国的纯增量改革能做的基本做尽,未来的增量改革能否像过去那样延续下去,关键就要看存量改革成功与否。如早期的教育制度改革重点是"普九"、高校扩招、扶助贫困地区学生等,这些都是没有利益受损者的纯增量改革;而现在的改革重点却是建设"无择校城市""异地高考"改革、高校招生名额地区间的调剂等,是在对优质教育资源进行再次分配,是一种典型的存量改革。其他的改革如尽快实现养老金的全国统筹、建立养老金中央调剂金制度、改变以药养医状态等,也都是典型的存量改革。这些存量改革触及一些利益群体的核心利益,必须探索出一种卡尔多—希克斯改进的变革途径。否则,时间一长,人民的改革获得感没有明显的提升,利益出让方的丧失感却非常明显,这将导致存量改革推进的难度进一步增加,改革获得感与存量改革之间就会形成一种恶性循环之势。

(二)改革的主要效应

改革作为一种客观存在的社会现实,它的长期存在本身就会在社会心理上形成一种改革效应,并且直接影响人民的改革获得感的高低。

第一种效应是群体性不安全效应。即持续的改革会让一些社会群体形成一种持续的群体"不安全"心理。实践中,40多年来中国一直处于改革状态,变革带来全新的局面,所带来的正面效应,无论是直接的还是间接的,都是不计其数的。但是,在一个持续处于变革状态的社会中,有些社会成员和社会群体也会形成一种错觉,认为没有任何事物是长期稳定的,是可以确定的,也没有任何收益是永恒不变的,表现在社会心理层面上就是不确定感和不安全感较为突出。譬如,社会上流行的所谓的"失去的一代""迷惘的一代"的说法,"今日有酒今朝醉""人生苦短、及时行乐""拿到手的才是真实的""拿到手的才是自己的"等这类思想,其中就有明显的不安全心理在作祟。如果不能有效地消除这些群体在潜意识之中存在的不安定因素,就会削弱整个社会的凝聚力与向心力,使获得感在低位徘徊。而且社会整体心理所具有的这种强大的暗示作用,对现实中的社会运行也可能会产生负面影响。

第二种效应是高位预期效应。一般认为,改革成果巨大所带来的一定是正向的社会效应,如对改革本身的高度支持和认可,对主持改革的政党和政府的满意度会一直在高位徘徊,对未来的社会预期趋向正面积极等。但无论人们是否承认,客观上改革成果持续性地过于巨大也会带来一些次生的负面社会效应。其中最为重要的一点就是,持续带来巨大收益的改革会给国民带来一种"高位预期"的错误心理预期。改革开放以来,我国所取得的改革成果在世界历史上是空前的,但40多年来持续快速的发展,会让一代人甚至几代人形成"只涨不跌"的心理预期,而且对"涨"自身也有一个"一定会保持在较高水平"的心理预期。

譬如,在经济增速方面,最近20年以来,美国、德国等发达国家的经济平均增速最高的也不过3%,日本等国增速更低,最低的国家甚至会出现负增长,但是这些国家的人民对这种经济现实习以为常。1978—2018年间,世界平均GDP增速为2.9%,而我国在这40年间平均每年GDP增速为9.4%!由于长期身处"世所罕见的经济快速增长奇迹"之中,有些社会成员和社会群体认为这种高速增长是理所应当的,面对近年来6%左右的中高增速的现实,会在心理感受上很难适应,进而也就很难客观地评价当前经济改革的实际成效。

再如,在改善民生方面,改革开放以来,尤其是自2004年中央提出"社会建设"这一概念以来,我国已经连续数十年在快速地改善民生。由于我国将长期处于社会主义初级阶段,改善民生需要尽力而为,也需要量力而行。为了防止出现西方福利国家那种"高福利需求—低供给能力"窘境的出现,也为进一步提升民生制度建设的质量,在民生快速改善一段时期后,其增幅程度必然会慢下来,使改善民生与经济发展之间实现良性循环。但是由于改善民生的福利政策具有"只能增不能减"的制度刚性,任何导致收益减少的深层次改革措施都难以出台。譬如,自2005年以来,我国企业退休人员基本养老金连续11年每年增长10%,其中2006年的增幅甚至高达23.7%。于是,部分群体就有可能产生每年增长10%是正常的这一认知,2016—2018年的增幅降至6.5%,2019—2020年这两年的增幅降至5%。虽然由于基数大,实际增加数字并不少,但仍些人有一种获得感下降的错误感受。

理论上看,这种高位预期的心理效应还会带来更大的社会不合作后果。美国社会学家金斯利·戴维斯曾经提出一个J型曲线[①],他认为社会混乱不会出现在一个国家的贫困时期(即J的底部),也不会出现在一个国家经济社会面貌快速改善时期(即J的中部),而是发生在一个国家经济社会持续快速改善一段时间后却突然停顿的时期(即J的顶部),因为在这一时期,客观的经济社会状况不再像过去那样直线上升,但是人民的预期值却仍然在直线上升,这时人民的理想很丰满但是现实却很骨感。当前,世界上一些国家之所以出现"中等收入陷阱",很大程度上就是因为受到老百姓对经济发展和改善民生的"高位运行"预期心理的裹胁,政府必须做出超出承受能力的改革收益承诺,最终陷于"福利承诺日益提高—经济增速日益下降—人民更为不满"的怪圈之中。[②]

(三)改革的收益评价

"获得"是一种客观状态,但"感"却是一种主观心理。对改革收益的主观评价也会直接影响着改革获得感的高低。具体来看,以下两种因素直接影响着改革收益评价的高低。

第一,参照群体的选择。朗斯曼(Runciman)在1966年提出"相对

---

① 吴忠民:《社会学理论前沿》,中共中央党校出版社2015年版,第263—264页。

② 王道勇:《论全面深化改革时期的获得感问题》,《教学与研究》2017年第4期。

剥夺"概念时指出,"相对剥夺的大小是指期望状况与期望者的东西相差距的程度……相对剥夺的程度与其被感受的程度息息相关"①。参照群体是感受的一个主要来源。

美国社会学家凯利进一步认为,参照群体主要发挥两种功能,即规范功能和比较评价功能。② 其中,比较评价功能是指一个社会成员或社会群体借助它作为比较标准和出发点,用以评价自己或他人。这种比较评价功能在很大程度上会导致该群体确立某种行为标准(或称群体规范)并且加以遵循,即发挥规范的功能。相对剥夺理论的另一位代表人物格尔(Gurr)认为,相对剥夺表现为价值期望与价值能力之间被意识到的差距,也就是人们意识到的其应得的物质和生活条件,与在社会条件可能的情况下,实际能获得或维持的物质或生活条件之间的差距。格尔提出了三种社会发展形式可能导致的严重相对剥夺:第一种是愿望剥夺,也就是社会发展保持稳定和持续,但人们的愿望提升了;第二种是递减剥夺,这种情况的社会发展形势也是稳定和持续的,但现实生活可以达到的标准却急剧下降了;第三种情况是渐进剥夺,就是持续增长的社会发展形态和不断上升的愿望不再同步而突然改变,社会发展的上升不能满足愿望的上升。③

这三种社会发展状态在当代中国的改革进程中都可以找到其缩影。譬如,第一种剥夺就是中央文件里常讲的,进入中国特色社会主义

---

① [波兰]彼得·什托姆普卡:《社会变迁的社会学》,林聚任等译,北京大学出版社 2011 年版,第 297 页。

② Kelly,Harold H.,Two Functions of Reference Groups,In G.E.Swanson,T.M.Newcomb & E.L.Hartley(Eds.),*Readings in Social Psychology*(2nd),New York Holt Rinehart & Winston,1952.

③ 参见熊猛、叶一舵:《相对剥夺感:概念、测量、影响因素及作用》,《心理科学进展》2016 年第 3 期。

新时代后,我国社会主要矛盾已经转化为人民日益增长的美好生活需要和不平衡不充分的发展之间的矛盾。人民群众的需求"水涨船高",对物质文化生活提出了更高要求,参照对象从生存性转向发展性,从数量转向质量。如在让孩子们成长得更好、工作得更好、生活得更好上,要全力以赴地提供更好的教育、更稳定的工作、更满意的收入、更可靠的社会保障、更高水平的医疗卫生服务、更舒适的居住条件、更优美的环境等,这些都是相对发达国家和地区才有的福利状态。由于我国长期处于一种"时空压缩"的赶超式发展进程中,无论是社会资源和社会机会供给总量和质量,还是处理利益诉求所需要的保障体制机制仍需不断调整完善,于是人民需求与社会供给的不平衡不充分直接引发了各种矛盾冲突,也会引起不同群体的获得感不断变化。

第二,改革收益的边际效益递减。微观经济学中的边际效用递减规律认为,在其他投入固定不变时,连续地增加某一种投入所新增的产出最终会减少。也就是说,超过某一水平之后边际投入的边际产出下降。其实,在改革收益的评价方面,不少利益群体也会形成类似的感受。如前所述,美国社会学家格尔在其著作《人为什么会造反》中提出了"欲望型相对剥夺感"的概念,即社会的满足能力没有变,但人们的价值期望增强也会导致相对剥夺感的出现。具体来看,这种收益的边际效用递减具体表现是获得感"钝化",即同样一份收益带来的获得感随着时间的推移会不断下降。当新增一份收益后的新增获得感为零时,此后客观上新增的改革收益就不会带来任何获得感,最终会出现有收益增长而无获得感增长的"内卷化"现象。在改革开放的过程中,持续数十年的改革收益可能也会让人民的获得感"钝化",这种现象也可以称为"改革收益疲劳症",实际收益增加而带来的心理愉悦与满足会随着时间的推移而下降,获得感也就很难持续增强。

三、社会合作提升改革获得感

获得感作为一种心理感受,是一种相对的社会感觉,可以通过利益和意识等层面的引导来加以改善。将这种社会心理放在历史坐标中进行定位,可以进一步明确提升改革获得感的着力点。

(一)二战后发达国家的获得感变迁

简要言之,二战结束后,从社会发展的社会合作程度来看,美国和西欧国家大致先后经过了"幸福—激进—泛爱—撕裂"等不同的社会心理状态。总体上看,一是幸福阶段。在 1946—1967 年之间,西方社会处于极度的幸福意识之中,经济高速发展,社会长期稳定,"婴儿潮"涌现,科技快速进步,等等,都是这种幸福感的重要表现形式。二是激进阶段。在 1968—1973 年之间,西方社会处于极度亢奋的状态,从法国"五月风暴"开始,黑人平权运动、女性主义运动、同性恋运动、反战和平运动、绿色环保运动、嬉皮士运动等反抗主流社会的行动此起彼伏。如米德所言,二战后成长的年轻人与二战前成长的一代具有明显"代沟"[①],这代人开始以一种激进甚至混乱的状态争取此前无法想象的各项权利和自由空间。三是泛爱阶段。在 1974—2007 年间,西方社会平静下来,但开始将爱同性、爱动物、爱大自然、爱世界等泛爱主义付诸实践,开始大规模输出"华盛顿共识",西方社会进入典型的"泛爱"状态。四是撕裂阶段。2008 年以来的十多年间,随着美国次贷危机的

---

① 参见[美]马格丽特·米德:《代沟》,曾胡译,光明日报出版社 1988 年版。

爆发,欧美国家经济发展停滞,西方社会开始进入一种"撕裂"状态。其中,希腊、西班牙、意大利、法国等国长期无法通过削减福利和寻找新动力来获得重生机会,英国公投意外地退出欧盟,很大程度上都与社会撕裂后尤其是中产阶层下层化所带来的获得感下降有关。

理论上看,如果出现重度撕裂并且持续下去,最终必然会出现社会发展的"幻灭"状态。这种"社会不合作"状态的总爆发在20世纪90年代初苏联解体的过程中也得到了集中体现。但是应当指出的是,也不能过度解读当前西方国家部分社会群体的"不合作"状态,过于乐观地认为西方国家今后会出现重度撕裂,并且进入幻灭状态。一方面,西方社会一直是由下而上组织起来的,各个社会群体对政府等的依赖度较低,这种地方自治社会出现彻底混乱的可能性相对较低,期望值也相对较低;另一方面,不能极度渲染社会不合作的恶性循环。譬如,近几年,美国精英社会群体在涉及本集体的根本利益方面自觉地选择采取社会合作行动,甚至有可能通过树立外部的假想敌等新的参照群体,从实现内部的各种利益群体和阶级阶层间的团结,提升整体的获得感,从而使社会的整体利益最大化。

(二)通过引导预期提升改革获得感

与西方国家不同,我国改革开放以来的社会状态并非按照"幸福—激进—泛爱—撕裂"这一序列推进,我国的发展是"时空压缩"的,要在2050年左右建成社会主义现代化强国,实现民族伟大复兴,即在1949—2050年这100年间完成西方发达国家过去四五百年间完成的发展任务。因此,在我国当前的社会发展中,幸福感占主导地位,但激进、泛爱、撕裂,甚至是幻灭等社会状态在一定范围内同时并存并且相互影响。为了保证未来二三十年内民族能够彻底复兴,防止出现"社会不合作"状态的蔓延,对于我国尤其关键。

我国防止"社会不合作"状态蔓延,提升改革获得感的可选择途径众多。

提升改革获得感可以通过实际利益的生产和再分配来进行。正如《论语·季氏》所云:"有国有家者,不患寡而患不均,不患贫而患不安。盖均无贫,和无寡,安无倾。"可以说,这是传统统治者的共同理想和行动指南。在全面深化改革的历史新时期,在深层次的存量改革日益增多的背景下,一方面要不断显现改革措施的含金量,让广大人民群众获得更多看得见、摸得着的实利;另一方面更要倡导进行社会预期的引导,促使不同利益群体主动进行社会调适,唯有两者有机结合,才能使人民的改革获得感不断提升。

如何给人民以更多的实利,中央的政策安排已经非常系统,有关的学术研究已经持续数十年,不再赘述;这里着重从第二个方面即社会预期调适角度来进行一些分析。

社会预期的调适主要是通过对话来完成的。对话是指在全社会范围内,通过网络交流、电话电台热线、恳谈会、座谈会、论证会、见面会、交流会和对话日等各种方式,广泛地进行定期和不定期的信息沟通,以达到协调社会关系,消除各种社会矛盾、隔阂或误解,掌握民意和社会预期,得到公众支持的目的。

一是防止隐性撕裂。社会撕裂是社会不合作的前提。当前我国改善民生力度巨大、2020 年实现农村彻底脱贫、城乡居民收入数十年间不断上升,所有这些都是实现社会弥合的重要机制。但在实践中要着力于防止隐性撕裂的出现,为此,要在社会心理层面进行正面引导,要防止"仇富"心理的无限泛化,还要防止"屌丝"心理的蔓延,像法国等国那样由于中产阶层下层化所导致的社会撕裂,是未来尤其需要关注的新命题。

二是约束激进行动。近年来,美国的占领华尔街运动、弗格森事件和弗洛伊德事件,英国伦敦的"8·6"大骚乱,希腊全民式的社会示威,法国的黄马甲街头抗争行动,以及西亚北非地区的"伊斯兰之春"等,都是在社会隐性撕裂后,从社会不合作走向了激进的社会对抗。为此,我国要有效约束激进,其基本原则应是"软的更软,硬的更硬"。对于研判后认为可控的激进状态,应当更软一些,将之吸纳进体制内,因为激进本身也可能会成为社会进步的动力之一;对于研判后认为不可控的激进状态,应当快速而强力地加以应对。应当说,在香港地区制定实施国家安全法就是因应香港近年来出现的各种危及国家安全行为,而作出的正确的强力反应。

三是支持泛爱。当代中国社会思想日益多元化。对于一些社会群体中间流行的动物主义、环保主义,以及其他追求个体自由和展现个性的社会行动,应予以支持。因而,需要对各地的马拉松竞赛、群众广场舞、部分极限运动,以及爱猫狗等动物主义强化引导和支持,使这些泛爱行动发挥好"移情"和"渲染"的作用,满足人们多层次多样化新需求,从而增强一些群体的获得感。

四是打击幻灭行动。对于一些极度的幻灭思想与行动,应当予以打击。对于反人类思想,对解构中国人的形象,如毁坏英雄人物和典型职业的形象,以及毁灭普通中国人的形象等,对于一些毁灭人性的公共事件,加大正面积极引导力度,以使人性和道德的力度得到充分彰显。

五是调整参照群体。如前所述,幸福感作为一种心理感受,是一种相对的感觉。既需要通过实实在在的利益分配来让人民感受到更多的幸福感;更需要通过有力的宣传和引导,改进社会心理状态。其中的关键之一是要引导人们在潜移默化中重新定义自我的"参照群体"。未来,在向世界讲好"中国故事"的同时,更要向中国人讲好"改革故事"。一个新参照群体是20世纪八九十年代的中国,让年长者亲身讲述不远的过去,会增强当下的幸福感。另一个新参照群体是其他发展中大国。通过引进相关国家的电影、对各国现实国情进行系统性的客观介绍等,更全面地展现同为发展中大国的印度、巴西、印尼、南非等国的社会现实,让各个群体和社会阶层更理性地认识当代中国社会发展所取得的历史性成就,从而使自身的幸福感得以增强。

第九章　社会合作中的社会表情

集体意识沉淀在社会心理层面表现为获得感,呈现在社会情绪和社会态度等层面,就是可以观察到社会表情。正如每个个体都有自己的喜怒哀乐一样,在特定的历史时期,一个利益群体、一个阶级阶层,甚至是整个民族国家,都有其独特的社会表情。准确判断出特定时期一个社会和其中的主要社会群体的社会表情,有助于把握社会结构的律动、了解社会变迁的情感基础,推动形成一个社会秩序与社会活力高水平均衡的社会合作局面。

一、社会表情的主要理想类型

从社会个体层面看,情绪(Emotion)是态度的外显形式,是指个体在进行认知、作出价值判断的基础上所形成的一种情感表达,它对个体行为具有重要的测量作用。个体的情绪种类很多,《礼记》中有喜、怒、哀、乐、爱、恶、欲等七种基本情绪。[①] 心理学家特纳曾经按照对比的原

---

① 沙莲香:《社会心理学》,中国人民大学出版社 1987 年版,第 202 页。

则，将基本情绪划分为满意—高兴、厌恶—恐惧、强硬—愤怒和失望—悲伤等四大类型；埃克曼则提出了快乐、惊讶、害怕、悲伤、愤怒和厌恶等六种基本情绪；普拉特契克进一步提出了八种基本情绪，即接受、惊奇、恐惧、伤感、厌恶、期待、愤怒和愉悦。①

个体有情绪，群体甚至整个社会也有情绪，不过是一种集体情绪。这种集体情绪是集体意识的一种表达形式。美国社会学家C.H.库利曾指出："每个时代和国家都多少有些独特的情感方式，正如每个时代和国家都有独特的思想方式一样。"②不同集体在不同层面上呈现出的各种各样的社会情绪中，相对稳定的、并非转瞬即逝的社会情绪会沉淀下来，形成一个群体甚至整个社会共同的社会表情。

基于这样的界定，可以认为，社会表情是集体意识的一种呈现形式。具体而言，社会表情是一个社会群体甚至整个社会的集体情绪的外显形式，是在进行充分的社会认知和作出集体价值判断后所形成的情感表达，因此与变动不居的个体情绪及集体突发性的情绪宣泄不同，社会表情是相对稳定的，一旦形成就会相对固化，形成一种社会群体甚至整个社会共同的情感氛围。集体意识对社会合作的作用直接反映于社会表情的变化对社会合作的直接影响上。

按社会合作程度由高而低为标准进行划分，可以对理想类型意义上的社会表情进行一个简要的概括。

（一）社会幸福表情

最为典型的合作型社会表情是社会幸福，即在一个特定时期内，主

① 王俊秀：《社会情绪的结构和动力机制：社会心态的视角》，《云南师范大学学报（哲学社会科学版）》2013年第5期。

② ［美］查尔斯·霍顿·库利：《人类本性与社会变迁》，包一凡、王湲译，华夏出版社2015年版，第21页。

要社会群体甚至整个社会中都洋溢着一种"幸福"的意识。这种表情可以通过一个侧面得到展现,如1945年二战结束后多年间西方国家普遍出现了"婴儿潮",1950年以后新中国出现的第一次人口出生高峰,多生孩子就是社会幸福的一个重要表征。

但要科学地判断一个社会及主要社会群体是否幸福,需要进行综合性分析,即单一的指标并不准确,需要从整体上进行较为系统的测量和判断。譬如,如果以人口出生数量这个变量为依据来判断,从图9-1中,可以看到1949—2019年这70多年间,我国出现了三次大的人口出生高峰,即20世纪50年代、60年代、80年代,但不能因此判断这三个年代是中国人最幸福的30年,因为21世纪以来,中国的大发展大飞跃又进入了一个更高的层面,人们的幸福感达到历史新高。

图9-1　1949—2019年中国出生人口变化趋势

资料来源:历年《中国统计年鉴》相关数据。

有时从多个直接指标中也不能概括整个群体和整个社会的社会表情。从图9-1和表9-1中可以看到,2010年以来,我国出生人口一直在低位徘徊,2019年出生人口低至1465万。而2010—2019年,全国的离婚人数快速增长,结离比从2010年的21.6%上升为2019年的

43.86%。我们也不能因为出生人口大幅下降或离结比快速上升,就判定当前中国社会成员的幸福感下降。因为更有可能是人们的个体化程度上升,对自由、尊严和生活质量的要求在提升。

表9-1　2010—2019年全国结婚离婚登记情况

年份	结婚登记（万对）	同比增减率	离婚登记（万对）	同比增减率	离结比
2010	1241	2.0%	268	8.5%	21.60%
2011	1302	4.9%	287	7.3%	22.04%
2012	1324	1.6%	310	8.0%	23.41%
2013	1347	1.8%	350	12.8%	25.98%
2014	1307	−3.0%	364	3.9%	27.85%
2015	1225	−6.3%	384	5.6%	31.35%
2016	1143	−6.7%	416	8.3%	36.40%
2017	1063	−7.0%	437	5.2%	41.11%
2018	1014	−4.6%	446	2.0%	43.98%
2019	947.1	−6.6%	415.4	−6.86%	43.86%

资料来源:民政部网站公布的历年民政事业统计公报。

为此,幸福表情的衡量需要依靠一种科学的综合性指标体系。2012年以来,联合国以物质生活水平、发展机会和主观评价等方面的一系列综合指标为依据,对世界各个国家和地区的幸福指数进行过多次评估和排序。在联合国进行的世界主要国家和地区幸福指数排名(2015—2017年)中,排名第一的是芬兰,幸福指数为7.632,排名第二的是挪威,幸福指数是7.594,都是人口在千万左右的北欧国家。在世界大国中,德国排第15位,美国排第18位,英国排第19位,属于高幸福的国家,但日本则排第54位,仅属于中等幸福的水平。联合国的这一排名是按照物质生活水平和发展机会来排列的,也兼容了主观的整体感受。

但是一些特殊情况下，客观的指标对社会群体的幸福并不具有衡量价值。即无论客观的外部世界如何，整个国家的国民或者主要社会群体的表情仍然是幸福的。不丹在1972年首次提出并践行"国民幸福总值"这一发展理念，时至今日，无论是人均GDP、恩格尔系数、受教育程度还是军事实力，不丹在国际上都处于中等偏低水平，但国民主观的幸福感却一直居高不下。

经济学家伊斯特林于1973年提出并在此后修正的"幸福悖论"认为，一个国家和地区的经济发展水平与社会幸福并不一定具有直接的正向关系。① 譬如，相关研究表明，1973年以后的相当长一段时期内，欧美国家经济发展速度较快，但国民的主观幸福感却在不断下降。②

经济学家萨缪尔森甚至期望用公式来计算出幸福程度。他列出了一个著名的方程式：幸福＝效用/欲望。认为效用是最大的变量，影响效用的主要因素有财富、健康、尊严、外部环境改善以及社会公平正义程度等。虽然这种方法只能对幸福指数进行定性分析，但这种对主观心理感受的强调一点也不为过。应当说，衡量社会群体甚至社会整体的幸福程度，既要关注客观指标，更要关注主观认同，唯有两者兼备并且实现良性互动，社会整体才能长期维持在幸福状态。

（二）社会安逸表情

社会幸福这一表情延续一段时期后，可能会演化为一个新的社会表情——社会安逸，即主要社会群体甚至整个社会的表情是舒适安闲

---

① R. Veenhoven, Is Happiness Relative, *Social Indicators Research*, 1991, 24(1), pp.1−34.

② R. A. Easterlin, Income and Happiness: Towards a Unified Theory, *Economic Journal*, 2001, 111(July), pp.465−484.

的。《说文·宀部》："安,静也。"《尔雅·释诂下》："安,定也。"《说文·辵部》："逸,失也。"在社会安逸状态之下,社会主要群体的获得感和安全感较强,社会抗争较少,社会整体上处于恬静的状态。

从历史角度看,前现代农耕时代的小农生活总体上就长期处于一种低水平循环下的社会安逸状态。老子所推崇的小国寡民状态也是一种安逸的状态,《老子》八十章中就有"邻国相望,鸡犬之声相闻,民至老死不相往来"的描述。现代社会中这种社会安逸状态相对少见。20世纪50年代,一些北欧国家形成"从摇篮到坟墓"的高福利制度体系后社会矛盾相对缓和,一段时期内国民的社会安逸表情就较为明显,时至今日瑞典、丹麦、芬兰等国国民的社会安逸表情就比较明显,但这是一种现代社会中处于较高水平的社会安逸状态。社会安逸状态长期存在,最终会在社会上形成一种占主导地位的生活方式、思维方式、心理结构,甚至是文化模式。

总体上,社会安逸感有利于社会合作的形成和延续,但如果不适时进行再动员和再调适,长期而普遍弥漫的社会安逸感可能会衍生出绝对稳定感,这种绝对稳定感的不断沉淀就有可能会引发社会安乐感和价值沦丧感,进而侵蚀经济社会长期健康发展的动力。20世纪七八十年代以来,德国、英国等西方国家普遍主张"从福利转向工作",发展工作福利(Workfare),要求接受扶助者应当在承担一定的义务的前提下享受福利,最重要的就是享受福利就必须去工作,这是为了防止一个群体甚至整个社会"死于安乐"的一种行动取向。

(三)社会焦虑表情

与社会幸福和社会安逸相对立的社会表情是社会焦虑,即在一个特定时期内,主要社会群体甚至整个社会的表情是焦躁不安的。在现代性不断拓展的过程中,焦虑一直相伴而行。齐美尔围绕现代性特质与时尚等主题,最早研究了作为一种"现代性体验"的大都市市民的社会焦虑问题。齐美尔观察并分析了 19 世纪与 20 世纪之交德国柏林居民的日常生活模式,描述了柏林居民在现代大都会中的真实"境遇"与生活体验,认为都会、城市与郊区的生活,触发了一种新的焦虑的个人,"面对现代生活洪流中聚生的复杂刺激,只有透过筛选,我们才能够忍受这种极端状态。我们的唯一出路……在于,透过身份记号与时尚的追求,或标新立异,以培养一种膺造的个人主义"。"时尚是社会需要的产物"。①

当代社会中,社会焦虑普遍存在。譬如,当前,许多发展中国家的国民都存在强烈的生存焦虑;我国的一些主要社会群体如农民工、大学毕业生、企业白领为过上更加幸福美好生活而存在发展焦虑;西欧一些国家国民仍然在为经济不景气和大量难民涌入而存在竞争焦虑。在一个急遽变迁的现代社会中,轻度社会焦虑的长期存在,将会发挥催人奋进、激发社会创新的功能,使整个社会具有强大的上行动能,有利于形成社会合作的氛围。但是重度社会焦虑则可能会引发其他负向的社会反应。

对于社会焦虑可能对社会合作产生的影响,应当根据焦虑的程度进行区分。

轻度焦虑有利于社会合作的产生和发展。轻度焦虑是一个快速变迁社会中主要社会群体的共同表情,因为经济结构和社会结构的快速转型会带来明显的不确定性,但这种不确定性在改革成效日益显现的对冲下并没有不断加强,而是时强时弱,但总体上处于可控范围内,处

---

① ［德］齐奥尔格·齐美尔:《时尚的哲学》,费勇等译,花城出版社 2017 年版,第 93、246 页。

于主要社会群体在心理上可以接纳和化解的范围内。因此,对确定性的追寻就成为主要社会群体共同的奋斗目标,这时轻度的焦虑及对确定性的需求就成为各个利益群体、阶级阶层开展社会合作行动的共同感情基础。譬如,在改革开放的进程中,房价不断上涨,给几乎所有社会群体都带来焦虑的情感体验,但随着人均住房面积的不断上升,在当代中国几乎所有群体的住房条件都是一天比一天好。这种轻度的焦虑成为人们努力奋斗、改变命运的驱动力,也成为不同社会群体合作行动的动因,这些社会合作行动包括村改居、城郊村的社区营造,以及农村危房改造等,还包括各种保障性住房如公租房等的建设。

但是,重度的社会焦虑对社会合作的负面影响则是显而易见的。弗洛姆曾指出,由于长期重度焦虑心理的重压,"在繁华、富裕及政治权力的后面,西方社会正在经历一个衰败及去人性化的过程"①。默顿则认为,社会文化所建构的期望值与社会结构所能提供获得的手段之间严重失衡后,就会造成"社会结构紧张"②,而结构层面存在的压力最后会导致斯梅尔塞所说的非理性理念,如由剥夺感和压迫感所引发的结构性怨恨等③,这些重度的心理焦虑可能会带来社会群体间的心理隔离,进而为大规模的群体对抗埋下了伏笔。因此严重的社会焦虑明显不利于社会合作局面的形成和维持。④

(四)社会冷漠表情

现实中由于过度焦虑,可能会存在一种特殊的不合作型社会表

---

① 参见[美]埃里希·弗罗姆:《健全的社会》,孙恺祥译,上海译文出版社 2011 年版,第 197 页。
② Robert K.Merton,*Social Theory and Social Structure*,New York:Free Press,1968.
③ 赵鼎新:《社会与政治运动讲义》,社会科学文献出版社 2006 年版,第 65 页。
④ 吴忠民:《社会焦虑的成因与缓解之策》,《河北学刊》2012 年第 1 期。

情——社会冷漠，即在一个特定时期内，一个或几个主要社会群体甚至整个社会的表情处于一个漠不关心的状态。从整体上看，社会冷漠状态是一种处于"社会和谐"和"社会冲突"之间的中间状态，它既不是理想中的安定有序和充满活力，也没有发展成现实中的激烈冲突和动荡不安。

作为一种特殊的社会表情，社会冷漠的特征比较明显。从心理上看，处于冷漠状态的社会群体在经济社会发展过程中获得感较低；从行为上看，这些社会群体一直处于无声无息地被动性沉默状态，即使偶有怨气外露，也没有引起主流社会的足够重视；从互动上看，这些社会群体与主流社会之间存在隐性的撕裂，内心中的"我群""他群"感明显，但表面上仍是合作的状态，撕裂主要沉淀在社会心理层面。

有关社会冷漠的社会学研究较多。美国社会学家米尔斯认为，二战后美国的新中产阶层开始替代旧中产阶层成为中产阶层的主体，但是由于与有财产但无知识的小店主、小业主不同，新中产阶层是有知识而无财产的职业群体，在政治生活中，这个新阶层时常感觉到"和我们生死攸关的决策却是背着我们作出的"，因此"对政治漠不关心"必然是一种意料之中的心理现象。① 美国政治学家普特南认为，20 世纪后期美国国民的政治参与、公民参与、宗教参与等不断下降，说明社会资本不断下降，出现了"独自打保龄球"的社会冷漠现象。② 日本著名学者大前研一认为，近些年来，日本社会中出现的以"选择不拥有"等为标志的"低欲望社会"现象③，也或多或少表明一些社会群体采取的是

① ［美］C.赖特·米尔斯：《白领：美国的中产阶层》，杨小东译，浙江人民出版社1987 年版，第 369、391 页。

② ［美］罗伯特·普特南：《独自打保龄：美国社区的衰落与复兴》，刘波等译，中国政法大学出版社 2018 年版，第 38、51、75 页。

③ ［日］大前研一：《低欲望社会："丧失大志时代"的新·国富论》，姜建强译，上海译文出版社 2018 年版，第 24—25 页。

社会冷漠的态度和行动。在我国现实生活中,在一些公共舆论事件中一个群体集体性选择一种"事不关己,高高挂起"的态度和行为,保持不应有的沉默,也是一种社会冷漠的呈现形式。

(五)社会愤怒表情

最为典型的不合作型社会表情是社会愤怒,即在一个特定时期内,主要社会群体甚至整个社会的表情是异常愤怒的。

一个社会及其中的主要社会群体若长期处于重度社会焦虑或社会冷漠状态,在一定的诱导机制的作用下,就有可能演化成社会愤怒。有些社会愤怒是以各种"社会不合作"行动表达的,如甘地在印度倡导的"非暴力不合作"运动,就是以非暴力的软抵制为主。但更多的社会愤怒是以暴烈的行动表达出来,形成持续性的激烈的社会冲突。譬如,全世界人民对希特勒屠杀犹太人、乌干达大屠杀等是集体愤怒的。从1968 年法国"五月风暴"开始,西方国家中各种反抗主流社会的行动此起彼伏,青年人、女性主义者、环保主义者、动物主义者等一些社会主要群体就处于一种社会愤怒状态。如前所述,2008 年以来,随着美国"次贷危机"的爆发,一些欧美国家经济发展停滞,中产阶层日益下层化,仅 2011 年一年就出现了美国的占领华尔街运动、希腊的债务危机大骚乱、西班牙马德里的"愤怒大游行"和英国伦敦的大骚乱等社会冲突事件,这是一种社会愤怒的表现形式。近几年来这种情况再次卷土重来,2018 年法国巴黎出现了持续长达半年之久的"黄马甲"运动,2019 年法国主要群体再次因为养老金制度改革而持续上街游行示威,2020 年美国各大城市发起了"黑人的命也是命"的集体抗争行动,这些都表明,在最近十多年来西方国家的一些社会主要群体的社会表情是以社会愤怒状态为主。

二、影响社会表情变化的社会结构因素

特定社会表情的形成和变化是各种复杂因素共同作用的产物,需要对个体—整体因素、客观—主观因素等进行综合分析。从社会结构视角出发,可以识别出影响一个社会和其中主要群体的社会表情变化的主要的宏观因素。

（一）社会变革状态

从社会变迁性质看,社会变革状态,包括一个社会是否处于变革的状态,以及变革的基本性质,是影响社会表情变化的社会环境性因素。

变革是一个社会进步的主要动力。社会变革状态不同,主要社会群体的社会表情就明显不同。一般而言,在没有推行社会变革的凝滞型社会中,社会安逸的表情会长期存在,但随着经济社会等结构性因素变迁缓慢带来社会生活改善的停顿,甚至是生活水平的不断下降,最终将使整个社会和其中的社会主要群体呈现出社会焦虑甚至是社会愤怒的表情。在一个名改而实不改的变革型社会中,变革之初,主要社会群体对变革本身寄以巨大的希望,随着时间的推移,一旦主要社会群体对经济社会长期稳定发展丧失信心,就有可能出现社会冷漠甚至是社会愤怒状态。在一个推进全面彻底改革的变革型社会中,变革是以增量改革为主还是以存量改革为主,对社会表情的影响也截然相反。增量改革是一种所有群体的生活皆有改进的改革,主要是通过提供新利益如各种社会资源和社会机会来改进一些社会群体和阶级阶层的生存状态,从而增进社会总福祉。如前所述,由于增量改革并不进行存量利益的深刻调整,没有直接的利益受损群体,因此变革的阻力相对较少,一些主要社会群体的社会表情是幸福的或者是安逸的。但是一个社会不可能永远处于这种皆大欢喜型的增量改革状态,必须通过存量改革来推动增量改革,否则这种幸福的或安逸的社会表情就难以长期维系。但如果主要是进行存量改革,就表明这种变革是通过打破利益固化、推动利益协商、进行利益让渡,以及实施利益置换等方式,对现有的存量利益进行再配置,从而使社会总福祉持续增加。在存量改革中,由于被改革群体要承担各种改革风险、付出各种改革成本,因此短期内被改革群体的社会表情可能是焦虑的,甚至是愤怒的,而一旦改革的长期正向效应显现出来,社会整体上就会处于一种持续的幸福状态。因此,把握好变革的进程,可以影响主要社会群体的社会表情。

(二)社会财富配置

从社会财富结构看,社会财富配置,包括客观配置状态以及由此而形成的社会评价,是社会表情形成和维持的当期直接的决定性因素。

财富增长及其配置结果会直接影响不同社会群体的社会表情。一般认为,财富增长对社会表情的作用可能存在一个"拐点"。在快速发展的初期,财富总量增长会使各社会群体的幸福感快速提升,而一旦发展水平越过拐点如人均 GDP 超过 3000 美元,幸福感与财富总量增长就不存在直接相关,即中等收入水平仅是社会幸福的一个必要条件。[①]随着发展水平继续提升,各种社会比较如对收入不平等的认可度等,对

---

① 刘军强、熊谋林、苏阳:《经济增长时期的国民幸福感》,《中国社会科学》2012年第 12 期。

社会表情的影响力日益增强。① 正如托克维尔指出的:"个人财富的增加和向上流动导致了一种'不安分的心理状态'的产生。"②

这种"不安分的心理状态"表现形式很多,其中最重要的形式之一就是,财富配置差距扩大局面持续一段时间后,国民对社会财富配置问题的关注就会从关注"扩大程度"转向关注"差距内涵"的变化。这种差距内涵的变化主要表现在五个方面:第一,这种差距是绝对量的差距,还是相对比例的差距;第二,是三五年的短期差距,还是三五十年的长期差距;第三,是控制在收入层面的收入差距,还是转移到房产和金融资产层面的财富差距;第四,是社会纵向流动畅通的流量差距,还是财富分配格局已经定型的沉淀差距;第五,是控制在一代人以内的代内差距,还是已经进行代际传递的代际差距。

在以上这五类差距中,差距内涵的变化直接影响到社会表情的种类。如果差距都是维持在前一类差距上,则社会幸福和社会安逸等社会合作型的社会表情就会占据主导地位;而一旦演化为后一类差距,社会表情就会向社会焦虑、社会冷漠和社会愤怒等不合作型快速演化。

另外,根据不同国情和国民社会心态状态,不同群体对后一类的五种差距,即相对差距、长期差距、财富差距、沉淀差距和代际差距,具体的承受力和感知力明显不同,因此也会向外部呈现出明显不同的社会表情。

(三)社会发展预期

从社会心理结构看,社会发展预期是理性的还是非理性的,是影响

---

① 俞国良:《社会转型:国民幸福感的震荡与变迁》,《黑龙江社会科学》2016 年第 2 期。

② 〔法〕托克维尔:《旧制度与大革命》,冯棠译,商务印书馆 2013 年版,第 169—179 页。

社会表情形成和维系的远期的社会心理因素。

恩格斯曾指出,在人类社会进步过程中,"任何事情的发生都不是没有自觉的意图,没有预期的目的的"。"人们所预期的东西很少如愿以偿,许多预期的目的在大多数场合都互相干扰,彼此冲突,或者是这些目的本身一开始就是实现不了的,或者是缺乏实现的手段的。"[1]总体上看,理性的社会发展预期带来的是社会合作状态,而社会发展预期过低或过高,都将导致不合作型社会表情的出现。

在社会发展预期过低的社会群体中,最值得关注的是那些现实利益被剥夺的绝对利益受损群体。因为快速发展使这类社会群体手中掌握的现有的既得利益立即丧失,他们不仅没有得到当期的替代性利益补偿,而且认为在可预期的未来也不会得到任何置换性收益,因此必然更多呈现出社会焦虑或社会愤怒等社会表情。

另外,还要关注社会发展预期过高对社会表情带来的负面冲击。我们在前一章讨论获得感的影响因素时已经做过分析,连续数十年的持续快速发展不仅使主要社会群体无法认识和接受经济社会发展可能出现的停滞和倒退状态,还会对"涨"的幅度有一个过高而不切实际的心理预期[2],非理性地认为持续发展、高速发展是一种社会常态,而中速发展或缓慢发展都是非常态的现象。一旦过于理想的发展预期与过于骨感的社会现实相碰撞,这些社会群体的心理将很难进行快速调适,也就很难呈现出理性的社会表情。

(四)社会调控能力

从社会控制结构看,社会调控能力,包括意识形态引领能力和社会

---

① 《马克思恩格斯选集》第4卷,人民出版社1995年版,第247页。
② 王道勇:《全面深化改革时期的获得感问题》,《教学与研究》2017年第4期。

秩序管控能力的强弱,是影响社会表情变化的主要制度性因素。

帕森斯认为,"共同情感本身就是社会秩序的建构性力量"①。社会表情根植于社会中,但它也具有独立性,积极的社会表情能够激发创造美好未来的激情,消极的社会表情则是摧毁社会共同体的魔鬼。这是因为群体成员的不满情绪和愤怒,可能只是个人不满情绪的松散集合②,只有形成集体愤怒后,才有可能进行有效的行动动员。因此,一个国家和社会通过系统的制度建设所形成的社会调控能力就至关重要。

中国政府有强大的调控能力,这源自人民对党和政府执政的高度认可。2020 年 3 月,全球最大的公关咨询公司爱德曼公司对全世界 28 个主要经济体的 3.4 万名受访者进行了信任度调查。结果显示,中国民众对本国政府信任度高达 90%,连续第三年位列世界各主要经济体首位。这种罕见的高认可度,也为中国政府的调控能力进一步增强提供了合法性和强大的支撑力。

在社会调控能力中,有作为"软控制"能力的意识形态引导力,也有作为"硬控制"能力的社会秩序维护力。从理论上分析,如若一个国家或社会中主流意识形态缺乏引领力而社会稳定的维护能力差,一些社会群体就无法正确认知社会,从而作出错误的群体性判断,使其社会表情与客观现实之间形成错位,这时一些主流社会群体包括各种利益群体和阶级阶层间就会出现面和心不和的离心离德的状况。如果主流意识形态异常强大但缺乏吸引力,社会秩序维持能力也很强大,短期内

---

①　[美]帕森斯:《社会行动的结构》,张明德等译,译林出版社 2003 年版,第495 页。

②　曾鹏、罗观翠:《集体行动何以可能:关于集体行动动力机制的文献综述》,《开放时代》2006 年第 1 期。

可能会营造出一团和气的社会表象,但一些社会群体的负面情绪无法正常呈现,从而在社会心理层面郁积,最终可能会突然以异常激烈的形式表达出来。因此,一个现代社会应当拥有的社会调控能力是社会主导意识形态强势但富有感染力,多元亚文化共生共荣和并存发展;同时,社会秩序的控制手段多元化、富有弹性,唯有如此才能形成合作型的社会表情。

从发展趋势看,由于网络交往实践作为信息化时代新型社会实践对人们思想观念具有决定作用,能否通过有效的制度创新对基于"互联网+"的社会实践活动进行有效调控和引领[1],对主要社会群体的社会表情变化的影响正在与日俱增。因此要尤其关注网络上群体表情的变化,并且适时进行正确引导。2018 年 8 月,习近平总书记在全国宣传思想工作会议上指出,我们必须科学认识网络传播规律,提高用网治网水平,使互联网这个"最大变量"变成事业发展的"最大增量"。实现这一目标,对各国政党和政府都是一个巨大的挑战。

三、引导形成社会合作型的社会表情

社会表情是一个社会的晴雨表,良好的社会表情是社会合作秩序得以形成和维系的心理基石。因此,面向未来,我国应当积极思谋,在社会中引导形成并长期维系社会幸福等社会合作型的社会表情,从而为解决新时代的社会主要矛盾、实现新时代的总任务提供良好的社会心理基础。

---

[1] 刘少杰:《互联网时代的社会预期变化与引导》,《光明日报》2017 年 1 月 18 日。

（一）形成完善的利益配置体系

要以完善的利益配置体系引导形成社会合作型社会表情。从理论上看，形成完善而公正的利益配置体系，主要是从社会变革状态和社会财富配置等方面着力，对社会表情进行积极的引导。

如前所述，现代社会的利益配置体系主要有两大类型，即政府主导下的自上而下的利益协调体系和政府引导下的平等主体间的利益协商体系。在不同的社会文化氛围下，这两大利益配置体系的健全程度各不相同。改革开放40多年来，随着改革进程的推进，我国逐步形成和完善了由党和政府直接主导的各类现代利益协调体系。譬如，在党和政府的领导下，我国通过推进教育公平、倡导就业优先，形成了较为公平的利益初步分配制度；通过进行收入分配制度改革、推进社会保障制度建设、开展反腐败斗争，以及发展慈善事业等第二、三次分配，形成了较为公正的利益调节制度；通过完善各类人民民主制度和全面推进依法治国，包括推进社会主义协商民主以及进行信访制度改革等，形成了较为畅通的利益诉求表达制度；通过创新社会治理理念、体制和方式，化解基层社会矛盾、维护社会治安、积极应对群体性事件等，形成了较为全面的利益冲突应对制度。强大的现代利益协调体系保证了在过去40多年的改革进程中我国主要社会群体的社会表情一直是积极向上的。

随着全面深化改革的持续推进，触动利益的存量改革日益增多，加之整个社会的财富配置格局依然不尽合理，社会中产化和实现共同富裕依然任重而道远，因此要积极预防在一些主要社会群体中出现重度社会焦虑蔓延的现象，甚至出现社会冷漠、社会愤怒等负向社会表情。这就需要在现有的利益协调体系基础上，进一步通过改革创新建立健全党和政府引导下的平等利益主体间的利益协商体系。

英国思想家密尔认为:"每一个人,或者说任一个人,当他有能力并且习惯于维护自己的权利和利益时,他的这些权利和利益才不会被忽视。"①也就是说,在党和政府维持社会基本秩序和交往规则的基础上,各主要社会群体应当学会通过一定的对话平台进行利益协商,形成利益妥协,实现利益让渡和利益置换,从而实现社会表情动态地趋于积极健康。为此,要对目前仍然处于缺位状态的一些利益协商机制进行制度建设,可以考虑对诸如异地中高考、中心城市户籍制度改革、宅基地流转、集体经济收益分配等方面的重大利益进行协商制度建设。还要不断完善现有的利益协商体系,对于现有的平等主体间的协商对话,如企业主与工人的对话、社区内部业主委员会与物业公司的对话、社会组织参与各类基层社会协商等,重点是要推进制度创新使之形实相符,从而更好地发挥其应有的协商功能。

值得一提的是,在进行利益协商体系建设的过程中,尤其要重视和推动妥协方式的内生性发展②,关注和培育基层群众自发探索出的新生利益协商形式,从而逐步探索出具有中国特色的现代利益协商模式。

(二)积极健康的社会心理氛围

以积极健康的社会心理氛围引导形成社会合作型社会表情。在社会心理层面进行积极的社会预期引导,主要是从社会发展预期和社会调控能力等层面着力,推进社会合作型社会表情的呈现和维系。

① [美]罗伯特·达尔:《论民主》,李伯光等译,商务印书馆 1999 年版,第 60 页。
② 吴忠民:《以妥协方式有效化解社会矛盾》,《中国人民大学学报》2018 年第 1 期。

亚里士多德指出:"有些人看到和他们相等的人占着便宜,心里就充满了不平等情绪。"①因此,要持续不断地对特定社会群体的社会心理预期进行有针对性的引导。党的十八大以来,在习近平总书记关于社会建设的重要论述中,可以找到改善民生要"引导预期"这一新提法,还可以找到不断提高人民的"获得感"这一新提法。这表明,在全民基本生存问题即将彻底解决的新形势下,既要着力于提高国民客观上的生活质量,更要把精力放在如何提高主观的幸福感上,防止出现一个社会群体的客观社会地位高但主观自我评价低现象的出现。因此,对于出现不合作型社会表情几率较大的弱势群体,在保证"社会底层永不绝望"的基础上,要努力促使其进行自我的心理调整。对于相对强势群体,也要促使其不断进行自我调整,即要让该类群体意识到现代社会中尤其是社会主义国家不允许绝对既得利益群体的长期存在,自身不能成为被改革者、成为改革发展的阻力,而要成为改革参与者、成为自愿的利益让渡者,最终必将也会成为改革成果的共享者。②

除了从社会群体层面着力调节社会心理预期之外,还要从社会整体入手进行社会调控能力建设。这就需要从思想引导和强力调控两个方面合力推进。通过以上一些方面的共同努力,可以使幸福意识在整个社会中不断扩散,让幸福成为一个全民性的共同情感氛围,从而最终使社会合作成为经济社会发展进程中的一种自然状态。

---

① [古希腊]亚里士多德:《政治学》,吴寿彭译,商务印书馆1965年版,第236页。

② 王道勇:《全面深化改革时期的利益让渡与社会合作》,《中国特色社会主义研究》2016年第5期。

四、网络群体中极化社会表情的引导

从不同意义上讲,网络社会具有不同的内涵。从广义上看,网络社会(Network Society)作为一种社会形态,是指随着人类社会交流日益密切,整个人类的社会关系倾向于构成一个严密的整体,其特征有经济交流的全球化、组织形式的网络化、工作方式的灵活化、职业结构的两极化等,这一进程从人类社会进入近代时期以来就已经开启,至今方兴未艾。自地理大发现开始,人类文明更进一步地从相对孤立的地区性文明走向全球性文明,借助于马车、轮船、汽车、火车、飞机等日益便捷的交通工具,以及报纸、电报、电话、电视、电影等信息媒介,人类社会开始在经济活动和文化交往等层面开始了世界意义上的网络化,构成一个全球意义的网络社会。20世纪六七十年代以来,随着信息科学技术大发展,尤其是互联网的大发展,借助于全新技术,人类社会关系的这种网络化进程大大加速,形成了全新的网络社会,这就是狭义上的网络社会(Cyber Society),也称互联网社会,是一种以互联网技术为平台,将文字、人际关系、数据、财富和权力等社会要素在一个全新空间中聚集和重构起来的虚拟社会。作为现实社会中个体互动的特殊场域,互联网社会是人类社会再生产出的一个特定的活动空间,是人类社会大系统的一个子系统。①

在网络社会中,现实人际互动模式以及其中所内含的社会心理和人性会在互联网中被复制、彰显和放大。不同社会群体在网络中所呈

---

① 郭玉锦、王欢编著:《网络社会学》,中国人民大学出版社2017年版,第5页。

现的社会态度、社会行为甚至社会心理都有其特有规律。网络社会的崛起，引起社会生活十分复杂的变化，其中最突出的变化是社会权力结构的变化。"来自基层社会以社会认同构成的信息权力，成为最有活力、影响最广泛的新型权力。"①这种信息权力决定必须高度重视活跃于网络上的社会群体在互联网上可能会呈现出的极端社会表情。

（一）网络群体心理极化演进过程

美国法哲学家凯斯·桑斯坦在《网络共和国》一书中提出了一个重要的网络社会理论概念——"群体极化"。他说："群体极化的定义极其简单：团体成员一开始即有某些偏向，在商议后，人们朝偏向的方向继续移动，最后形成极端的观点。"这是因为"志同道合的人可以在网上轻易而频繁地沟通，但听不到不同的看法。持续暴露于极端的立场中，听取这些人的意见，会让人逐渐相信这个立场"。② 桑斯坦的研究给我们的一个重要提示就是，互联网络在扩大信息来源、使人们的判断和行为更加理性的同时，也可能会成为极端主义的温床。

进一步分析可以看到，桑斯坦的"群体极化"概念侧重分析的是网络社会群体的"社会态度"。按照社会心理学通行的 G.弗里德曼的定义，社会态度是一个群体内所有成员对某一特定事物、观念或他人稳定的心理倾向，它由认知、情感和行为倾向三个成分组成。从概念内涵来看，社会态度原本就是相对固定的，桑斯坦所关注的主要是网络社会群体"社会态度进一步固化"问题，即社会态度不同的社会群体在互联网这一新媒介介入后会进一步坚定其原有的社会态度。但社会态度本身

---

① 刘少杰：《网络化时代的权力结构变迁》，《江淮论坛》2011 年第 5 期。

② ［美］凯斯·桑斯坦：《网络共和国：网络社会中的民主问题》，黄维明译，上海人民出版社 2003 年版，第 51 页。

也内含着一种强烈的情感取向,并且暗示着一种特定的行为倾向,因此社会态度跟社会行为、社会心理等都直接相关。可以说,网络群体极化现象可以从最初的社会态度极化转变为社会行为极化,并最终过渡到社会心理极化。

网络群体极化的第一个阶段是群体态度极化,这是桑斯坦所说的网络社会中的群体极化的原初之义。这种经过互联网络极化的社会态度会让该群体的情感倾向更加明显。在互联网进入 PC 时代后,随着无限信息可以随意获取成为现实,网络群体态度极化就已经开始其进程,至今仍是如此。如桑坦斯等人的研究就表明,在经过网络上的互动和讨论后,温和的女性主义者会变成强烈的女性主义者;法国人会比以前更加怀疑美国这个国家及其经济援助的意图;对于白人种族主义是否该为非裔美国人的困境负责,原本有种族偏见的白人会表现出强烈的负面反应,而原本没有种族偏见的白人则会表现出正面的反应。①

情感倾向进一步极化后,不同社会群体的社会态度可能会转化为不同的社会行为,表现为不同社会群体在互联网上采取迥然相异的社会行动,这时网络群体极化现象就演进到第二个阶段——群体行动极化。进入 21 世纪后,互联网与现实社会的互动性增强、互动工具增多,使网络群体行动极化成为可能,并使不同行为取向的网络群体日益清晰地显现出来。譬如,按照互动的基本行为取向来划分,当前的网民群体就可以区分为在网络上"只观不语"的网络看客,在网络上积极参与与自身无关事务甚至直接起哄的网络哄客,以及劣性显现、有暴力倾向的网络暴民。按照互动中所发挥的作用不同,可以把网民群体区分为活跃于网上并对网民的言行有很大影响力的意见领袖,出于经济、政治

---

① 〔美〕凯斯·桑斯坦:《网络共和国:网络社会中的民主问题》,黄维明译,上海人民出版社 2003 年版,第 51 页。

或其他目的在网络互动中全力推动事件发生发展的网络推手,以及帮助推手工作的大量网络水军,最后是作为受体的普通网民。按照在网络上的活动目标来区分,可以把网民群体区分为黑客、博客、播客、维客、拼客、换客、试客、闪客等。

近些年来,随着自媒体的发展和表达自由度的提高,不同网络群体的社会心理特征开始显现,群体心理极化也有所反映。从代际角度来看,"50后""60后""70后""80后""90后"和"00后"六个年龄段的网络群体,对生活、国家、改革以及基本价值等问题的看法差异就非常明显。从职业角度来看,"体制内"群体和"体制外"群体、脑力劳动者和体力劳动者、自雇者与受雇者、旧产业工人与新产业工人等对于职业价值的认同也会出现巨大的差异。譬如有些群体认为工作就是一个"饭碗",有些群体认为工作是一种"职业",还有些群体认为工作是一种"劳动",等等。

与群体态度极化相比,这种群体心理极化更加固定、深入、隐蔽,也更加难以更改,甚至已经成为一个网络群体所固有的身份标签。作为一种深层的社会心理,它具有明显的指向性,其情感取向在现实上是可辨认的、稳定的,在理论上是可以进行系统归纳总结的;它也具有明显的价值性,其任何判断、取向甚至是社会行动背后都有一定的价值取向在支撑;它还具有超稳定性,不是短期内就可以随意改变的,因为它甚至已经成为该网络群体潜意识的一个组成部分。

(二)网络群体中的极化社会表情

以社会愤怒为主的表情是一种极化了的、需要进行引导的社会表情。这种社会愤怒的极端表达形式在不同的网络群体中有迥然相异的呈现。

一是"仇富"表情。"仇富"是指对先富群体,特别是一夜暴富者所表现出的怀疑、迁怒、嫉妒、蔑视、不屑、愤懑、仇恨等复杂的心理状态。中国文化中一直存在"不患寡而患不均"的社会心理传统,民族文化心理对"为富不仁"现象的容忍度偏低。在信息社会中,这种社会心理趋势在现代信息传播技术如博客、微博、微信、播客的运行日常成为一种生活方式之际,就有可能在互联网上快速汇聚,使"仇富"心理霎时间聚集和爆发。

作为一种群体性愤怒的具体表达,仇富心理之所以是极化的社会表情,其原因就在于这一不合作型的社会表情被互联网及加载在互联网上的新一代互联互通技术无限地泛化和偏激化。一方面是泛化,即指对一切归属于富者的社会群体和社会阶层都怀有极度愤慨态度;另一方面是偏激化,即指以非理性的极端方式表达对认定的社会群体和阶级阶层的愤怒情绪。"仇富"心理一旦泛滥,极易与现实生活中的突发事件互动互生,"一些社会群体打着护卫道德准则的旗号,用非道德甚至违法的方式释放内心能量,宣泄个人情绪,进而蜕变成一种动机扭曲的'广场式狂欢'甚至集体失范的网络暴力!"①

二是"屌丝"表情。根据现有文献追溯,"屌丝"一词自 2012 年 10 月始在互联网上兴起。最初,网络"屌丝"多指身份卑微、生活平庸、未来渺茫、感情不顺、不被社会认同的"苦逼男青年",基本形象是没钱、没背景、没前途的"矮穷矬",爱网游、爱贴吧、爱"女神",也爱幻想,却缺乏行动力。但随着这一称谓的流行,那些收入中等、独立奋斗但是经济背景不强的年轻白领也争相认领这一称号。

当前,网络上流行的"屌丝"心理已经成为一种极化了的不合作型

---

① 唐希:《人肉搜索的内部动力机制探析》,《成都大学学报(社科版)》2009 年第 4 期。

社会表情。在主观认同上,"屌丝"群体的主观评价低于其客观的经济社会地位;在价值取向上,"屌丝"群体对国家、民族、真理、主义、自由等宏大事物进行意义上的解构,只愿谈及个体、当下、琐事、物质享受等。这种错位的群体自我评估,以及解构主义消极取向的群体生存发展态度,都是过度夸张和极端化的,对于缓解暂时的群体生存压力具有一定的正向功用,但是其主要功用却是负向的,即可能会严重消减很多社会中层的"获得感",使其不确定感、不安全感和相对剥夺感都过于夸张,同时,不利于不同群体之间的社会合作行动的开展。

三是"精英"表情。如前所述,精英意识是我们需要尤其警惕的一种社会不合作意识。一些先富群体不仅具有共同的收入和财富,在互联网这个巨大的信息平台的勾连下还逐步认识到,他们在居住方式、消费方式、行为方式,以及文化品位,甚至是思维方式和心理结构等方面日益趋同。长时期在经济资源占有中居于绝对优势地位,有可能导致"我是精英"之感开始滋生并且逐步外显。一旦外显形式如炫富行为、态度傲慢等被互联网放大,就会与仇富心理联动,在触发仇富表情盛行的同时,也使精英表情更为突显。如此,在互联网上不同社会群体和社会阶层之间的互动就将长期维持在社会不合作状态,甚至是社会对抗状态,随时可能在现实社会中形成社会仇视氛围,最终在社会上沉淀形成一种对抗性的集体意识。

(三)社会合作引导极化社会表情

极化的社会表情对社会合作生长和维系的破坏作用明显。从社会群体的合作状态来看,极化的社会表情将会导致现实社会中各阶层之间由于集体意识的对立,从而无法进行正常的社会沟通、利益协商、社会妥协。严重错位的"仇富"表情将深化一些先富群体和阶层的社会不安全感,激发群体内部的自我保护和全力反击等集体共识。众多事实上处于社会中层地位的社会群体所呈现出的"屌丝"表情会以解构的形式让斗志和希望消散;"精英"表情则从反面极大地刺激着有着仇富表情的社会群体的集体意识,使呈现"屌丝"表情的各社会群体更加愤世嫉俗。如此,理想中的各社会群体和阶级阶层各得其所、各安其位的合作共生局面就会遥不可及。

从发展趋势看,互联网的两大特性对极化的社会表情的影响更具有决定性意义。

一是信息的无限性导致知识对人的压迫,进一步极化各种社会表情。既往的研究表明,"18 世纪以前,知识更新速度为 90 年左右翻一番;20 世纪 90 年代以来,知识更新加速到 3 至 5 年翻一番"[1]。"过去几年全世界产生的数据量已经超过了历史上 2 万年来产生的数据量的总和。"[2]这种无限的信息将各社会群体在传统社会所形成的信息筛选和吸纳机制压垮,所获信息或者质量下降,导致社会判断的理性科学程度下降。

二是网络信息所具有的利益性直接导致不同群体更加关注本集体内部利益。早在 1990 年,托夫勒就在《权力的转移》一书中指出:"未来生产和生活方式的核心是网络,谁控制了网络,控制了网上资源,谁就是未来世界的主人。"[3]不同的信息对不同集体的价值迥然相异,对本集体现有利益格局的损益功用也各不相同,因此,在进行信息筛选时,不同社会群体将会自发地进行"议题设置",只让有关的议题进入

---

① 习近平:《领导干部要爱读书读好书善读书》,《学习时报》2009 年 5 月 18 日。

② 鲍宗豪、宋贵伦:《重视大数据时代的社会治理创新》,《红旗文稿》2014 年第 11 期。

③ [美]阿尔温·托夫勒:《权利的转移》,刘江等译,中共中央党校出版社 1991 年版,第 269 页。

视野,从而使社会群体内部的同质化增强;而且相对强势的群体和社会阶层还会设置"把关人"①,只让对其有利的信息进行流通,于是不同社会群体在信息筛选过程中离社会合作局面就越来越远。

从现实来看,自从1994年接入国际互联网以来,我国网民数量持续快速增长。至2020年6月底,已经达到9.4亿人。近年来,随着移动互联网、物联网、云计算、人工智能等新技术快速发展并相互融合,微博、微信等新媒体日益兴盛,网络交往大大增加了人类的自由空间,使整个社会文明程度不断提高。但同时也应看到,我国网络安全等非传统安全威胁已在网络社会中蔓延,如信息泄露、网络诈骗等案件比较猖獗,网络群体事件频发多发,网络意识形态斗争日趋激烈,社会群体在互联网上的社会合作形势不容乐观,网络社会的合作治理问题日益突出。

我国正在从网络大国走向网络强国,未来需要构建出成熟的合作型网络社会。为此,要深化对网络社会运行规律和治理规律的认识,树立正确的网络行动观。

一是以法律为准绳对网络社会行为进行规范,营造清朗的网络空间。对互联网基础资源管理、信息传播规范、信息安全保障等主要方面进行明确的法律规范,对不同的网络行为主体的责任与义务作出明确规定,对于借"网络自由"发起意识形态攻击或利用互联网制造色情、暴力、迷信等趣味低级的畸形文化等现象要依法治理。

二是不断加强互联网内容建设,促进网络民主的有序发展。充分注意在网络社会中人际互动出现的自组织化、群体极化、数字依赖等现象,把握好网络社会中宣传引导的时、度、效,在思想上产生共鸣,在行

① 王道勇:《网络社会中的群体心理极化与社会合作应对》,《中共中央党校学报》2015年第4期。

动上形成合力;还要发挥好网络社会反映民意的功能,培育积极健康、向上向善的网络文化,用社会主义核心价值观和人类优秀文明成果滋养人心、滋养社会。唯有合作行动,规范与引导共生并形成合力,才能营造出一个秩序与活力并存、社会合作色彩鲜明的网络空间。

三是利用好互联网平台,形成网络社会协商的新气象。其中,政府与民众之间的互动有多种协商模式,现实中,有政府留邮箱回复的协商,有论坛回复的协商,有官网留言回复的协商,更有微博和微信公众号等连续互动型的协商。更需要培育的是,在各大门户网站和互动式网络平台中,提倡依法建立对重大公共事务如教育制度改革、退休制度改革进行长期讨论的正规平台。由相关政府部门维护这一平台,设置重大讨论主题,但政府部门并不直接参与讨论,主要由不同的网民、草根组织、人民团体、企业、学者等,以或分散表达或集中表述的方式进行意见表达。这一平台不仅有利于政策制定部门更好地掌握民情民意,更有利于引导民众习惯于通过群体和组织的形式集体发声,学习理性表达的方式,提升群体协商对话的能力,从而为形成更高层面的社会合意提供厚实的基石。

第十章　社会合作视野下的
　　　　民生建设

社会合作主要是在社会领域开展的合作,合作目标是有利于社会福祉的增加,包括生活质量的提升、社会关系的和谐、社会秩序的维持、社会结构的优化等。因此,民生领域的各项工作如教育、就业、收入分配、社会保障、医疗卫生、脱贫攻坚、人口计生等,是最能够体现社会合作理念、最适合采取社会合作行动、最容易形成社会合作状态的领域。民生领域的许多设置如现代社会保障体系本身就是社会合作的产物。因此,结合中国改革开放以来的民生建设进程及发展趋势,可以探索民生领域社会合作实践的成就、面临的问题,以及进一步提升社会合作的空间及其制度安排方向。

一、改革开放以来民生事业发展进程

改革开放以来,我国民生事业发展大致可以划分为三个阶段,不同阶段的发展特征和基本内涵有所不同。

（一）民生的持续改善阶段

1978 年 12 月党的十一届三中全会召开至 2002 年 11 月党的十六大召开这段时期,是改革开放以来我国民生事业发展的第一个阶段,可以称为民生的持续改善阶段,其基本特征是现代民生制度还不太系统,但人民生活水平在持续提高。

在指导思想上,改革开放伊始,邓小平同志就提出,社会主义的优越性归根到底就是在发展生产力的基础上不断改善人民的物质文化生活。江泽民同志也一直强调党要始终代表最广大人民的根本利益。在此基础上,党的十四大报告提出,加快改革和经济发展,目的都是为了满足人民日益增长的物质文化需要;党的十五大报告提出,提高人民生活水平,是改革开放和发展经济的根本目的。在这些指导思想的指引下,在经济高速发展的同时,扶贫、教育等领域的具体民生政策不断出台。

虽然这一时期还没有提出"社会建设"这一概念,改善民生的社会政策也不太全面,但各项民生制度一直在不断出台,诸如"八七"扶贫攻坚计划、农村税费改革等一系列政策,对民生改善起到重要的助推作用。其中最为明显的标志就是人民收入水平在快速提高。据国家统计局公布的历年统计公报的数据,1978 年,我国城镇居民人均可支配收入和农民人均纯收入分别为 343 元和 134 元,至 2002 年已经分别达到 7703 元和 2479 元,24 年分别增长了 22.5 倍和 18.5 倍。

（二）民生制度集中建设阶段

2002 年 11 月党的十六大至 2012 年 11 月党的十八大召开这段时期,是改革开放以来我国民生事业发展的第二个阶段,可以称为民生制度的集中建设阶段,其基本特征是正式提出要推进社会主义社会建设,民生制度在短时间内集中出台,人民生活水平快速提升。

在指导思想上,党的十六大以后,以胡锦涛同志为总书记的党中央提出了"以人为本""社会建设""社会和谐""和谐社会""社会主义和谐社会""改善民生"以及共建共享等新理念,党的十七大正式将社会建设列为"四位一体"中国特色社会主义事业总体布局的重要内容,开始提出推进以民生为重点的社会建设。

在这些中央精神的直接指引下,改善民生的具体制度密集出台。在脱贫方面,从以解决温饱为主转入巩固温饱成果和提高发展能力;在教育方面,全面普及九年义务教育,着重关注教育公平和教育质量问题;在就业方面,全面实行就业优先战略,开始关注和谐就业和体面劳动问题;在收入分配方面,从强调效率优先兼顾公平转向同时注重效率和公平,明确提出初次分配和再分配都要处理好效率和公平的关系,再分配应更加注重公平,要更加重视社会公平正义;在社会保障方面,初步建成了包括社会救助、社会福利和社会保险在内的比较完善的现代社会保障制度体系;等等。可以说,这一时期是我国民生制度创新最为集中的时期,大量的现代民生制度走过了"从无到有"的阶段。

(三)质量型民生建设阶段

2012 年 11 月党的十八大以来,我国民生事业发展更为迅猛。在 2013—2019 年七年间,我国人均 GDP 从 6000 多美元增长到近 1 万美元,全国居民可支配收入年均增长约 9%,全国居民基尼系数下降到 0.46 左右,累计 9800 万人口实现脱贫,新增就业岗位 9600 多万,3600 万套保障性住房全部开工并部分建成,教育公平与教育制度现代化持续推进,医疗保险实现全覆盖,人口计生政策适时进行调整,等等。

但以上这些仅是外在的表现形式。习近平总书记在"7·26"讲话中指出，当前"人民对美好生活的向往更加强烈"，必须"更好推动人的全面发展、社会全面进步"。党的十九大提出，人民对物质文化生活提出更高要求，在民主、法治、公平、正义、安全、环境等方面要求日益增长。这些论断为未来的民生事业发展指明了"质量"这一新方向。可以认为，自党的十八大以来，我国的民生事业发展进入一个新的历史阶段，当前和未来相当长时间内，我国都将长期处于质量型民生建设时期，其基本特征是不仅强调要提升人民生活水平，更要提升人民生活质量。

保障和改善民生是一项长期工作，没有终点站，只有连续不断的新起点。从民生事业发展规律来看，在改革开放以来民生事业发展的第一、二阶段，民生建设最重要的目标是做到"有"，现在的很多民生制度如全民参保、全民医疗、全民养老和贫困人口"应保尽保"等都是在这两个阶段逐步建立起来，可以说，时至今日，西方发达国家有的民生政策和福利制度，我国也基本上都已具备，西方国家没有的民生制度，如举全国之力脱贫攻坚、区域间对口援助等，我国也有。"从无到有"的目标已经基本成为现实。未来我国民生事业改革目标必将是在"有"的基础上，提升民生质量。从理论上讲，在基本民生、底线民生等问题初步解决的条件下，发展能力尤其是"生活质量"问题将日益突显。随着人民需求的不断提升，民生问题将不再是简单的衣食之忧，而是全方位、高层次的民生问题，其核心是人的全面发展。为此，必须对我国民生事业改革发展所需的长期持续保障体制机制进行布局，解决民生领域面临的深层次问题。未来我们的质量型民生建设不是简单的"从有到多"，而是"从有到好"或"从有到优"，更好地回应人民的呼声、满足人民的需求。

二、我国民生事业社会合作式变革经验

改革开放以来的 40 多年间,在中国特色社会主义事业持续发展的进程中,我国民生事业改革取得了历史性成就。这是一种从国民生活、制度体系到思想创新等各个层面的全方位成就。从社会合作角度看,改革开放以来的民生事业发展成就与采取社会合作行动、制度和形成社会合作意识密不可分。经过长期的民生事业改革,在集体利益方面实现了共同增进,具体包括:在生活层面对国民形成了较为健全的保障,在制度层面形成了系统的现代民生制度体系;在集体意识方面,在思想上初步形成现代中国的社会主义民生观,形成了超越利益群体、阶级阶层的国家层面的共同意识。

将民生事业变革放在改革开放的全局高度来审视,可以看到我国民生事业的社会合作变革的一些基本经验。

(一)实现民生改善与治理合法性的良性互动

从中国特色社会主义事业发展角度看,改革开放以来,中国民生事业改革发展实现了民生改善与治理合法性的良性互动,初步在政党、政权与民生之间形成了一种社会合作式的良性互动局面。

作为一个学术话语,合法性是指国民对公共权威的基本认同,它是一种权威如政权、政党等得到国民认可与忠诚的程度,认可度和忠诚度越高,合法性就越强。[①] 在国家治理过程中,一般存在两种主要合法性

---

① 冯仕政:《当代中国的社会治理与政治秩序》,中国人民大学出版社 2013 年版,第 25 页。

议题。一是作为治理行为前提的来源合法性,或称为"政治体系特征的合法性",即政治体系设计是否得到国民的认可和忠诚,主要是指政治权力获取的合法性。二是治理行为自身的合理性,或称为"政治体系作为的合法性"①,主要是指具体治理行为是否得到国民认可。从理论上看,治理来源合法性与治理行为合法性之间存在一种互动关系,随着时代的变迁,来源合法性在实践中会持续受到行为合法性的影响:行为合法性日益增强,将会有效维护来源合法性;反之,来源合法性就会受到不断侵蚀。

应当说,中国共产党领导的国家政权的来源合法性基于近代中国历史和中国革命的必然性,来自历史与人民的选择,其治理来源合法性即"政治体系特征的合法性"是毋庸置疑的。改革开放以来的 40 多年间,在治理来源合法性得到保障的前提下,党和政府通过不断改善民生这一重大政策安排,不断提升各群体、各阶级阶层的集体利益,使治理行为合法性得到全体国民的极大认可,而伴随着国家治理能力的不断提升,治理来源合法性也得到进一步的验证和巩固。这种民生改善与治理合法性之间的良性互动,持续提升党和政府的领导能力以及其在国民心理上无可替代的领导地位,巩固了国家层面的集体意识。

一方面,在集体利益方面,在国家治理中将社会生活作为关键改造对象,通过不断改善民生使治理行为合法性得到广泛认同。社会改造的目标和手段应该符合共同的集体利益,唯有如此治理行为才能够延续。改革开放之初,中国人民最大的集体利益就是生活改善。正如邓小平所说:"我们干革命几十年,搞社会主义三十多年,截至一九七八

---

① 林尚立:《在有效性中累积合法性:中国政治发展的路径选择》,《复旦学报(社会科学版)》2009 年第 2 期。

年,工人的月平均工资只有四五十元,农村的大多数地区仍处于贫困状态。"①于是,在以经济建设为中心工作、以共同富裕为追求目标的国家治理行动的持续激励下,我国经济社会得到快速健康发展。譬如,经济总量从 1978 年的世界第 11 位上升至 2019 年的稳居世界第 2 位,人均国内生产总值从 1978 年的 385 元增至 2019 年的 70773 元;全国一般公共预算财政收入由 1978 年的 1132 亿元增至 2019 年的 19 万亿元。以雄厚的经济实力为支撑,社会发展水平和质量不断提升。譬如,城镇居民和农村居民人均可支配收入分别从 1978 年的 343.4 元、133.6 元增至 2019 年的 39244 元、16021 元;农村贫困发生率从 1978 年的97.5% 降至 2019 年的 0.6%;人均预期寿命从 1981 年的 67.8 岁增至2019 年的 77.3 岁;城镇化率由 1978 年的 17.9% 上升为 2019 年的60.5%,社会保障覆盖率由 1978 年的不足 20% 上升为目前的基本实现全民保障;等等。这一系列民生改善在一代人时间内完成,促使国民形成"时空压缩"式的强烈的生活变迁感②,客观上必然使国家治理行为合法性也即所谓的"政治体系作为合法性"不断增强。

另一方面,在集体意识方面,通过价值整合使治理行为合法性进一步巩固了治理来源合法性。如马克斯·韦伯所言,任何统治都力图唤起并维持自身的合法性信仰。③ 早期持历史终结论的福山认为,合法性的唯一真正来源是民主④,但哈贝马斯发现这种西方国家代议制竞

---

① 《邓小平文选》第三卷,人民出版社 1993 年版,第 10—11 页。

② [美]戴维·哈维:《后现代的状况:对文化变迁之缘起的探究》,阎嘉译,商务印书馆 2003 年版,第 300 页。

③ [德]马克斯·韦伯:《经济与社会》上卷,林荣远译,商务印书馆 1997 年版,第239 页。

④ [美]福山:《国家建构——21 世纪的国家治理与世界秩序》,郭华译,中国社会科学出版社 2007 年版,第 26 页。

争民主的合法性基础是"现代人特有的世界观和自我理解",必将导致"霍布斯式的诠释"。①随着东方儒家文明国家的兴起尤其是40多年来中国特色社会主义和人民民主的成功实践,福山等已经意识到其理论的局限性并且开始修正其观点。国内有学者曾将中国国家秩序建设的路径概括为"通过创造有效性来累积合法性"②,非常具有启发性。但在一些历史大事件如纳粹党通过改善民生在德国执政等中可以看到,民生改善的有效性能够累积行为合法性,但并不必然会增强来源合法性,反而可能会异化合法性。

改革开放以来,中国共产党和政府持续的行为有效性之所以能够累积并增强来源合法性,关键在于成功地在意识形态层面将两者进行相互勾连和价值整合,从而得到国民的认同。历史上,"民生"一词在发轫之初就是统治阶级维护统治秩序而采取的一种"慷慨"的恩赐,而发达资本主义国家也是在国民尤其是工人强烈反抗的背景下,为维持社会秩序和既得利益而被迫进行社会福利制度建设和改革,改善民生与来源合法性之间没有形成令人信服的合理解说。但中国共产党的性质和宗旨,决定了党从一成立就庄严宣示,中国共产党始终将全心全意为人民服务作为根本宗旨,党自身没有利益,人民利益高于一切。为了人民利益而奋斗是中国共产党最根本的行动动力。

改革开放以来,中国共产党和政府一直在宣示,所有民生善政均是在这一基本价值理念支撑下推行的。如邓小平同志多次指出:"贫穷不是社会主义,社会主义要消灭贫穷。不发展生产力,不提高人民的生

---

① [德]哈贝马斯:《在事实与规范之间:关于法律和民主法治国的商谈理论》,童世骏译,生活·读书·新知三联书店2003年版,第364页。

② 林尚立:《在有效性中累积合法性:中国政治发展的路径选择》,《复旦学报(社会科学版)》2009年第2期。

活水平,不能说是符合社会主义要求的。"①江泽民同志一再强调,党的一切工作都是全心全意为人民服务的,都是为了实现好、维护好、发展好人民的利益。胡锦涛同志强调,要坚持以人为本,立党为公、执政为民。习近平总书记则提出坚持以人民为中心的发展思想,要始终把人民利益摆在至高无上的地位。正是因为在价值观领域一直强调,理念与政策一体两面,所有改善民生的政策都是执政理念的具体呈现,两者完全不可切割。由此,从理论上分析可以看到,认可治理行为合法性,必将在价值层面认可治理来源合法性。这两者的良性互动所呈现的是各自的社会行动主体处于一种社会合作状态。

(二)实现改善民生与经济发展的良性循环

从经济发展与社会发展的互动关系看,改革开放以来,中国民生事业改革发展的主要经验是,实现了改善民生与经济发展的良性互动。

如何处理好改善民生与经济发展的关系,是现代政党、政府和学者长期关注的核心议题之一。理论上看,经济发展与改善民生的互动可能引致以下三种不利于社会合作的境况。

第一种境况,经济高速增长而民生无法快速改善,最终导致社会失序。财富分配失衡则是导致社会失序的主要原因,历史上这类实例俯拾皆是。这是集体利益不一致所导致的社会失序。正因如此,亚当·斯密提出:"如果一个社会的经济发展成果不能真正分流到大众手中,那么它在道义上将是不得人心的,而且是有风险的,因为它注定要威胁社会稳定。"②

---

① 《邓小平文选》第三卷,人民出版社1993年版,第116页。
② 转引自温家宝:《用发展的眼光看中国》,见《温家宝谈教育》,人民出版社、人民教育出版社2014年版,第157页。

第二种境况,经济快速增长一段时期后骤然停滞,影响民生资源的供给,进而导致社会失序。这就是托克维尔最早提出、后来由美国社会学家金斯利·戴维斯所归纳的革命爆发的 J 型曲线①,我们在前一章已经对这一境况进行了基本描述。最近半个世纪以来,亚洲的印尼以及巴西、阿根廷等拉美国家所陷入的"中等收入陷阱",甚至是西亚和北非地区的"伊斯兰之春"、法国巴黎郊区的大骚乱、美国的占领华尔街运动等,背后都能寻觅到"经济风险—社会风险—思想风险—政治风险"逐步恶性传导的理论逻辑。

第三种境况,经济从高速增长期转向温和增长期后,民生需求仍持续在高位运行,拖累经济发展,危及社会稳定。20 世纪六七十年代的西欧福利国家困境表明,持续不当地改善民生可能会导致"福利病"和社会活力的下降。具体而言,在民生制度趋向完善的过程中,受民生支出刚性增长这一特性支配,福利支出数量不断上涨但支出效益却不断下降,支出压力趋重,但一部分社会成员却日趋懒散,出现权利意识上升但义务意识下降、自由意识上升但责任意识下降的现象,由此可能会导致纵向的社会进取动力下降,但是横向的社会利益争夺意识上升。此外,还有一部分社会成员会因此丧失生活的坐标,对未来缺乏价值感、目标感和方向感,走向解构主义和价值幻灭。这时完全不相容的集体意识,成为经济社会良性发展的最大障碍。

40 多年来,党和政府遵循民生事业发展规律,通过把握不同发展阶段民生核心问题、优化民生制度结构、倡导现代民生理念,成功地避免了以上三种境况的出现,实现了改善民生与经济发展的良性互动,不仅形成了最广大多数群众接受的集体利益,而且在此基础上形成了一

① [法]托克维尔:《旧制度与大革命》,冯棠译,商务印书馆 2012 年版,第209 页。

些基础性社会共识,实现了集体利益的不断超越,这是一种典型的社会合作状态。其具体特征表现在以下三个方面。

第一,准确把握不同发展阶段民生核心问题,为经济快速增长奠定基础,有效地维护了弱势群体的集体利益,甚至为绝大多数社会成员共享发展成果奠定了基础。遵循国民需求变化的规律,党和政府准确定位不同历史阶段国民需求的核心问题,集中进行制度安排。

在20世纪八九十年代,我国民生问题的核心是生存问题,党和政府正确判断出影响当时民生改善的主要因素是历史遗留的贫困、计划经济的后遗症、僵化的思想观念,以及相对弱小的经济总量等,这一阶段改善民生的主要任务就是在保证经济高速增长的同时为国民提供基本物质生活保障,于是相应的民生政策随之出台。譬如,在收入分配方面,直到党的十六大前,党中央一直坚持强调"效率优先、兼顾公平"的分配原则。

进入21世纪后,基本小康成为现实,我国民生问题的核心转变为基本民生的全面保障问题,急需完善教育、就业、收入、社会保障、环境等基本民生制度。因此,从党的十六大到党的十八大这十年间,党和政府开展大规模的现代民生制度体系的建设,并且在2004年党的十六届四中全会上正式提出开展"社会主义社会建设",将之与经济、政治、文化等并列,号召建设社会主义和谐社会。相应的民生政策理论和重心也就随之发生转化。譬如,在收入分配方面,党的十六大开始提"初次分配注重效率、再次分配注重公平",党的十七大进而提出"初级分配和再次分配都要处理好效率与公平的关系,再次分配更加注重公平"。

党的十八大以来,中国特色社会主义进入了新时代,民生建设的核心问题转变为民生质量提升,即在基本民生制度安排走过"从无到有"阶段后,民生事业开始走向"从有到优",即要更加重视生产关系和社会关系的调和,从而在更高水平上实现经济社会发展的良性循环。于是,党的十八届五中全会提出的全面小康社会的新的目标要求之一就是,到 2020 年人民生活水平和质量普遍提高。

正是因为既遵循了民生改善的普遍规律,又抓住了不同时期改善民生的核心问题,改革开放以来我国改善民生的行动并没有受到新自由主义、民粹主义和福利国家等极端思想的支配,既不拖延滞后,也不作出超越历史发展阶段和承受能力的承诺,为经济发展奠定了良好的社会基础。

第二,持续健全和优化现代民生制度结构,对经济发展形成良好的回馈效应,从而为突破利益群体、不同阶级阶层层面形成在国家层面的集体利益奠定了基础。

根据不同阶段核心问题的不同,我国现代民生制度结构也在不断健全和优化。在 20 世纪八九十年代,主要是对改革前的民生制度进行改革,重点进行扶贫、教育等民生制度创新。党的十六大以后,我国现代民生制度进入加速建设时期,经过多年努力,至 2012 年党的十八大召开前,初步建立起"生育—教育—就业—收入—社会保障—住房—看病—养老"等贯穿国民一生的现代民生保障制度,西方国家经过一百多年建成的现代福利制度,在中国基本成为现实。党的十八大以来,我国民生制度不断完善,为了形成与经济发展的良性循环,党和政府开始着力解决民生建设质量问题,尤其是民生制度的自我维持和更新问题。譬如,要解决制度碎片化问题,即要改变城乡、不同区域、不同所有制、不同人群适用不同制度的局面;要解决制度的欠公平问题,即要改变民生资源配置客观上存在的"歧视性供给"现象;要解决制度的不可持续问题,即要形成民生发展所需长期保障体制机制;等等。这些努力都将使民生制度发展与政府的实际供给能力相适应。

在此基础上,党和政府也在持续优化民生资源的投入结构与使用效率。早在 20 世纪 90 年代初邓小平同志就深刻指出:"欧洲搞福利社会,由国家、社会承担,现在走不通了。"1992 年 12 月 18 日,邓小平同志再次指出:"我们的政策应该是既不能鼓励懒汉,又不能造成打'内仗'。"①因此,改革开放以来的社会政策安排一直希图能够主动回馈经济发展,使企业主以及其他社会的高收入群体等利益群体和阶级阶层也都能够接受社会政策的安排。譬如,民生资源安排绝不集中于过度的享受型社会福利;即使是扶贫事业,我国很早就提出授人以渔、扶贫要扶志等系统的新理念,以免出现福利依赖现象;对职业教育、就业培训和"大众创业、万众创新"等"可持续生计"的倡导,使民生资源的投入可以产出高质量的劳动力、社会活力、创新思维以及创新技术等,从而直接促进经济快速健康发展。

第三,进行深层次理念建设,构建适应社会主义市场经济需要的中国特色社会主义民生观。改革开放以来,我国民生事业改革发展从资源配置、制度创新、体制变革,逐步深入到价值取向的改革,形成许多新的现代民生理念,初步形成了一个具有现代中国特色的社会主义民生观,从而在国家层面形成了一个超越各个阶级阶层具有国民基本共识性质的集体意识。

一是彻底抛弃"在阶级对抗中找同盟"的思维,以"在阶层和谐中求共赢"的思维推进民生事业改革。所有国民都充分认识到,在社会主义阶段不能以暴力革命、社会运动、平均主义等形式来改善人民生活,要充分利用社会分层机制促进社会资源和社会机会的合理分配,这是一次发展方向的彻底变革。

---

① 《邓小平年谱(1975—2007)》(下),中央文献出版社 2004 年版,第 1357 页。

二是彻底抛弃经济社会脱钩运行的理念,转向经济社会协同发展的理念。20 世纪 50 年代至 70 年代,我国采取区域经济社会均衡发展战略,社会方面尤其是民生支出方面整齐划一、统一规范,并且通过组织整合、资源整合和价值整合等加以维护,经济发展与改善民生之间相互区隔、独立运行。改革开放以来,经济发展和社会发展之间的区隔完全消失,开始强调改善民生是经济发展的目的。如改革开放伊始,邓小平同志就提出,社会主义的优越性归根到底就是在"发展生产力的基础上不断改善人民的物质文化生活"[①]。党的十四大报告提出,"加快改革和经济发展,目的都是为了满足人民日益增长的物质文化需要"[②];党的十六大报告再次指出,"发展经济的根本目的是提高全国人民的生活水平和质量"。党的十八大报告指出,"提高人民物质文化生活水平,是改革开放和社会主义现代化建设的根本目的"[③]。党的十九大报告面向新时代进一步明确指出,"增进民生福祉是发展的根本目的"[④]。

三是彻底抛弃过去的"道义式"民生改善理念,转向推行"义务式"民生改善理念。传统的道义式的改善民生模式以恩赐和施舍为手段、以维护社会秩序为主要目标,改善民生关键在于"牧民"。改革开放以来,改善民生成为各级党委和政府及工作人员的基本责任和义务,这一现代理念已经深入人心。

四是彻底抛弃单一的社会整合理念,转向崇尚社会合作理念。在

---

① 《邓小平文选》第三卷,人民出版社 1993 年版,第 63 页。
② 《江泽民文选》第一卷,人民出版社 2006 年版,第 239 页。
③ 《中国共产党第十八次全国代表大会文件汇编》,人民出版社 2012 年版,第 31 页。
④ 《中国共产党第十九次全国代表大会文件汇编》,人民出版社 2017 年版,第 19 页。

民生事业改革过程中,既强调政党和政府的义务,又激励所有企业、社会组织、社会成员的参与和合作,共同形成改善民生的社会合力。譬如,在脱贫攻坚过程中,构建党政机关、企事业单位、人民团体、社会组织和包括贫困人口在内的所有社会成员共同推进的精准扶贫、精准脱贫的大扶贫格局等。

（三）实现存量改革与增量改革的有机统一

从民生制度自身的改革性质来看,改革开放以来的 40 多年间,中国民生事业改革发展的主要经验是,实现了存量改革与增量改革的有机统一。

改革是实现国家治理现代化的主要途径,通过改革可以使国家治理要素的创新、选择、传播和退出交替进行,逐步实现治理结构的合理化、治理主体的多元化、治理方式的科学化、治理过程的民主化,进而推进各项事业发展。但改革的性质不同,对国家事业发展进步所发挥的功能也迥然相异。正如在前面各章中所述,一般而言,增量改革阻力相对较少,但改革如果不彻底,必然要进行第二种改革即存量改革。改革开放以来,在民生事业改革发展过程中,我国充分发挥增量改革和存量改革的各自优势,进行改革方式的创新,以期将改革阻力最小化、改革潜力最大化,保障了现代民生制度建设的顺利推进。

一方面,在持续推进增量改革的过程中不断增大存量改革力度,不断进行集体间利益让渡。中国的改革一开始就采取了"增量改革先行、以增量带动存量"的模式,民生制度改革同样如此。在 20 世纪八九十年代,虽然有国有企业下岗失业这类存量改革,但民生建设主要还是在做增量改革,在不直接伤及现有群体利益的基础上,不断增加农村教育、体制外就业农民工、城镇困难群体和贫困地区人口的民生制度创新和资源投入。党的十六大到十八大期间,我国集中进行了民生制度建设,无论是教育综合改革、劳动就业制度改革、社会保障制度体系改革或是医药卫生体制改革,使用的都是"老人老办法、新人新制度、中人逐步过渡"等典型的增量改革方式。

随着改革的不断深入,福利制度具有不可削减性这一特性与福利资源供给能力无法提升的矛盾逐渐突显,并且形成了制度建设的倒逼机制,因此到了民生事业质量提升阶段,民生建设更多地进行了一些存量改革。譬如,在就业方面,早期主要是人人都有一份工作的充分就业问题,而近期却是以劳资矛盾为代表的和谐就业和体面就业问题;在收入分配方面,早期主要是扶助低收入群体和打击非法收入等,而近期更为紧迫的是扩大中等收入群体和更好地调节过高收入;在社会保障方面,早期主要是制度的"广覆盖""全覆盖",而近期主要则是通过基础养老金全国统筹、渐进式延迟退休等存量改革,推动社会保障资源均等化与社会保障制度可持续发展;在医药卫生方面,早期主要是解决"看不起病"问题,近期已经转变为解决"看不好病"问题,要改变医疗卫生资源分配不均和"以药养医"的局面;等等。以上各领域正在进行的存量改革,都是要求相对强势群体让渡出一部分利益,希图通过突破利益固化,防止社会流动缓慢化和社会阶层凝固化,最终达到社会底层永不绝望、社会中层永不满足、社会上层永不松懈的和谐状态。

另一方面,不断创新存量改革方式,保障民生制度深层次改革的顺利推进。世界各国既往的改革经验和教训表明,在利益固化的背景下,如果无法顺利实现利益让渡,存量改革本身将会带来新的社会风险,如撕裂整个社会等。为此,能否创造出让不同利益群体均能够接受的存量改革方式,彰显着改革者的智慧。改革开放以来,我国民生制度建设过程中逐步形成了多种形式的存量改革方式,有"削峰填谷"式、"资源共享"式和"利益协商"式的新型存量改革方式。这些存量改革方式避免了社会出现隐性撕裂,有效防止"社会不合作"状态的出现,使改革开放以来中国不断从社会稳定走向社会团结、趋向社会和谐。

三、质量提升时期的民生发展规律

在"十三五"规划期间,我国将全面建成小康社会。2020 年以后我国将正式进入后小康时期,开始建设富强民主文明和谐美丽的社会主义现代化国家的新征程,实现党的十九大提出的到 2035 年人民生活更为宽裕、2050 年全体人民共同富裕基本实现这一奋斗目标。[①] 进一步保障和改善好新时代的中国民生,需要继承和发扬好改革开放以来中国民生事业的主要改革经验,更要看到质量提升时期的民生发展与前一时期的民生发展在基本规律上有很大的区别。必须对这些基本规律有一个清楚的认知,唯有如此,在质量提升时期,民生建设才能维持和发展好改革开放以来形成的这种长期的社会合作状态。

(一)抓民生也是抓发展

在民生建设的性质定位上,长期以来,思想界和实践层面一直存在一种观点,即认为经济积累用于再生产的越多,经济发展就越快;反之,用于消费尤其是民生类集体消费的越多,就会拖累经济发展,为了保持经济快速发展就要牺牲民生,这是典型的"负担论"。2004 年以来,随着"社会建设"这一理念成为中央执政理念,以人为本等发展思想日益

[①] 《中国共产党第十九次全国代表大会文件汇编》,人民出版社 2017 年版,第23 页。

普及,经济发展与社会和谐的并列之势已然形成,这是历史性的进步,于是"并列论"成为人们的共识。事实上,民生不仅是经济发展目标,更是经济发展动力,抓民生就是抓发展日益成为社会共识。正因如此,2013年,习近平总书记在天津考察时即指出,民生建设应当与经济发展之间实现良性循环,从而为经济建设提供长足动力,为社会建设提供长远保障。未来一段时期内,只有彻底摒弃"负担论",认识到"并列论"的不足之处,真正实现向"循环论"的转向,才能在实践中更好地补齐民生短板、提高民生建设质量。

因此,未来的民生建设过程,既要提高人民生活水平,更要实现"抓民生也是抓发展"的目标。过去有人认为经济发展是做蛋糕,改善民生是分蛋糕,其实抓民生也是在做大蛋糕。甚至可以说,民生改善得当,将为进一步做大蛋糕提供重要的动力,甚至是主要的动力。未来的关键在于,在继续补齐民生短板的同时,注意民生投入的结构和资源的使用效率。譬如,有些地方政府在一些报告中说已经将新增财力的70%或80%都用于改善民生,这里所说的民生概念就过于泛化,一定要将公共服务、基本公共服务、民生、基本民生等概念区分开,将更多资源投入到就业、教育、社会保障、健康等基本民生领域,将新增民生资源更多地投入到重大民生基础设施、就业培训、婴幼儿养育、社区养老服务等方面,在改善人民生活的同时,这些投入的资源将直接转化为经济发展的动力。

(二)一主与多元的协作共生

在过去的计划经济体制和"总体性社会"状态下,国家包办一切民生事项,可谓"一枝独秀"。随着改革的不断深入,"一主多元"的理念日益占据主导地位。既要发挥党委政府的主导和负责的功能,更要激发其他主体的参与活力。"一主"即党委政府,在民生发展方面要强调党委加强领导和政府负主要责任;"多元"是指企事业单位、群团组织、社会组织和老百姓共同参与。这种"一主多元"的理念符合中国历史文化传统、符合党和政府在老百姓心中的地位和期望。在后小康时期,关键是要在民生供给主体间形成良好的分工协作。

(三)制度建设与价值沉淀并重

从民生建设的深度来看,民生建设已经从浅层的制度创新进入了价值深层的变革,新的集体意识的形成至关重要。存量改革的推行,需要对以前的民生建设理念进行清理和更新。这时的民生建设已经从资源、制度、体制的改革,转向价值取向的改革。需要建立许多新理念,如要从过去的道义式民生改善转向义务式民生改善;其中在存量式改革时期要树立的最为重要的新的价值理念就是社会合作理念,只有不同社会阶层、利益群体都有这种社会层面的合作理念,真正的利益共赢共生局面才能出现。未来在民生建设中,不仅要有强—弱理念、东部—西部理念、体制内—外理念,这些都是"代内"理念,更要有"世代"的理念,从人口生育、制度的灵活性等方面共同着力进行制度安排。

(四)客观状态与主观评价并重

在民生建设的方向上,我国正在从"从无到有"转向"从有到好"。在"从有到好"阶段,既要关注民生改善的客观状态,更要关注主观心理上的获得感。改善民生最为糟糕的结果是出现"客观地位高但主观评价低"的极化社会心理。因此在后小康时期,既要统计民生投入的客观指标,更要在社会建设指标体系中测量好老百姓对自身获得的主观感受,防止出现有民生投入增加但无获得感增加的"内卷化"现象。

（五）社会整合与社会合作并重

既要运用好社会整合模式，更要充分利用好社会合作模式。传统的、由政府主导的整合模式主要是利用价值整合、组织整合、资源整合和制度整合等不断改善民生，这种模式自上而下推进，效率高、执行力强，但是难以满足人民对民生的多层次多样化需要。在后小康时期，还需要在政府引导下形成一个政府、企业和社会组织共同提供民生服务的格局，需要运用好人民团体协商、社会组织协商、劳资协商、社区协商，引导平等主体之间进行协商对话，通过防止利益固化、开展利益协商、进行利益让渡和利益置换，使各个利益群体和阶级阶层都能够通过社会合作实现共赢共生。

四、社会合作推动质量型民生建设

（一）坚持民生建设的新原则

实现经济发展和民生改善良性循环，关键是要在更高层面实现经济发展与社会发展的有机统一。在民生改善的第一、二阶段，现实是"经济这条腿长、社会这条腿短"、社会结构变迁落后于经济结构变迁等，为此，这些年来的改善民生就一直在努力把社会这条腿做长，实现两者的相互协调、同步发展。但在解决"经济这条腿长、社会这条腿短"的困境后，经济发展与社会发展仍然有可能无法实现良性互动，其具体表现形式有两种。一种是"经济这条腿短、社会这条腿长"的状态，即经济发展速度日趋下降，新增财力不够用，但福利需求却节节攀升，"巧妇难为无米之炊"，巴西等一些身陷于"中等收入陷阱"的国家即处于这种窘境之中;这种福利国家的困境已经引起足够的重视,在未来的中国应当没有形成和蔓延的空间。另一种状态最值得重视,那就是"经济和社会两条腿一样长、但步伐不协调"的状态。具体表现为,虽然民生改善是适度的,没有影响经济长远发展,但改善民生的一系列制度安排却并没有转化为经济发展的动力,而经济发展的新成果也无法让人民有更多的获得感、让社会更有活力。出现这种奇特现象的基本缘由就在于社会政策与经济政策的安排没有统筹考虑。譬如,如果民生资源的配置让大中城市居民、让强势群体、让体制内群体受益更大,导致享受型社会福利发展过快,而不是重点安排在再就业培训、技能提升、激励创业等"可持续生计"方面,那么社会发展就难以与经济发展形成一种相对均衡并且相互促进的局面。

需要意识到,在民生的质量提升时期,为了防止出现以上这种局面,关键在于民生建设的基本原则的进一步发展。民生建设应当在关注利益的增量方面,更要关注群体关系的优化。因此,未来还要继续坚持为了人民生活幸福安康而奋斗、抓住人民群众最关心最直接最现实的利益问题等原则,更要强调保障和改善民生的目标是要阻止社会流动缓慢化和社会阶层封闭化。① 唯有如此,各个利益群体才能真正实现共赢共生,群体关系、阶层关系才能向着合作而非对抗方向迈进。

为此,未来的民生建设的重点,一方面,要解决好同代人内部社会流动缓慢化问题。每个社会向上流动的机会分布是不均匀的,只有那些具备一定条件的人才有可能上升,这个条件应当是知识、才能和机会。另一方面,要不断增强代际流动的活性。代际之间向上流动的机会并非对所有人都是平等分配的,它受到许多个人条件和环境因素的

---

① 　郑杭生:《抓住社会资源和机会公平配置这个关键》,《求是》2013 年第 7 期。

影响,只有代际流动率高,受自致性因素影响大,"拼爹"现象日益减少,社会阶层结构才是弹性的、开放的,利益分配格局才能达到和谐境地。

具体而言,质量型民生建设在基本原则层面需要从三个方面进行调整和完善,才能维持和发展社会合作局面。

一是做好"引导预期"。"引导预期"是党的十八届五中全会在改善民生方面提出的新思想。按照习近平总书记的说法就是,政府改善民生既要尽力而为,更要量力而行;关键是要引导群众不等不靠,不能形成福利依赖,而要树立通过勤劳致富改善生活的信念,通过辛勤劳动、诚实劳动、创造性劳动创造更加美好的生活,从而使改善民生既是党和政府工作的方向,又成为广大人民群众自身奋斗的目标。这就需要全体人民,尤其是中低收入群体转变思想、积极参与。

二是对不当得利进行再配置。按照党的十八届三中全会和十九届四中全会的安排,为了维护社会公平正义,要清理规范隐性收入,取缔通过非正常手段所获得的黑色收入,增强人民群众的公平感,增加民生改善的资源来源。这就需要中高收入的先富群体正确看待、积极配合。

三是优化民生资源配置结构。要在保证"低保"、最低工资标准、大病救助等有充足资源的基础上,将更多民生资源用于发展型民生事业领域,对不必要的消耗型民生事业要进行调整,如考虑在享受条件中增加一定必要的限制性要求等。这就需要相关福利制度的受益者的积极参与,主动配合让渡利益。

(二)推进民生制度的存量改革

在教育、就业、收入分配、社会保障、医药卫生等基本民生领域内,为了进一步提升民生建设质量,调整利益格局的存量改革也在日益增多。

在教育方面,党的十八届五中全会提出,当前和未来一段时期的重点工作是"提高教育质量",要通过深化教育领域综合改革,在推进德智体美劳等全面教育的基础上,着重破解当前教育事业发展迅速但教育公平性不足等难题。其中,统筹城乡义务教育资源均衡配置,义务教育免试就近入学,试行学区制和九年一贯制对口招生,不设重点学校重点班,破解择校难题,推进考试招生制度改革,等等,都是典型的需要强势群体让渡利益的存量改革。

在就业方面,党的十八届三中全会和党的十九届四中全会先后提出了一系列"促进就业创业"的政策安排。其中,消除城乡、行业、身份、性别等一切影响平等就业的制度障碍和就业歧视,形成政府激励创业、社会支持创业、劳动者勇于创业新机制,建立和谐劳动关系、创新劳动关系协调机制,畅通职工表达合理诉求渠道,等等,都涉及就业体制调整、劳资关系等利益关系,具有明显的存量改革性质。

在收入分配方面,党的十八届五中全会和十九届四中全会提出,当前和未来一段时期的重点工作是形成合理有序的收入分配格局,出台了系统的"缩小收入差距"的改革方案。其中,规范初次分配,加大再分配调节力度,提高劳动报酬在初次分配中的比重,推行企业工资集体协商制度、规范隐性收入、遏制以权力、行政垄断等市场因素获得收入,取缔非法收入等,都是对国民收入这一关键性利益进行存量式的规范和调剂。

在社会保障方面,党的十八届五中全会和十九届四中全会提出,社会保障制度改革的关键在"更加公平"和"更可持续"这两个方面。其中,在公平性方面,要整合城乡居民基本养老保险制度、基本医疗保险制度,推进城乡最低生活保障制度统筹发展,推行公务员养老金制度改革;在可持续方面,实现基础养老金全国统筹,研究制定渐进式延迟退休年龄政策,推进社会保障资源在城乡、区域和人群间的均等化等。这些都是典型的进行利益增损的存量改革。

在医药卫生方面,为了解决"看不起病"问题尤其是"看不好病"的问题,党的十八届三中全会和十九届四中全会先后提出,当前和未来的重点是要统筹推进医疗保障、医疗服务、公共卫生、药品供应、监管体制综合改革,推进健康中国建设。其中,深化基层医疗卫生机构综合改革,破除公立医院的逐利机制,促进医疗资源向基层、农村流动,取消以药补医,理顺医药价格,建立科学补偿机制,鼓励社会办医,等等,都是在改革医疗卫生资源分配不均和"以药养医"的利益格局,属于典型的存量改革。

以上所列举的都是未来一段时期即将成为现实的一些民生改革措施,都是为提升人民生活质量而在不同利益群体之间进行的深层次的存量改革。应当说,这种存量改革的必要性是有社会共识的,改革方向的正确性也是毋庸置疑的,但是由于它是在进行群体间、阶级阶层间的利益再配置,改革内容之复杂、改革阻力之大也都将是空前的,这就需要积极稳妥地进行科学谋划、重点突破,以确保质量型民生建设顺利推进。

(三)健全基础性合作保障制度

在质量型民生建设时期,除了要不断完善党和政府直接主导的各种利益协调制度之外,还要重点建立健全党和政府引导的利益协商制度体系,提高利益关系的社会自我调节能力。具体而言,就是要在党委政府等的引导和指导下,尝试推广对事关切身利益的重要民生问题进行广泛的社会协商。根据我国现有的协商基础和未来民生改革发展的需要,可以考虑将建设重点确定为进一步完善劳资协商制度和社区协商制度,尝试发展行业协商等新制度。

由于以上三种利益协商制度在前面章节中已经有较多的阐述,这里仅作一点补充分析。在这三种协商制度中,劳资协商和社区协商有良好的发展基础,行业协商则是可供重点考虑的方向。其中,完善劳资协商制度的重心是要通过各种方式引导劳资双方认识到,协商体现的是一种合作和妥协的精神;劳动者和工会组织要科学把握自己的权利应得与人格独立,而雇主和雇主组织在获取自身合法利润的同时,则要进一步提高企业的道德责任意识与管理伦理水平;协商内容不能局限于工资集体协商和集体合同两大领域,更要在劳动保护、社会保障以及企业发展目标等方面进行沟通,最终形成促进企业发展的合力。社区协商也不能局限于对社区内部部分事项进行协商,也要围绕土地流转收益、征地拆迁、低保资格、环境保护等关键性民生问题进行社区内、社区间、社区与其他主体间的利益协商。行业协商则是依托目前我国较为完善的行业协会组织和各类群众组织,组织相关利益群体就一些关键性利益问题进行协商,从而逐步探索出一个所有利益群体都能够接受的民生改善操作方案。

五、收入分配领域的社会合作型改革

收入是人们最为关心的基本民生。人们的基本共识是收入分配改革必须持续深入推进,否则就有可能出现收入差距过大甚至是两极分化现象,导致社会不合作局面的出现。

收入分配、再分配和第三次分配直接涉及不同利益群体之间的利益让渡,因此能否形成社会合作局面,顺利实现社会分配格局更合理、更有序,对于其他领域内的改革发展,甚至对于整个社会的安定有序都有重要而直接的影响。

在形成社会合作共识的基础上,通过存量改革和增量改革相结合的形式,可以在收入分配领域进行社会合作式的改革。

(一)改革开放以来的收入差距变化

新中国一成立,我国就开始实行集中统一管理的计划经济,那时候城镇劳动者的工资水平都不高,相差也不大,不同群体之间的收入差距是相对固定的。改革开放以来,我国打破了计划经济的平均主义大锅饭,经济社会大发展、大变迁,产业结构不断转型升级,社会结构不断现代化,城镇化进程持续推进,于是不同地区、不同所有制、不同职业的人们在收入、财富等方面的差距日益拉开,收入分配格局出现巨大变化。

这种收入分配格局的变化首先是从农村开始的。在最近40多年来的收入分配变迁中,有一些标志性事情对农民的收入提高起到了重要推动作用。第一件事情是20世纪80年代早期开始实施的家庭联产承包责任制。在农村地区贯彻按劳分配的原则后,"交够国家的、留足集体的、剩下全是自己的",这种做法极大地调动了农民的生产积极性,农民的收入普遍快速增长。第二件事情是20世纪90年代大规模出现的外出务工现象。数以亿计的农村富余劳动力从农业生产中脱离出来,主要时间用来外出务工,挣钱养家,工资性收入在农民收入中的比重不断上升。2019年,农民的收入中40%以上来自打工所得,工资收入成为农民最主要的收入来源。第三件事情是农业税费改革。2006年国家废除了农业税,在我国延续了2600年的"皇粮国税"成为历史,此后农民种地不仅不用交纳各种税费,而且还有不少农业补贴,这就大大减轻了农民的负担。第四件事情是党的十八大以来的乡村振兴行动。在中央的号召下,全国范围内的脱贫攻坚战打响,精准扶贫、精准脱贫,贫困地区加快发展,现行标准下农村贫困人口在党的十八大以来七年间减少了9300多万,取得了人类历史上空前的成就。与此同时,全国各地的新型农业经营主体,比如家庭农场、专业大户、农民合作社、农业产业化龙头企业等都在不断发展壮大,适度规模经营的形式越来越多,农民的增收渠道不断拓宽。2018年底,全国农民名义上的人均可支配收入为14617元,是1978年133元的110倍。与此同时,在这40年间,由于机遇不同,农村地区内部的收入差距也在拉大,发达地区农民与欠发达地区农民、普通农民与农村能人、以种地为生的农民与外出务工的农民、城郊农民与远郊农民的收入差别日益显著。

在城镇地区,体制内与体制外的收入分配方式都在不断变革。在体制内,1984年开始的企业收入分配制度改革,初步规范了国有企业的利润分配,国有企业工资总额开始和经济效益挂钩,打破了国有企业"干好干坏一个样"的局面。1992年以后,我国逐步建立起国有企业的弹性工资、工资控制线、工资指导线、最低工资保障等制度。2000年后,开始重点做的事情是实施市场化的工资集体协商,对国有企业负责人的薪酬进行差异化分配。与此同时,机关事业单位收入分配制度也进行了多次改革。但从总体上看,到目前为止,体制内的收入分配仍然是计划调节为主,市场调节为辅;这些年来体制内从业人员的收入在不断增长,但增长幅度相对平稳,内部的收入差距相对较小。

城镇地区收入分配差距的拉开主要体现在体制内与体制外之间,以及体制外不同收入群体之间。最近40多年来,我国先后出现了四次大规模的体制外就业创业浪潮,一次创业潮就是一次致富潮。第一次创业潮是从20世纪80年代初期开始的。随着我国对外开放政策的逐步推开,国家设立了深圳、珠海、厦门、汕头等经济特区,东南沿海地区出现了第一波创业热潮。我们熟知的温州小商品市场就是在这个时期兴起的,1980 年 12 月 11 日,温州个体户章华妹拿到了全国第一张个体工商户营业执照。当时义乌、温州等地的个体户和小企业主要就是生产鞋袜、衬衫、打火机、家电、塑料等工业品,一小部分人发家致富成为先富群体,大部分个体户、小业主和在三资企业工作的白领都成为改革开放以来最早出现的一批中等收入群体。第二次创业潮是从 20 世纪 90 年代初开始的。1990 年 11 月 26 日,上海证券交易所成立,5 天后的 12 月 1 日,深圳证券交易所开始营业,此后股票债券等投资渠道不断拓宽,金融领域的放开让不少人获得人生的第一份财产性收入。1992 年邓小平同志南方谈话之后,我国改革开放加速推进,许多人纷纷下海经商,在商海中奋力拼搏,赢得了创业的第一桶金。第三次创业潮是从 21 世纪初开始的。当时电子软件、互联网等新兴产业高速发展,出现了许多有管理才能和掌握新技术的新白领、金领、粉领等中等收入群体;同时,由于房地产行业持续发展,城市大拆迁大建设,城市居民身家持续上升,许多城市居民成为中等收入群体,甚至是高收入群体。第四次创业潮是党的十八大以来开始并正在蓬勃发展的。近年来,随着新一轮科技革命的酝酿和发展,党和政府大力推进“大众创业、万众创新”,科技型中小微企业不断涌现,到 2020 年 3 月,全国市场主体已经超过 1.25 亿,私营企业有 3900 多万家,个体工商户 8353 万户,其中不少人成为典型的中等收入群体和高收入群体。

改革开放以来的 40 多年间,我国城乡居民收入大幅增长,生活质量显著改善。但同时要看到,我国国民收入分配格局有一个主要特征,那就是中等收入群体人数和比例明显偏低。时至今日,我国大多数人口还属于低收入群体。与过去相比,这些人的日子一天比一天红火,但总体上看,绝大多人的经济地位仍然非常脆弱,孩子结婚和买房、家庭成员的一场大病,或者一次突发的自然灾害就有可能元气大伤,甚至倾家荡产。

(二)形成收入分配改革的社会共识

最重要的共识就是,应当认识到,对于改革开放以来收入差距拉大这一客观现象,党中央早就有所预判,并且已经出台了较为系统的应对策略。

改革开放以来这种收入差距扩大和不同收入群体的出现是执行"先富—共富"发展战略过程中出现的阶段性现象,是螺旋式上升过程中必经的一个发展阶段。譬如,在改革开放初期的 1979 年,邓小平同志就指出,中国已经不存在一个剥削阶级。1985 年,邓小平同志指出,"社会主义的目的就是要全国人民共同富裕,不是两极分化。如果我们的政策导致两极分化,我们就失败了"①。到 1993 年,邓小平同志在与他弟弟邓垦的谈话中又强调指出,现在看来,"发展起来以后的问题不比不发展时少"②,要警惕出现贫富分化。正是因为有清醒的认识,党和政府一直在根据形势的变化需要,不断调整和完善具体的收入分配指导思想。党的十八大以后,以习近平同志为核心的党中央更加重视收入分配问题,先后提出了"社会政策要托底""扩大中等收入群体"等关键性议题和思想③,指明了在中国特色社会主义新时代,通过扩大中等收入群体来实现共同富裕的基本方向。近些年来尤其是党的十八大以来我国居民收入差距较大局面已经开始好转,但这一好转局面并

---

①　《邓小平文选》第三卷,人民出版社 1993 年版,第 110—111 页。
②　《邓小平年谱(1975—2007)》(下),人民出版社 2004 年版,第 1364 页。
③　《习近平论治国理政》第二卷,外文出版社 2017 年版,第 369 页。

不是必然的,未来一段时期居民收入差距还存在进一步扩大的风险。

这种共识决定了收入分配改革的基本价值立场,就是要站在维护最广大人民根本利益的立场上思考和出台改革措施。要通过收入分配改革形成一个公正、开放、流动的社会分层秩序,让绝大多数人都成为中等收入群体,让全体人民都共同享有"人生出彩"的机会,享有"梦想成真"的机会,享有与伟大祖国和时代"共同进步"的机会。在革命战争年代,"打土豪、分田地"就是要把当时最为稀缺的生产要素即土地分给普通老百姓。但是现在我们是社会主义国家,在计划经济年代我们已经吃过平均主义的大亏,同时,我国现行宪法也明确规定私有财产神圣不可侵犯,这些都决定我们不能对高收入群体进行强力打压,依靠"劫富济贫""削峰填谷""抽肥补瘦"这种简单的平均主义方法来缩小收入差距。于是,收入分配改革不能以剥夺的方式来打破利益固化局面。在实现共同富裕的过程中,要更好地保护和激励高收入群体,让他们充分展示才能、持续作出新贡献,在此基础上全力帮助低收入群体转变为中等收入群体,从而使社会长期保持在社会合作的状态。

(三)从分配领域入手推进存量改革

在这些基本的社会合作共识的基础上,要从分配本身入手,推动收入分配的存量改革。

一方面,进一步规范收入分配秩序。党的十八大以来,党中央提出"四个全面"战略布局,推进全面依法治国和全面从严治党,通过进一步健全法律制度,通过党内的制度建设和反腐败斗争等,全力打击黑色收入、黄色收入等非法收入,遏制权力性收入、垄断性收入,规范各种灰色收入,让所有收入都在阳光下接受人民群众的监督。

另一方面,利用好再分配这个杠杆,实现社会底层永不绝望的目标。社会政策要托底，就是要形成一个完善的社会安全网，保证低收入群体有一个基本生存条件。在这一思想的指引下，经过多年的努力，我国已经形成了一个比较健全的现代民生制度体系。譬如，在就业方面，近年来政府重点帮助大学生、新生代农民工等就业创业，城镇地区近年来每年新增就业岗位都在 1300 万以上。在收入分配方面，多年来政府还坚持为农民工讨薪，近年来持续提高最低工资标准，连续 16 年上调企业职工基本养老金的标准，等等。在社会保障方面，我国城乡低保制度已经实现了"应保尽保"，2019 年城镇地区每个月有近 900 万人口、农村地区有近 4000 万人口正在享受各项"低保"；政府正在开展重大疾病临时性救助和大病保险，大病保险的报销比率已经提高到 60%，2019 年一年就资助各类家庭困难学生近 1 亿人次。这些对低收入群体提供的"兜底"式的帮助，目标是保证生存的基本需求得到满足。

但是应当指出，这种基础性的托底举措是一种增量改革，它只是扩大中等收入群体的必要条件之一，只能保证生存，但解决不了发展问题，无法为低收入群体源源不断地转变为中等收入群体提供长久的动力。比如，最低工资标准提高到一定程度后上升的空间就不大，现在上海的最低工资标准已经超过 2400 元，短期内不可能提高到五、六千元，因为一旦提高到这个水平，很多工厂、饭店等就会因为成本太高或者倒闭，或者被迫转向使用成本更低的自动化设备如机器人等，甚至可能干脆就迁到成本更低的国家去了，所有这些都会导致低收入群体的就业岗位快速减少，最终不仅让低收入群体深受其害，还会累及整个经济社会发展的活力，导致各个利益群体的对抗意识兴起。

（四）从生产领域推进社会合作式改革

更具有合作性质的变革是，从生产领域出发推动收入分配的存量改革。具体包括对具有稀缺性的生产要素进行再配置,通过各主体的共同合作,不断提高生产要素的稀缺程度,这是收入分配的治本之策。

第一,让农民拥有土地性收入。当前,土地是一种相对稀缺的生产要素,让农民拥有一份稳定的土地性收入,可以为低收入群体持续转变为中等收入群体助一臂之力。在加快推进新型城镇化的进程中,让农民流出去、土地流转开,并且不断增强土地的稀缺性。一是大力推进"三权分置"改革。近年来,农村承包地的"三权分置"改革,把农村集体土地的所有权、承包权和经营权分置,让承包地的出租流转和资本化更加顺利。二是征地制度改革。在农地转变为国有土地的过程中,土地征用后不断增值产生了巨大的财富,要让农民更多更好地共享土地增值所带来的收益。三是其他的土地性收入。此前各地已经开展的林地确权行动,当前全国许多地区正在试行的宅基地流转、农村集体建设用地入市等改革举措,也都具有一定的扶助功能。关于土地性收入,现实中有一个著名的例子,那就是推广"三变"改革,使资源变资产、资金变股金、农民变股东。近年来,"三变"改革多次被写进中央一号文件,已经在全国范围内形成较为强烈的示范效应。

第二,让低收入群体拥有资本性收入。当前,资本的稀缺度是最高的,在收入分配中所获得的比例也最高。增加低收入群体的资本,可以使低收入群体快速地转变为中等收入群体。在精准脱贫过程中可以尝试进行资金的资本化运作。增强农村地区内生动力,实现贫困人口稳定脱贫,不能仅仅满足低收入群体的消费需求,更要从"造血"的角度进行生产性脱贫。近年来,全国大量扶贫资金进入扶贫领域。在未来的生产性扶贫中,可以考虑让一些扶贫资金转化为贫困人口集体拥有的资本,投入在一定的生产领域内,从而让贫困人口有一份稳定的财产性收入。将低收入群体的扶贫奖金变成股份,入股一些经营性设施的建设和运营中,可以获得源源不断的收益;实施资产收益扶持政策,如实施水电矿产资源开发资产收益扶贫,能够让低收入群体以分红等方式拥有持续性的收益;还要考虑更好地利用好信贷保险证券等方面的扶贫资金来帮助低收入群体。

第三,让更多的人拥有技术性收入。当前,在我国管理、知识、技术、数据等是一种具有高度稀缺性的生产要素,而且在不久的未来,管理、知识、技术和数据的回报率将有可能超过资本,成为稀缺度最高的生产要素。随着知识更新速度的加快、高新科技的快速发展,从长远来看,所有人要在稀缺生产要素配置收入的格局中赢得一席之地,就必须不断学习、终身学习。一方面,让更多的人有公平竞争的起点。教育是中产之基。不仅要实现硬件方面教育资源的公平配置,更要着力于实现师资力量等软件方面教育资源的公平配置,重点是考虑通过招生资源的倾斜配置、对口援助、建立学校联合体和智慧学校、提高乡村教师收入补助等方式,逐步实现师资力量这一软件的公平配置。其中,大力发展各类智慧学校,对于让所有孩子站在同一个起跑线上具有重要意义。在非义务性教育方面,到2020年时普及高中阶段教育,要让绝大多数初中毕业生都上完高中。2017—2019年每年重点大学通过专项计划录取农村贫困地区学生10万人,将来还要进一步努力拓宽贫困人口和低收入群体子女考上重点大学的渠道。另一方面,让更多的人有参与竞争的实力。真才实学是低收入群体转变为中等收入群体的坚实基石。当前,我国就业人口中80%以上是在体制外就业。创业要成功,关键是看创业中的创新程度。在提高生产要素的稀缺度方面,大学发挥着关键作用。

综述之,从收入分配领域的改革可以看到,进行存量改革,主要目标是消除收入分配领域存在的有违社会公平正义和阻碍社会活力发挥的因素,这种存量改革处于一定的"度"范围内,将有利于社会合作,也会为进一步的增量改革提供强大的动力。但社会合作型的改革最终还是需要依赖增量改革来推动。只有在调整存量的基础上不断进行增量改革,以存量改革推动增量改革,才能保证各个利益主体参与改革的积极性,才能通过群体合作行动,共同创造出新生利益,并且在创造和分配新生利益的过程中,巩固这种群体和阶层层面的社会合作状态。而从整个社会来讲,唯有如此,一个快速变革的社会才能保证既可以逐步打破利益固化局面,又可以在总体上仍然持续处于社会合作状态。

六、社会保障领域的社会合作型变革

现代社会保障制度是人类社会在工业化进程中为化解贫困、失业、伤残、疾病和年迈无助等风险而构建出的一个社会安全网。随着工业社会向后工业社会、风险社会和个体化社会的转型,全球范围内出现了一系列新风险,如大规模的集团化劳动日益解体、自由职业兴起、灵活就业和临时性就业增多、婚姻和家庭的稳定性受到威胁等。西方国家的社会保障制度发展历程表明,现有的社会保障制度应对工业社会风险游刃有余,但应对新风险时却捉襟见肘甚至束手无策,而政府一旦对养老保险、医疗保险等基本制度进行深层变革,就会触动各方利益,可能导致民怨四起,甚至社会动荡。

党的十九大的一个基本判断就是,我国覆盖城乡居民的社会保障体系基本建成,这表明未来一段时间是制度沉淀的关键时期。未来关键是要利用好这一窗口期,未雨绸缪,力避西方国家社会保障制度建设中的缺憾,不断提升制度建设的质量,建成一个能够满足新时代人民新需要的现代社会保障体系。与西方国家不同,当前我国正处于农耕社会、工业社会与后工业社会多重社会转型并存的进程中,适应这一客观现实,新时代社会保障体系建设需要实现思维转换,即从政府包办一切的社会整合思维,转向政府主导下多方合力推进的社会合作思维。

(一)形成社会合作式心理预期

新时代社会保障体系建设要着力于引导形成社会合作心理预期。要充分认识和理解,新时代社会保障体系最基本的特征就是"保障适度"。经过新中国 70 多年的不懈努力,尤其是改革开放 40 多年的奋斗,我国国力与当年相比已经不可同日而语。但当代中国的最大国情是我们仍然处于社会主义初级阶段,再庞大的 GDP 总量、再雄厚的可支配财力,如果分母是 14 亿人口,人均的水平都很有限。2019 年初,我国 GDP 总量稳居世界第二,但人均 GDP 却不到美国的六分之一、日本的五分之一。立足这一最大的国情,未来我国的社会保障水平不可能很高,政府不能包打天下,不能提出脱离实际能力的不切实际的承诺。一些西欧福利国家和一些发展中大国近期出现的各种社会不合作状态,如希腊全民式社会示威、法国巴黎"黄马甲运动"、西欧社会对难民的排斥行动,甚至是极端民粹主义的抬头,等等,或多或少都与社会福利承诺过高但兑现能力有限有直接关联。因此,需要宣传"保基本"的理念,我国的社会保障体系建设主要是多做雪中送炭的工作,要根据经济发展和财力状况来逐步提高社会保障水平和质量。更需要宣传"劳动"的理念,幸福不会从天而降,必须树立起人人要通过勤劳致富改善生活的信念,只有辛勤劳动、诚实劳动和创造性劳动,才能创造出更多可以用于分配的社会财富。

必须认识到要以社会合作方式提升社会保障体系建设质量。通过探索和运用各种社会合作渠道解决好现存的制度顽疾。对于社会保障制度的碎片化问题,即城乡之间、不同区域、不同所有制、不同人群适用不同的社会保障制度的现象,需要不同地区、不同层次的政府有强烈的大局意识和社会合作精神,勇于承担责任,敢于让渡利益,通过不断提高统筹层次和制度的一体化,最终形成一个有机统一的国民社会保障体系。对于社会保障制度的欠公平问题,即社会救助、社会福利和社会保险等方面的资源配置不均衡现象,不仅需要政府部门的合力协作,更需要不同区域、不同所有制的社会群体采取社会合作的态度和行动来加以协同。对于社会保障制度的不可持续问题,即社会保障供应规模对资源供给能力构成挑战的现象,需要通过在相关领域内进行深层次的存量改革来加以应对,无论是人口生育政策的调整、渐进式延迟退休政策的出台,还是社会保险的多缴多得等已经实施或正在酝酿中的改革举措,都需要机关事业单位、人民团体、各类企业、社会组织,尤其是广大人民群众的全力支持、积极参与和主动创新。

(二)进行社会合作式制度设计

以社会合作式制度设计推动实现社会保障与经济发展的良性循环。在社会保障体系建设中,通过优化民生资源投入结构和使用效率,着力于形成人人参与、人人尽责、人人共享的社会合作局面。

总体思路应当是,一方面,在实现社会底层永不绝望的目标后,坚持"权利与义务对等"的理念,对受帮扶群体增加必要的前置性义务要求,让所有人都意识到,享受权利的前提是对一定社会义务的履行。另一方面,通过制度创新激发各类社会主体的参与活力。这一思路体现在具体领域中。

在社会救助方面,重点是实现城乡"低保"与扶贫制度之间的深度融合,解决各种临时性救助与"低保"制度简单挂钩的难题,考虑规定有能力的受救助者要履行一定义务,如接受就业技术培训、提供力所能及的社区服务等。

在社会福利方面,重点是发动社会力量、建设社会企业,与政府、企业等形成合力,提供更高质量的社会福利服务。

在社会保险方面,重点是实现从消费性、输血性制度向生产性、造血性制度的转型。其中,工伤保险的改革要扩大覆盖面,将近2亿尚未入保的农民工纳入保险范围等;失业保险的改革要逐步实现临时性就业者、自由职业者的制度全覆盖,考虑在一段时期内试点多缴多得、对失业保险金的领取时长进行限制性规定等。养老保险的改革要尽快实现养老保险全国统筹,实现基本养老保险与商业保险相互补充,考虑推进渐进式延退、弹性退休以及鼓励退而不休的政策试点。医疗保险的改革关键是在尊重市场规律的基础上,综合运用市场手段、立法手段和行政手段,逐步推动改变以药养医的状况。

第十一章　社会合作视野下的社会矛盾

在现代社会中,对社会进行治理的目标就是消弭各种社会矛盾,实现并持续社会和谐状态。但是应对社会矛盾的视角不同,譬如是从社会整合角度还是社会合作角度出发来审视社会矛盾,因此而形成的解决社会矛盾的价值取向、基本思路和具体制度就会不同,这种差别也将进一步影响社会合作局面的形成和延续。

一、当前我国社会矛盾的呈现形式

(一)当前社会矛盾的主要表征

当前我国的社会矛盾以人民的内部利益矛盾为主。也就是说,当前中国各种各样的矛盾问题相互交织,但主要体现为人民内部利益分配不均、调节不力、表达不顺畅等问题。由于在各个层面、各个地区均有表征,导致我国多种社会矛盾呈现形式是复杂多元的。

第一种表现形式是间接抗争。即利益受损群体与政府部门以及其他既得群体间的冲突,这种矛盾主要是以和平的讨价还价、协商的方式来交互进行博弈。在农村和城市地区,无论是征地拆迁问题,还是村居换届选举问题,或者是环境污染问题中,这种间接抗争长期存在。

第二种表现形式是中国特色的上访现象。上访是一个群体的法律权利,但非正常的上访如越级访、缠访较多,使一些上访成为一种直接抗争形式,导致各种矛盾以较为极端的方式呈现出来。这种长时间持续的上访是各种社会矛盾的集中呈现。

第三种表现形式是极度抗争。在特殊情况下,一些集体不仅直接面对强者,而且以命相争,此前出现的个别农民工跳楼讨薪以及"唐福珍事件""江西宜黄事件"等,表现是个体行为,实质上是一个家庭、一个社区、一个特定群体的利益的极端表达。

第四种表现形式是集群行为。一些群体无序地、突发性地进行群体性聚集,最终可能会演变成为群体性事件。"群体性事件"是有中国特色的一个说法,2004年公安部正式明确了这一提法。群体性事件作为大规模的群众无序聚集现象,在瞬间造成巨大的破坏,但是参与者无组织无动员,还没有形成一个集体意识,是一种乌合之众。

第五种表现形式是集体行动,即为了本群体的利益而共同采取的一种集体行动。群体性事件是无组织,甚至是无目的群众聚集现象,而集体行动是有组织、有目标的。一些经济性集体行动,包括停工现象是有自发组织的,有明确的目标,如涨工资、补交社会保障和改善劳保待遇等。有些环境性的集体行动,也是有组织有目标的,其目标是环境性目标,如保护本社区的空气质量、避免生活水源污染等。对于这类社会矛盾是需要进行强力干预和疏导的。

(二)基层社会矛盾化解的悖论

上述这些社会矛盾表征不仅主要是人民内部的利益之争,而且主要是在个别领域、区域发生的,主要是一种基层层面的社会矛盾,是基层社会矛盾化解力度不足在宏观上呈现出来。从社会矛盾化解角度看,实践中基层社会矛盾化解中存在的一些悖论急待破解。

在治理理念上,出现了维稳与和谐之间相互制约的悖论。一般而言,根据社会矛盾激化的程度,一个社会的状态可以分为三种:一是动乱状态,社会动荡不安甚至处于战争状态,如一段时期的巴勒斯坦地区和阿富汗;二是稳定状态,社会表现上很稳定,但内部矛盾却一直未有平息,不同群体的关系比较紧张,如贫富矛盾、阶层矛盾、干群矛盾日益突出,全球大部分国家和地区处于这种状态;三是和谐状态,不同社会群体各得其所、各安其位,社会活力又不断得到激发,从社会学角度来讲,这种和谐是最高层面的稳定,是一种有机式的现代团结,也是社会治理所要追求的目标。从这个角度来讲,社会稳定与社会和谐应是有机统一的,但也出现了一些错误认识。譬如,一些地区对社会治理的目标仍然存在不少认识不足甚至错误之处,个别领导干部认为社会治理就等于维稳,只要社会稳定就万事大吉;个别干部认为,社会治理是政法系统的事,由公安等部门负责干就行了;个别群众认为,社会治理创新是浪费人力财力,可能会事倍功半;等等。所有这些都说明,在社会治理创新的目标上,一些人的认识仍然被维稳思维所主导,在压力型体制下,维护社会稳定是基层政权和干部的硬任务、硬指标,为了完成维稳任务可以无条件地妥协。由于以长期持续和谐为追求目标的社会治理创新会对现行的体制机制进行大刀阔斧的改革,必然会有利益的再分配,也必然会带来改革的阵痛,甚至有引起短期和局部的不稳定的风险。于是,在这种维护稳定所需要的短平快式的无原则妥协与促进和谐所需要的改革式创新之间就形成了一个悖论。

在创新模式上,出现国家政权下沉与基层自主创新难以共赢的悖论。从社会治理创新的路径来划分,基层社会治理创新可以自上而下式地由政权主导进行,也可以自下而上式地由基层自发进行,这是两种不同的创新模式。改革开放以后,随着家庭联产承包责任制、村民自治、免除农业税、撤乡并村等重大决策的实施,国家政权对农村基层社区的直接控制力不断缩小,有的学者甚至认为有一段时间内,国家政权在乡村出现了"悬浮化"现象。但近年来在各地不断加强和创新社会治理的过程中,国家政权的触角重新回到基层,甚至下沉的很彻底。譬如,在基层社会矛盾化解方面长期处于全国领先水平的江苏南通,在每个村社都建立了"1122"模式,即每个村社配置 1 个民警、1 个综治专干、2 个专职治安、2 个专职调解员。可以说,这些社会治理创新模式实施的效果都很好,也确实增强了村民和社区的社会安全感,但值得注意的是,这种通过国家政权下沉来进行社会治理创新的做法在实践中一旦操作不当,就会跟村民民主自我管理、自我服务这些基层自主自治原则相冲突。

在具体手段上,出现了基层矛盾多元变动与应对策略相对固化的悖论。基层的社会矛盾表现形式纷繁复杂,表面上看现有的社会矛盾化解体制机制是可以应对的,但实际上是处于一种疲于应命的状态。从实践来看,基层政权对于钉子户、上访这类个别抗争的应对方法基本上是完善的;近年来经过多次面对冲击后,应对突发性群体性事件的具体方案和方法也在逐步成熟;但是在应对有组织、有目标的集体行动方面,有的地方还是毫无原则地全盘退让或者是强力压制。无论是全盘退让,还是强力压制,这些做法都与治理的理念相背离,为将来某个时期矛盾冲突的激化埋下了祸根,对社会合作局面的生成有百害而无一利。

二、信任问题与社会矛盾

信任是合作的基本前提。社会矛盾治理的悖论,从文化层面究其根源可以发现,信任缺失是重要诱因。因此,必须梳理和认清信任缺失与社会矛盾之间的关系。

(一)信任缺失的表现形式

在社会学理论史中,齐美尔首先论述了信任问题。[①] 20 世纪 50 年代以后,艾森斯塔德、卢曼、吉登斯、普特南、福山、什托姆普卡等人有关信任的著作使信任问题成为社会学的核心概念和讨论范式之一,并且也使"信任"成为社会资本理论家族中的重要一员。其中,卢曼提出了"信任是减少社会交往的复杂性"的命题[②];吉登斯则对现代性变迁背景下的人格信任和系统信任问题进行了讨论[③]。詹姆斯·科尔曼及普特南从"社会资本"的角度研究了信任问题[④];随后弗兰西斯·福山提出了关于信任产生的另一种解释,认为信任是本社会所共享的伦理道德的产物,信任由文化决定,它产生于宗教、伦理、习俗等文化资源[⑤]。

---

① 郑也夫:《信任论》,中国广播电视出版社 2001 年版,第 15—18 页。

② [德]尼克拉斯·卢曼:《信任》,瞿铁鹏、李强译,上海世纪出版集团 2005 年版,第 10—11 页。

③ [英]安东尼·吉登斯:《现代性的后果》,田禾译,译林出版社 2000 年版,第 26—32 页。

④ [美]詹姆斯·科尔曼:《社会理论基础》下册,邓方译,社会科学文献出版社 1998 年版,第 204—230、358—363 页。

⑤ [美]弗朗西斯·福山:《信任:社会美德与创造经济繁荣》,彭志华译,海南人民出版社 1999 年版,第 30—31 页。

国内对信任的研究相对滞后。一些学者主要从伦理学的角度，从道德层面上来研究"诚信"问题，涉及的主要是个人层面，而"信任"主要是从社会学意义上来研究，涉及的是人际互动基础上的社会问题。到 20 世纪 90 年代，一批学者开始从社会学层面来关注信任问题，郑也夫、杨宜音等人在中国式信任问题上作出了自己的理论贡献。

但是值得注意的是，上述众多学者在关于什么是信任的问题上众说纷纭，尚未形成一致的看法。其中一个较有代表的说法是，"信任是一种态度，相信某人的行为或者周围的秩序符合自己的愿望。它可以表现为三种期待，对自然与社会的秩序性，对合作伙伴承担的义务，对某角色的技术能力。"①《牛津英语辞典》对"信任"的定义是，"对某人或某物之品质或属性，或对某一陈述之真实性，持有信心或依赖的态度。"这与上述社会心理学式的定义有相通之处。从社会学角度来看，卢曼所认为的"信任是用于减少社会交往复杂性的机制"这一观点，则具有较大的被认同性。

综上所述，可以认为，从微观层面上看，信任是个体在心理上减少复杂性的一种机制，是个体获得本体安全感的一种基本需要。而从宏观层次上看，信任的功能在于简化机制功能，维持社会秩序：前者表现在简化人们的判定过程，促进人们的合作；后者则表现在以一种非政府的力量促使人们合作，维持社会秩序的稳定。我们更为关注的是宏观意义上的信任。

参考社会学家卢曼和吉登斯的观点，可以把信任分为两种：

一是人格信任，也称个体信任，就是对某个具体人物的信任，这种信任产生和延续的基础具有人格化、个体化和特殊化的色彩，信任

---

① 郑也夫：《信任论》，中国广播电视出版社 2001 年版，第 15—18 页。

度的高低、信任范围的大小、信任的持续长短都建立在熟悉度及人与人之间的感情联系的基础上,以了解和掌握对方的信息为前提。一般而言,在传统社会中,人格信任的适用范围很广,它是信任确立的原初形式。

二是系统信任,就是对由匿名者组成的制度系统的信任,这种信任源自对现代社会制度体系以及现代人的信心。一般而言,从传统社会向现代社会的转变过程中,制度信任会逐渐侵入人格信任的传统领域,并且以制度信任与人格信任关系的重构作为现代性扩散至深层的一个基本特征。

当前的中国社会正处于快速转型时期,社会信任,无论是人格信任还是系统信任,都处于部分缺失的状况,这就直接引发了社会、政治与经济等各领域中的失信行为。

在社会领域,人格信任系统失能。这主要是体现在公民、企业等社会行动主体相互信任的缺失和对诚信的淡漠。譬如,生活领域中的欺骗与"杀熟"现象。伴随着传统的道德规范约束能力和惩戒能力的日益下降,生活领域内的宽容性在增强,而与此同时,生活领域内人们的行为对道德的恪守也具有了多样化的选择,他们可以选择个性化的自我道德认同,于是乎,人们对于人际间互动的诚信和守诺的看重就相对地下降。随着这种人格信任系统的日益失能,群体性的失信行为日益增多。

在政治领域,系统信任与人格信任的双重缺失导致一些不良社会现象出现。从近些年来暴风骤雨式的反腐败斗争成果中可以看到这些现象。一是官僚主义、形式主义侵蚀人们对政府的制度式系统信任。二是腐败现象,各种权钱交易和以权谋私,严重损害人们对一些政府官员的人格信任。三是在部门利益的驱动下,一些政府部门将公共权力部门化、部门权力利益化和法律化,使人们对一些地方政府本身合法性的信任在下降。

在经济领域,系统信任缺位与人格信任的丢失造成不少失信行为。这主要表现为:一是诚信与契约理念缺失。譬如,假冒伪劣商品泛滥、商业欺诈、价格陷阱,另外还有更直接的电信网络诈骗和传销,等等。二是对不正当竞争缺少制度约束,出现一些暗箱操作行为。譬如,通过搞假招拍挂,在竞标中"量身定制",事先确定参与竞争的条件,将土地、厂房等重要资源转让给事先确定的候选人。三是系统信任制度体系残缺不全。如对拖欠工资、逃避债务、高考冒名录取等非法行为没有完善的制度进行应对,使人们对制度系统的信任度下降。

(二)信任缺失引发社会矛盾的作用机制

从变迁角度来看,信任结构的重塑是引发众多社会矛盾的直接原因。

第一,人格信任的转型是微观层面的直接原因。

人格信任的转型是指伴随着社会的快速转型,人们的个体间信任也从传统型转向现代型,在这个转型时期,在微观个人层面上存在着个体的信任再定位,也存在着个体间的人格信任的多元化。

一方面,人格信任体系的再定位引致社会矛盾。在传统的中国社会中,人格信任具有超稳定的结构体系,也具有广泛认同的基础,为几乎所有的社会成员所认同。因为作为特殊的熟人社会,中国传统社会形成了以"我"为中心,一层层向外扩展的"差序格局"①。按照韦伯的观点,"在中国,由于儒家理论的作用,政治与经济组织形式的性质完

---

① 费孝通:《乡土中国:生育制度》,北京大学出版社 1998 年版,第 24—30 页。

全依赖于个人的关系……中国所有的共同行为都受到纯粹个人的关系,尤其是亲缘关系的包围与制约"①。也就是说,传统的这种人格信任,是出自对熟人社会中那套行为规则的不假思索的熟悉和顺应。但是当中国经历各种革命、经济市场化、人口快速流动、社会变迁加速后,因为家族功能在急剧萎缩,熟人社会在开始解体,累年积成的乡土社会中的传统人格信任维持社会秩序的效力大打折扣。当这些传统人格信任良好运转的保障机制解体后,"差序格局"中的人的自我定位,并没有跟随上述机制的解体而发生有利的改变。这就可能会引发各种利己式的失信行为,并因此形成社会矛盾。

另一方面,个体间的人格信任日益多元化,直接引发社会价值冲突和行为冲突。在价值评判体系日益多元化的背景下,个体间所信奉的人格信任原则日益异质化,从而导致对失信行为的道德惩罚和实际惩罚都较传统社会大为减少,并直接引发不同个体间的价值观冲突,甚至是直接的行为对立。

第二,系统信任建设的落后是制度层面的直接原因。

由于人类理性是有限的,外在事物具有不确定性和复杂性,交易各方所掌握的信息具有不对称性,因而社会交易成本的存在具有其自身的必然性,可以说,社会交往中存在着诸多的不确定性。为了对抗各种潜在的信任风险,人类发展出了一整套严密的预防及自我保护的机制,其中以各种正式的制度体系为代表,人们由此形成了对制度体系的系统信任。制度规范使人们能够在订约前对对方的背景信息充分了解,对订约中各种可能出现的情况及后果及时进行预测及防范。但在社会快速转型期,作为系统信任的基础的部分制度或者是错位的,或者是缺

---

① 〔德〕马克斯·韦伯:《儒教与道教》,王容芬译,商务印书馆2003年版,第193—223页。

位的,或者是发展滞后的,这就容易导致社会矛盾的出现和激化。

一方面,制度本身的不完善导致人们对制度体系的系统信任低下。制度关系到一个社会的行为规范和秩序体系,制度化过程将增进社会成员行动的模式化,促成社会现象的某种系统性,使社会事件具有较高的可预测性,从而加强社会的有序性。但制度的易变性、制度的不执行、对制度的错误执行等都直接导致与具体制度有直接利益关系的人群的利益对立,矛盾激化。

另一方面,制度执行的不彻底导致人们对系统信任的不认同。新制度经济学认为,制度需要"一个诸如政府那样的、高踞于社会之上的权威机构来正式执行"①。传统的政府管理体制有很浓厚的"官控""官治""官办"传统,这种人治或半人治的管理方式使正式制度的执行或多或少都会走样、变形,制度执行不彻底,使人们对制度执行者的信任要高于对制度本身的信任。更严重的是,它所造成的"体制性习性"对具有长效机制的制度化建设,以及公众对制度的系统信任感的确立和维持形成了很大的排斥。制度执行不力直接导致人们对制度的系统信任缺失,系统信任缺失又进一步与社会矛盾之间形成恶性循环。

此外,制度倾斜会导致部分人群的系统信任丧失,进一步导致群体间的矛盾尖锐。世界银行早在《2006年世界发展报告:公平与发展》就指出了体制被特权阶层俘获的危害性。其实,"体制的俘获"有一个演化过程,其中最严重的一个阶段就是"制度倾斜"。在这个阶段,不公平已经成为经济和社会中的系统现象,是来自体制方面的一种有意识的安排,有一系列的具体制度为其摇旗呐喊,正如世行报告所说的,"在经济体制和社会安排上系统地偏袒更有权势的群体的利益","倾

---

① [德]柯武刚、史漫飞:《制度经济学》,韩朝华译,商务印书馆2000年版,第32、36页。

向于保护政治上有权有势者和富人的利益,而往往损害到大多数人的利益"①。到了这个阶段,由于制度倾斜而利益受损的利益群体和阶层就有可能失去对制度的公正性、合法性的认同,这种状况更容易导致不同阶层间的利益争夺,导致阶层间的利益对立和利益冲突。从社会合作角度来看,到这个阶段后会直接危及各种社会合作意愿的产生。

三、社会整合:应对社会矛盾的主导思维

面对上述各种社会矛盾,尽管无论研究者还是治理者都明了,信任的缺失和合作意愿不足等是社会矛盾的重要原因,应当动员多元主体通过长期互动和合作,逐步积累信任度,从而维持长久的社会稳定状态。但是如果有关如何应对社会矛盾的主导性思维并不是培育合作精神、重建信任体系,而是自上而下地完善各种社会整合体制机制,社会整合成为应对社会矛盾的主导思维,这是有失偏颇的。

(一)社会整合主导社会矛盾研究进程

一般而言,社会整合是指调整和协调社会中不同因素的矛盾和冲突,使之成为统一的体系的过程或结果。自从涂尔干从道德和情感角度来讨论现代化进程中的社会失范及其应对问题开始,社会整合就与社会矛盾论题结下了不解之缘,此后几乎所有的社会整合研究都是为了因应现代化进程中所产生的社会"断裂"问题。所以从一定意义上

---

① 世界银行:《2006年世界发展报告:公平与发展》,清华大学出版社2006年版,第65页。

讲,社会整合是一个与社会失序、社会矛盾相对而存在的理论概念。由于观察的视角不同,两方的研究者遵循着理论探索和实证研究两条研究路线,分别形成了宏观的系统整合理论和微观的个体整合理论,但是值得注意的是,它们的区别只在于完全的结构主义还是从微观到宏观的结构主义,社会整合思维一直在主导着社会矛盾研究的基本进程。

在早期,社会矛盾应对的系统—结构视角完全以社会学的结构主义取向为根基。从孔德的"社会内聚力"思想、马克思的"阶级社会理论"到斯宾塞的"社会有机体论",都内含着这种系统—结构式的理论关怀;而在涂尔干这里,社会整合概念得到系统论述;到了帕森斯,社会整合成为解释社会变迁的重要范式。这种宏观主义取向重点强调规范、利益和价值等宏观因素在应对社会矛盾方面的整合作用。譬如,涂尔干强调规范如教育的作用,也强调非正式规范如传统文化、宗教仪式、集体情感等对社会失范的防御作用、对有机团结社会的重组功能。帕森斯提出了解释社会行动的结构功能框架——AGIL 框架,主要由经济系统、政治和制度系统、社会系统、文化价值系统来共同完成。吉登斯更是直接从时空分离和重组角度认为,现代性后果带来各种宏观社会矛盾,需要"考察现代制度是怎样'适应于'时间和空间的"。

近期形成的关注社会行动主体、力图让个体融入社会的取向,其最终的理论关怀也落在宏观的社会整体层面。譬如,哈贝马斯强调沟通整合的功能,将社会整合与"由规则保障和(或)沟通达成的一致"关联起来。有学者的研究甚至表明,如果社会交往缺乏的话,破坏性力量就会增长。尼克拉斯·卢曼认为现代社会的个人主义会导致要求的个人主义,并进一步造成"要求的通货膨胀",为了满足个人的社会整合,就可能危及社会的系统整合。为此卢曼作出了"出现一个新的、以纠正社会排斥为自己功能的社会系统"的猜想。洛克伍德将整合划分为

"系统整合"和"社会整合",前者"关注的是组成社会系统的社会单元之间的关系,后者重点关注的是行动者之间的或有序或冲突的关系",前者关注的是社会各系统之间的协调,后者关注的是个人如何融入社会。吉登斯的时空整合理论认为,"只有通过影响个体和团体行动的知识的不断输入,来对社会关系进行反思性定序和再定序",才能实现整合。可以说,进入后工业社会后,社会整合取向的社会矛盾研究开始从抽象走向具体,从社会走向个体,力求避免形而上的方法论。但这种对微观主体互动的关注本身却是手段,最终目标还是融入结构之中。

(二)社会整合是社会矛盾应对的主导思维

正是由于在理论上社会整合与社会矛盾存在着这种特殊的亲和力,消除社会矛盾,实现社会一体化是社会整合的基本目标,所以可以说,社会整合是中外社会治理者应对社会矛盾时所秉承的主导思维,并且这种社会整合思维主导着社会矛盾应对具体政策安排的发展方向。

在实践中,社会矛盾应对的社会整合模式一般以利益整合为核心,囊括了规范整合、组织整合与价值整合等基本形式,以实现社会整体的和谐稳定为基本目标。其中,利益整合是核心,制度整合是保障,价值整合是思想基础,组织整合是依托。相对应的,社会整合取向的社会矛盾应对政策体系主要表现在以下四个方面:

一是通过利益协调实现利益统一。基于利益主体多元化、利益来源多样化、利益差别显著化、利益关系复杂化和利益矛盾显性化等共性式的判断,形成一系列社会矛盾利益整合机制,如科学的利益引导机制,公正的利益分配机制,合理的利益补偿机制,畅通的利益表达机制,高效的利益矛盾处理机制。

二是通过制度建设实现制度重新整合。由于制度规范可以增强人们的预见性和人际间的信任度,维持社会的运行秩序,因此从制度约束角度出发,通过法律规范和乡规民约等民间约束的共同努力,形成一个以制度为行为边界的约束性体系,以制度来应对社会矛盾。

三是以思想建设实现意识形态再整合。任何一个社会体系都离不开价值信念的支撑,努力塑造、整合公民的价值和信仰,通过构建有效的意识形态实现价值整合,是应对社会矛盾的基础性工程。

四是以组织资源建设实现组织整合。对单位人向社会人、社区人和虚拟人转变过程中,组织缺位的关注程度明显增强,强调对社会组织和网络社会等新兴组织资源的功能发挥,希图将新兴社会图景中的社会矛盾加以整合,使社会整合模式能够长久持续下去。

四、社会合作:应对社会矛盾的新思维

(一)社会整合思维的困境

从理论上看,社会矛盾应对的社会整合思维以宏观的结构主义为基本取向,虽然经过哈贝马斯、吉登斯等众多学者的努力弥合,但整合思维本身的根本性缺陷却无法彻底消弭:过于强调整体而忽视个体,强调结构的约束性而忽视主体的能动性,在保障社会稳定的同时却使个体的自由失去保障,个体的行动边界也无法析清;另外,结构本身具有一种自我维持倾向,这将导致结构对现实的反映具有明显的滞后性,可能还具有自我的路径依赖性。对于快速转型的当代中国社会,仅以社会整合思维来研究和应对社会矛盾必然面临一系列新的困境。

　　一是无法面对社会形态的多重转型带来的挑战。社会整合是应对传统社会向现代社会转型中的社会失范现象而形成的概念。在这种单一的进化型社会中,社会整合模式的设想具有很强的可操作性。而当代中国面临着农业社会向工业社会转型,工业社会向后工业社会、后现代社会的转型,以及农业社会直接向后工业社会、后现代社会的转型。在社会转型过程中,还存在着复古、思旧思潮兴起等新的挑战,多重转型带来的众多社会矛盾由于其根源的复杂性、互动的多样性,使传统的社会整合模式显得过于简单和滞后,必然需要一种动态的行动主义取向的应对模式的诞生。

　　二是无法应对个体化倾向的发展。随着社会主体类型增多,社会主导价值理念日益多元化,仅仅强调社会整体层面的总合性价值取向已经无法满足所有社会个体的价值需求。随着社会阶层的多样化,现代社会的个体化倾向日益突出,利益的碎片化及在此基础上的利益关系异常互动,使利益调整难度日益加大,利益固化倾向越来越明显。在个体化社会中,社会主导的价值理念发生变化,如更加信仰人人平等,更加强调自身的尊严,更加希望通过参与、沟通实现动态的社会公正,因此以社会主体的互构为基本取向也就应运而生。

　　三是无法概括中国的社会治理实践。社会矛盾政策的理念和实践发生变化,已经非简单的社会整合模式可以囊括。在社会和谐理念中,出现了社会治理要"共建共治共享""人人参与、人人尽力、人人共享""社会治理共同体"等理念。在实现中国梦中,除了国家富强和民族振兴之外,更加强调"人民生活幸福安康"的重要性。在社会秩序方面,党的十八届三中全会进行了理念上的调整完善,即从强调管理转向强调治理。从社会管理到社会治理仅一字之差,但却是社会建设理念的一次彻底更新。因为"管理"强调社会建设主体的唯一性,以及在此基础上的绝对权威性与强力色彩;而社会治理是各种公共或私人机构和个人管理其共同事务的诸多方式的总和,可见"治理"强调的是社会行动主体的多元化与平等性,各主体在协商基础上形成合作,通过互构来共同解决问题,最终实现共生共赢。

(二)社会合作思维的兴起

社会领域内出现的新变化已经超过社会整合思维和政策的约束范围,这要求,要从静态结构主义思维走到动态互构主义思维。这表明,社会矛盾应对思维在转型,应对视野应从宏观走到行动,应对主体要从一元到多元,应对机制从结构到过程,从静态到动态,应对结果应从结构整合走向共融共生。从理论上讲,强调社会合作思维并在此基础上进行制度创新,可以有效地弥补社会整合模式的不足。而在实践中,随着社会治理理念的落地生根,未来应当从被动走向主动,从积极行动的正面角度出发,探索不同社会行动主体如何形成充分有效的社会合作,社会才会形成良性运行的长效机制。

一是社会合作可以真正体现参与主体的平等性,是对社会矛盾应对中行动主体缺位的一种彻底颠覆。在现代社会中,所有社会成员的积极参与和首创精神是运行和发展基本动力;任何一个社会群体的主体性被压制,都会对社会合作产生巨大的负面影响;尤其是社会中的主要群体,如果出现主体缺位,社会矛盾的应对结局将永远只是其他群体所希图的和谐稳定。事实上,人类文明是通过合作而逐渐发展起来的,文明演进过程中的每一个更高层次,都必然导致更大范围的合作。在一个主体多元的社会之中,竞争的结果只能以不同社会群体之间的合作而为最终结局,别无他解。罗尔斯在《作为公平的正义:正义新论》一书中描述了一个最基本的理念——社会是一个世代相继的公平的社会合作体系,这个理念是起组织作用的核心理念。社会合作理念至少有三个本质特征:其中之一就是社会合作要包含"每一参与者之合理利益或善的理念"①。可以说,在社会合作的理念指导和制度安排内,国家与社会中不同主体之间会互相承认对方的合法性资格和权利,社会各群体会平等地参与一切形式的合作。

二是社会合作在强调权利与义务有机结合的基础上,形成了一个新的利益表达和社会矛盾应对体系。通过引入社会合作理念,作为平等的主体可以通过各种渠道有效地表达自身的意志,保障自身的利益不受侵犯。但是,这种平等权利是以相对等的义务为基础建立起来的,否则社会矛盾也不可避免。正如前面已经提过的,孟德斯鸠认为,如果一个公民能够做法律所禁止的事情,他就不再有自由了②,因为其他的人也可以这么做,于是一切就陷入混乱之态。正是义务的存在让社会合作得以持续下去,社会合作的理念才显现出它的生命力。因此,在平等合作的基础上,不同社会合作主体都有它边界清晰的权利和义务承担范围。为了让这种社会合作在平等的氛围下长期延续下去,这种权利和义务的结合还要遵守一定的既定原则,如"权利与义务对等"原则,要享受一定的权利要以履行一定的义务为前提。有义务才有权利,有权利即有义务,两者应当是一个有机的整体,只有这样平等主体的主体性,相互间的协商性、互惠性和合作才会最终出现。

三是社会合作以追求不同主体共享的社会和谐为目标。社会合作

---

① 参见[美]约翰·罗尔斯:《作为公平的正义:正义新论》,姚大志译,上海三联书店2002年版,第11页。

② [法]孟德斯鸠:《论法的精神》上册,许明龙译,商务印书馆1995年版,第154页。

以社会和谐为理论预设、追求目标和基本价值。合作主义特别重视在利益分化和权力多元化基础上的有机整合、相对均衡、有序和协调一致。① 一方面,社会中分散的利益按照功能分化的原则组织起来,有序地参与到政策形成的过程中去;另一方面,从这种制度化参与机制中,国家权力获得了稳定的支持来源(合法性)和控制权。合作主义虽然反对自由主义的个人主义,但在社会观上又与它所要反对的自由主义有着根本上的一致,即都认为阶级、集团利益可以调和,追求自我利益的集团与个人可以和谐共存于一个社会有机体之中。社会合作理念在西方国家不能得到最终和最充分的体现,但在中国,社会合作恰恰最能体现社会主义的本质,因为社会和谐是社会主义的本质属性,社会合作是长期和谐得以实现的基本途径,理应受到充分重视。

(三)发达国家的合作治理新趋向

近些年来,随着政府职能的不断延伸,集体消费品的日益增多,社会安全稳定的压力逐渐增大,发达国家在实践中不断加强针对社会矛盾的治理力度。从近 20 多年来的实践中,可以审视和分析发达国家在社会合作治理方面出现的新趋向。

第一,以权利与责任对等为原则调整民生制度。改善民生,可以将社会矛盾冲突化解在萌芽状态,达到防患于未然的治理目标。为此,从20 世纪 40 年代末开始,西欧和北欧各国纷纷宣布建成福利国家,一时间,发达国家国民的"幸福"意识明显增强,成为保障 20 世纪五六十年代各国国泰民安的定海神针。20 世纪 80 年代以来,随着与福利国家取向反向而行的新自由主义的兴起,削减福利、漠视穷人成为英美等国

---

① 袁柏顺:《论西方合作主义的理论特征》,《湖南师范大学社会科学学报》2007年第 2 期。

的基本政策取向,于是长期失业者、未婚妈妈、老弱病残的福利待遇或取消,或大幅下降。政府通过减负轻装上阵,重新获得了经济发展所需的强劲动力,但随之而来的公正丧失、阶层敌视、冲突四起却让各国的社会合作局面难以维系。

进入 20 世纪 90 年代尤其是 21 世纪以来,发达国家对数十年来推行的福利国家政策的反思进入了一个新阶段。人们一致认识到,民生制度建设虽不能导致福利依赖的形成,但也要保证公民基本的生存权和发展权,否则社会就会在"有平等而无动力"和"有动力而无平等"这两种极端状态间徘徊。为此,近年来,发达国家都转变施政思路,改革民生制度,力图在公民的权利与责任之间寻找一个相对均衡点,处理好社会福利与发展动力的关系。具体表现为,在民生类制度设计中开始强调合作原则,以此达到维护社会稳定、增进社会团结、实现社会和谐的目标。

当前,绝大部分发达国家都明确规定了一项社会合作的基本原则——在民生方面权利与义务相对而存在,即如果要享受各类社会福利,则必须承担相应的社会责任。从 1996 年开始,德国就规定,如果长期不工作,则将福利享受者的救助金水平降低 25%。如果说这一规定还较为温和的话,那么同年美国联邦政府颁布的《个人责任与就业机会协调法》则详细和严苛的多。该法案强调,每个人都应为自己工作机会负责,努力寻找并参加工作。所有家庭只能获得累计 60 个月(5年)的联邦援助;领取福利的父母必须每周至少参加工作或职业培训 30 个小时,双亲家庭则需要每周工作 35 个小时。如果救济金领取者不配合这一要求,州政府可以减少甚至终止福利。2008 年以来,澳大利亚则实施了"为救济金而工作"的计划,政府为失业者推出了一系列的就业项目,包括针对青少年和青年就业的服务项目、中年人就业服务项目、非英语背景居民的就业服务项目等;同时规定,如果没有工作而去领救济金,则必须把一定的时间用于社会服务上,如去养老院和社区做志愿者等。2011 年 1 月,英国政府宣布了最近 60 年来最大的福利制度改革方案,该方案规定,今后凡是以"生病"为由连续一年拒绝政府推荐工作的失业者,将被取消平均每月在 500 英镑左右的房屋补贴;如果失业人员连续 3 次无理由拒绝政府介绍的就业机会,3 年内取消领取救济金资格;而且从 2013 年 4 月开始,政府发放的救济金的年度通胀涨幅控制在 1% 之内。

可以说,最近几十年来发达国家在民生方面走过了一条"高度福利—削减福利—福利有条件回归"的道路,社会合作色彩日益增加。毋庸置疑,民生改善确实可以实现藏富于民,让社会矛盾消弭于无形之中。但无条件地改善民生,可能会形成福利依赖,并不能很好地实现社会和谐稳定的目标。发达国家近年来通过强调义务和责任的方式回归社会福利的做法表明,社会治理不一定都是惩恶于已然的不断被动应对过程,治理应如同消防员,出现火情时奋力灭火,更要积极寻找潜在火源,实现源头治理。以权责相对应的方式改善民生,既不把弱势群体完全推给社会和市场,又不完全进行"父母包养"式的养懒人,这种适度普惠型的社会福利体系,在大大减少政府财政压力的同时,让社会发展既有活力又有公正,是现代社会合作精神的重要体现。

第二,以完备的法制保障化解社会冲突。近年来,发达国家不断完善和细化法律规范来划定禁区,在实践中更以强硬态度依法以重典治乱世。

一是严密规范个人行动的权利界限和责任分担。任何人都有自由,但个体自由不得以牺牲他人的自由为基础,该理念在发达国家是公民的一个普遍意识,也是发达国家进行社会管理时对个人行动所划定的基本界限。发达国家法律普通规定,任何人都可以自由游行示威。在美国,法律规定:"个人利用公共场所行使的表达自由会产生表达自由和政府维持公共秩序的利益冲突。由于前者是一项宪法权利,因此最高法院始终强调对后者的严格的司法审查。"①但在实际执行中维护公共秩序的利益依然占上风。可以说,这种个人自由不得妨碍他人自由和公共安全的原则,由法律明确规定,人人恪守,权利与义务直接联系,所有社会成员的行动边界完全明晰,成为社会合作的基本前提。

二是依法以重典治乱世。近年来,发达国家一旦出现危及社会公共安全甚至统治利益的事件或活动,则会从重和加重惩罚,甚至在特殊情况下依法直接进行武力弹压。譬如,在美国,2011年"占领华尔街"运动发生的两周之内警察就逮捕了近1000人,芝加哥警方在两周内就逮捕了300多名参加"占领芝加哥"运动的示威者。② 再如,2011年英国伦敦发生"8·6"事件,以黑人为主的年轻人在伦敦多个街区纵火抢劫伤人。在事件爆发后十天的8月17日,伦敦法院即向各地方法庭传达备忘录,强调"在处理骚乱者案件时,不必囿于量刑规则,可适当加重刑罚"。依此备忘录精神,在两周内,伦敦各地方法庭即将逮捕的3000人中的1566人判刑。③

第三,规范和引导社会组织进行协同管理。近代以来西方公民形成自由结社的传统,社会组织作为自由人的联合体,是市民自由交

---

① 转引自邱小平:《表达自由——美国宪法第一修正案研究》,北京大学出版社2005年版,第137页。

② 国务院新闻办公室:《2011年美国的人权纪录》,人民出版社2012年版,第3页

③ 《英国法庭重刑惩罚骚乱参与者》,《法制日报》2011年9月20日。

往领域,发育非常健全。在现实中,发达国家的社会组织作为政府和市场之外的第三极力量,发挥着缓冲器的功能,当政府和民众出现矛盾冲突时,社会组织可以居中调节,进行缓冲;社会组织还有集体表达的功能,当一个群体感觉利益受损时,代表该群体利益的社会组织可以把集体的共同意志通过理性合法的手段表达出来,争取其他社会群体的支持,统一向政府和企业等施压和协商,最终达成共赢共生的目标。

近年来,经过新公共管理思想的洗礼,发达国家的社会组织在社会矛盾应对的协同作用发挥得更加充分。发达国家社会治理的一个基本特点就是,通过制度创新规范社会组织行为、激励社会组织深度参与社会治理,有效地发挥其在社会治理中的社会协同作用。

一是依法对社会组织的行为进行约束。很多发达国家规定,社会组织不一定需要登记或申请成立。美国规定,公民成立非营利组织可以自由选择是否注册,注册的具有法人资格,不注册的不具有法人资格,不能享受免税待遇。在德国,非公益性社会团体、民众团体、市民小协会和工会等可以不进行法律登记,没有登记的社会团体也可以有章程,一旦建立就可以租房,自主开展活动,目前德国社会团体中约有一半是未经登记注册的非法人。发达国家政府主要对社会组织的行为而非主体进行规制,即无论何种社会组织一旦有行动,法律就开始发挥规范和引导的作用。政府着重进行的是严格监督非营利组织法人、税收和免税等状况,如目前在德国就由财政部负责检查社会组织的公益性,还负责社会团体开展国际援助项目的审批。

二是政府与社会组织形成良性的合作伙伴关系。政府经常与志愿组织、社区形成一些合作协议,形成了一种平等的合作伙伴关系。在社会治理方面同样如此。如美国的劳工联盟及产业工会联合会(简称

"劳联和产联")是美国规模最大、历史最悠久的工会组织,跟当前我国的工会不同,美国的工会是自下而上地自发性联合起来,跟政府是相互独立的,与政府之间是合作关系。近年来,劳联和产联代表全国1000多万工人,有60个国内国际成员组织,成员异常复杂,如农场工人、矿工、卡车司机、面包师、木匠,还有教师、医护人员、音乐家、消防员、工程师、编辑、飞行员、公务员等。但工会通过集体行动代表这些工会成员的基本想法,代表工人与各级政府、企业平等地协商、妥协并达成共识,既发挥了利益表达的功能,又避免了政府与无数工人直接面对可能会带来的不利后果。

三是拓宽社会组织参与社会治理的途径。政府向社会组织提供经费,使之对政府形成一定的依赖性。如英国政府通常通过与慈善组织签订合作协议方式提供支持;在德国,非营利组织的经费有70%来自政府和各政党,很多大基金会,如艾伯特基金会、罗森堡基金会,都是这类社会组织的代表。政府也购买社会组织提供的公共服务。美国从2001年开始就在各州和城市成立国家社区服务公司;英国在2011年以来推进的福利体制改革中大力推行政府采办制度;德国近年来则发行就业券给失业者,由政府选择的社会组织代替政府对失业者进行各种培训,政府在进行评估后支付费用。由于社会组织具有非赢利性,责任心强,加之有完备的评估机制为保障,因此培训的效率高、效果好。此外,鼓励社会组织直接维护社会治安。如2001年"9·11"事件后,美国将40年前发源于丹麦的一项社区治安计划——邻里守望制度发扬光大,并将反恐内容纳入其中。该计划广泛散发《团结起来让美国更强大:民众行动指南》等,宣传鼓励社区各种社会组织和民众积极参与反恐,该《指南》强调:"了解你的邻居,保持警惕,注意可疑活动。"目前,美国已经约有7500个社区实施了这一计划。近年来,美国还对社区危机反应团队、街区守护者、辅助警察等制度进行建设或更新,使之更好地发挥社会组织辅导社会治安管理的作用。①

第四,多策共举强化对互联网的有效管控。在互联网管理制度创新这一领域,发达国家近年来最大的一个变化就是,充分发挥互联网信息交流和舆论引导的优势,在此基础上加强对互联网的控制力度,将其对社会安全的正功能最大化、负功能最小化。其中美国作为全球互联网的主导国家,近些年来所采取的强化互联网引导和管控的举措尤其具有代表性。

一是完善管控机构。经过多年的发展,到 21 世纪初叶,美国政府形成了六大网络安全专职机构,即隶属国土安全部的美国计算机应急响应小组,隶属国防部的联合作战部队全球网络行动中心和国防网络犯罪中心,隶属联邦调查局的国家网络调查联合任务小组,隶属国家情报总监办公室的情报界网络事故响应中心,隶属国家安全局的网络空间安全威胁行动中心。2009 年 10 月,美国又成立全国通信与网络安全控制联合协调中心,主要工作就是侧重从安全、犯罪、防御的角度实施网络政策,协调和整合六大网络安全专职机构的信息,以提供跨领域的网络空间发展趋势判断能力,分析并上报全国网络空间的运行状况。同年,美国政府还成立了白宫网络安全办公室,协调内阁其他部门提交网络政策建议,形成美国政府的网络政策,并确保这个总体政策获各部门认同,担任该办公室主任的霍华德·施密特被美国媒体称为“网络沙皇”。

二是依法严格管控。首先,严格监控互联网。美国 2001 年颁布的《爱国者法》和 2002 年《国土安全法》都包含监控互联网的条款,并授

---

① 赵成根:《发达国家大城市危机管理中的社会参与机制》,《北京行政学院学报》2006 年第 4 期。

权政府或执法机构监控和屏蔽任何"危及国家安全"的互联网内容。其中,《爱国者法》第 215 条授予美国政府广泛权限,以便其获取所谓的各种"元数据",如电话记录等。2010 年,美国通过对《国土安全法》的修正案《将保护网络作为国家资产法案》,规定联邦政府在宣布紧急状况下拥有绝对的权力关闭互联网。2012 年,美国国会进一步通过法律,授权政府可以通过未经许可的窃听及电子通信手段获取民众隐私。① 2013 年 6 月,斯诺登事件爆发后,互联网监控的边界问题成为人们关注的焦点,促使美国政府提出监控项目改革方案,对部分监控内容进行调整。其次,依法打击网络犯罪。美国针对网络犯罪的主要立法是联邦国会于 1986 年通过的《计算机欺诈和滥用法》。该法相继于 1988 年、1994 年、1996 年、2001 年、2002 年和 2008 年进行过多次修订。修订后,惩治范围不仅包括任何已经实施网络犯罪的人,也包括所有"密谋策划"网络犯罪的人。最后,强力控制信息自由流动。皮尤研究中心调查显示,在 2011 年"占领华尔街"运动的第二周,关于该运动的报道仅占美国全国性媒体总报道量的 1.68%。"占领华尔街"运动发起全球大串联,美国有线电视新闻网、福克斯等电视频道没有作任何直播,这与其曾 24 小时直播开罗广场示威活动形成鲜明对比;纽约警方最后强制清场"占领华尔街"运动,以妨碍公务的名义抓捕了国家公共广播电台、《纽约时报》等媒体的 200 多个记者,美国所有主要媒体都不允许对此进行报道。②

综述之,近年来,发达国家在化解社会矛盾、维护社会安全稳定方

---

① 国务院新闻办公室:《2011 年美国的人权纪录》人民出版社 2012 年版,第 5 页。

② 国务院新闻办公室:《2011 年美国的人权纪录》,人民出版社 2012 年版,第 4 页。

面做出了不少调整,尽管中西国情民情都有所不同,西方国家制度调适的实际效果仍有待历史的评估,制度也存在天然的缺陷,但这并不妨碍我们从思想基础和具体方法技术等层面对这些新趋向加之深思、批判、扬弃和借鉴。其中,最重要的一点启示就是形成化解社会矛盾的社会合力。

具体而言,从制度创新的角度来看,这些政策调整的社会合作趋向非常清晰。发达国家通过让社会福利的有条件回归,以权利与义务对待的原则减少了弱势群体对社会的仇视,赋予该群体更多的社会责任,通过完善发展性社会政策帮助弱势群体积极融入主流社会,是从源头上动员所有社会行动主体参与治理社会、化解矛盾。同时,发达国家进一步编织严密的法律之网,规范公民的行动边界,对危害社会公共安全的行动进行强力应对,软的更软、硬的更硬,进一步明确了社会行动主体的行动边界。近年来,发达国家社会组织在社会治理中的地位更加突显,相应地减轻了政府的压力,政府对社会组织的有效管理,以及两者在社会治理和社会服务方面形成的良好合作关系,应当成为加快发展现代社会组织的主要方向之一。在互联网络管控方面,给予人们的最大启示是,在发达国家,互联网并非人们臆想中的自由王国,以美国为代表的发达国家政府一直在依法严格控制互联网的自由,强力维护虚拟社会的安全稳定。当然,既要维护互联网的安全,又要保障网民的自由权利,是摆在社会治理者面前的一道新难题,发达国家做得并不完美。近年来,我国在净化网络环境的同时,一直在寻找国家对网络社会的有效管理和民众自由表达的契合点,在划清社会安全与个人自由的边界,应当说其中的社会整合色彩较强,但社会合作的色彩也在不断增强之中。

五、社会合作模式变迁下的社会矛盾应对

基于以上认识和发达国家的一些做法,结合中国的理论和实践发展,我国在化解社会矛盾时要实现社会整合模式和社会合作模式的并重,需要处理好以下一些基本问题。

(一)以主体多元化奠定合作基础

社会矛盾的应对事关每个人的切身利益,本质是以人为中心和目的、对具体的人的治理。社会治理不当极易使政府自视为唯一的社会管理主体,而所有社会成员则被视为管理对象。社会合作理念和主体多元化是开展各种社会合作的基本前提。

通过社区回归发挥充分自发性社会合作模式的功用。要让社区不仅是生活场所,更是心灵的"家园"。当前培育社区家园感的当务之急在于,通过各种文化、社交活动促进社区内部的充分交流。对于政府而言,重点是要改变部分社区缺少人力物力财力和工作方法的现状,依法使基层政权与社区的职责分工更加清晰,以面对面的直接服务管理消弭怨气、赢得民心,将社会矛盾消弭于萌芽状态。

通过强调主体参与来完善自觉性社会合作模式。在当前的社会治理体制中,党委、政府的定位准确到位,但社会组织、自治组织尤其是居民参与不足,弱势群体无力表达等,成为"短板"所在。在应对社会矛盾的过程中,应当落实群众路线,发动群众、相信群众、依靠群众,从"为民做主"转变为"由民做主",让广大人民群众真正参与到社会安全和谐的创造过程。当前可选择的做法有:通过社会影响评价机制、听证

会等形式增强决策过程的科学性和民主化;适合由社会组织提供的公共服务和事项交由社会组织承担;大力发展志愿服务组织,在基层发动群众依靠群众创新化解社会矛盾的方式方法;等等。

此外,社会合作理念要求一定不能出现各相关的利益"主体缺位"现象。一个群体的意见可能由它本身表达,也可能从这个群体中的某个人或群体外代表这个群体的个人来表达到,但更多的、更有效的是有这个群体内部发育产生出来的一定团体表达。当前,强调主体参与关键是要扩大经常处于缺位状态的弱势群体的参与范围,使其利益表达渠道合法化、组织化,增强弱势群体的集体话语权,使之能够依靠组织力量保护自身利益。譬如,让所有农民工都加入工会,提升工会的工资集体协商功能,增加各级党代会、人代会中农民工代表比例等,就是可以让农民工进行有效的利益表达,实现社会层面的和谐稳定。

(二)修补新型人格信任的断链

在社会中形成广泛的信任氛围是历代统治者的不懈追求。《论语》有云:"人而无信,不知其可也""信以成之""言而有信"。在社会快速转型期,各种社会矛盾和社会进步交织并存,追求最广泛意义上的社会信任更是国家、企业和个体共同追求的对象。首先要做到的就是通过社会系统工程,逐步修补新型人格信任的断链。

这里所指的新型人格信任就是现代型的人格信任,它是指适应现代社会需要的新型的人格信任。与传统的人格信任相比,新型人格信任的信任范围在日益扩大;信任程度也在均等化,即对人际关系网络中最近者与最远者的信任程度的差异在缩小;信任程度也在相对稳定化,即长期、固定地相互信任其他各方,而不会随着外部社会的变迁而在信任程度、范围等方面出现大幅度的变动。

目前,由于传统人格信任类型向现代型转型的步伐不均衡,在一般大众中,这种新型人格信任与传统人格信任还处于交错状况,所以需要做的是从各个相关领域着手,通过外力引导和内力引发,尽快修复新型人格信任体系中发育滞后部分的那些断链,使之形成完整的体系,从而使公众遵从同一个人格信任体系的原则、规范,减少由于人格信任体系的转型而带来的社会冲突与社会矛盾。

建设新型的社会人格信任体系,需要所有社会群体和社会成员都要承担责任。一方面,加强自我约束,减少失信行为,讲求信用。因为个人的诚信与否虽然无法直接影响整个社会的信任氛围,但无数的个人的诚信就会形成良好的社会信任环境。另一方面,在日常信任中对其他群体多持一份信任。因为通过个人生活建立起来的日常信任是社会信任最深厚的土壤,能够为"社会信任的制度化"提供有力支撑,从而消除公共政策、社会治理过程中的障碍,提高政府执政效能,使社会生活中出现的矛盾、冲突容易得到缓解和消除。

在培育新型人格信任环境的过程中,政府要努力促进和推动。一方面,在大众中广泛地进行人际互信的教育,促进人与人之间的相互信赖,使公民普遍认识到诚信是自己的基本责任和义务。另一方面,政府应严于律己,杜绝自身有意或无意对传统的人格信任系统的支持。

第三部门,包括社会团体、基金会、慈善组织等非政府组织在人格信任的重建方面发挥特殊的作用。一方面,可以承担日常生活层面"社会信任的基础化"的使命,即宣传、鼓舞、刺激和动员公众转变人格信任类型,形成新型人格信任。譬如,社会组织中的文艺文化团体可以通过小说、影视、歌舞等人们喜闻乐见的大众传媒工具,创造出新的文艺作品,通过潜移默化的文化内化来影响人们的守信行为和社会的信任环境;基金会可以通过资金拨付直接资助与信任相关的学术研究、对策研究和实地调查;而慈善组织可以在日常组织的慈善活动如募捐、义演和直接救济中突出信任他人和自身诚信的重要性;等等。

（三）完善系统信任的制度体系

在制度层面,进行"社会信任的制度化",通过建设有形的、固定的、完整的制度来使人们形成对制度体系的信任,形成对陌生人的无形的系统信任,从而促成系统信任在社会各领域的全面实现。

通过社会舆论导向提倡公民遵守各种制度体系,减少失信行为,培养健康向上的社会精神气质。譬如形成高度的职业责任感、认真负责、锲而不舍的工作态度和崇高的有意义的生活方式及平等信任的人际关系等。其中最重要的是处理好"金钱"与"良心"的关系,要把经济交往中"不损人无法利己"意识转变为互惠互利的双赢精神,把对制度的遵循和信任当作道德体系深层中潜含着的必要成分。

明确产权制度,规范经济领域的信任体系。无恒产者无恒心,无恒心者无信用,毁坏了信誉的产权基础,限制了自由竞争,必然会导致市场秩序混乱。[1] 因此,必须进一步在经济领域深化产权制度改革,通过国有企业改革进一步理清国有与民有的关系和界分;通过宪法、民法典以及专门的物权法等明晰私人和公有财富的清晰界线;通过完善、规范个人所得税、财产税等税制来解决财富的合法转移问题;等等。只有制度完善、明晰,人们才会在经济领域内信赖此制度,依此制度行事,并依此监督他人的行动。

约束政府行为,减少政府失信现象。信任作为道德范畴,它的实现所依据的最直接的力量是政府,因此政府首先要解决自身的失信现象。

---

[1]　张维迎:《产权、政府与信誉》,生活·读书·新知三联书店 2001 年版,"序言"第 2 页。

一方面,严格约束和惩戒部分官员破坏政府信誉的行为。这就需要打击政府官员利用职务之便大肆寻租设租、行贿受贿等严重不法行为,在这方面近年来我国的成就应当说是空前的;同时也需要规范政府官员的具体权力范围,建立稳定、透明的政策框架。另一方面,作为制度的主要执行者,政府要将经济领域、政治领域和社会领域内的好的制度体系不折不扣地执行下去,保证实现制度制定的本意,从而使制度体系更好地发挥维护良好的个人信用、企业信用和政府威信的作用,在个人、组织、团体、社区及国家中形成良好的社会信任环境。

建立一个良好的社会信用记录体系和传输体系。这可以直接惩罚失信行为,鼓励守信行为,促使整个社会的信任氛围向好的方向发展。一方面,政府应建立和完善信誉保障制度。这既包括个人银行信用记录制度系统,如借贷偿还信用记录;也包括由政府部门记录在案的社会义务履行记录,如履行志愿义务的记录;还包括商业行为的记录,如欺诈他人的记录;等等。另一方面,健全社会信用的传输体系,高效率地运用社会信用记录体系。可以利用新一代互联网技术如大数据和区块链技术尽快建立一个全方位的、快捷的、权威的个人信誉资料传输和共享规则系统,从而建立良好的信息沟通和协商机制,这样可以避免因为沟通不畅造成的不信任,从而杜绝了大量失信行为的产生。

以完善的法律制度保证信任制度的确立和执行。信任与法律是互辅的,因此对失信行为的行政处罚、民事处罚和刑事惩罚都要有法可依;对因失信而形成的冲突事件需要相应的法律的裁决与公断;对贫富分化过大而形成的阶层对立需要相应的法律来缓解;等等。具体而言,坚持依法治国的原则,把法治作为社会治理创新的突破口,实现社会治理过程全面法治化,逐步建构法治型社会治理模式。一方面,完善公民权利保障的法律体系。要从法律上、制度上、政策上努力营造公平的社会环境,切实保障人民在政治、法律、机会、权利和分配上的平等地位。尤其要特别关注收入分配、住房、教育、医疗制度改革、农村土地征占、城市房屋拆迁、劳动合同签订以及农民工权益保护等方面出现的新问题。另一方面,以法治理念引导社会治理创新。牢固树立依法治理的理念,加强社会治理领域立法、执法工作,强化"尊重和保障人权"意识,杜绝社会治理过程中可能会出现的侵权行为。可以说,只有把相关的法律制度不断完善并依据形势变化而进行创新,人们才对制度本身的执行产生信任感,个体的本体安全感才会增加,对外界事物的感悟才会走向正面化,人与人之间的行为才会有规范可循,矛盾才会被消弭于萌芽状态。

结语：建设合作型现代社会

新中国以马克思主义理论为建立的理论基础,随后发展出的一系列党和国家的发展指导思想都是对马克思主义基本立场、观点和方法的承继和创新,因此可以说,70 多年来,尤其是改革开放以来,中国创造了世所罕见的经济快速发展奇迹和社会长期稳定奇迹,构建了人类社会中空前规模的社会合作局面。这种伟大的实践也为社会合作论题提供了宏阔的现实题材,成为学术界探讨和发展出社会合作理论的最大动力所在。

从"社会合作何以可能"的角度看,当代中国成为"集体利益论"最重要的奉行者,也是最成功的践行者。但由于马克思并不排斥,反而相当重视集体意识的重要作用,受马克思主义思维方法和基本观点的影响,当代中国既强调集体利益对社会合作的决定性意义,也承认集体意识在集体利益的形成,甚至是在持续整个社会合作状态中所处的关键位置。正因如此,改革开放以来的中国在民族国家和人类社会这两个最为宏观的层面上已经实现了集体利益与集体意识的良性循环,这应当是形成连续数十年的良好的社会合作状态的主要学理原因。

具体来看,当前中国的这种良性循环表现在两个方面。

在集体利益方面,通过强调中国共产党的无私论和人民中心论,包括中国共产党代表最广大人民根本利益和对新的社会阶层的功能定位等,突出了构建超越阶级在民族国家和人类社会层面形成共同利益的可能性。通过现代化阶段论,设定了不同发展阶段的国家发展目标,如基本小康、全面建成小康社会、基本实现现代化与建设现代化强国等;通过执行五年规划和年度发展计划,尤其是不断保障和改善民生及创新社会治理等,在民族国家层面成功地构建了中国人民共同的集体利益。通过提出人类利益共同体和人类命运共同体论,以提出"一带一路"倡议、签署巴黎协定、倡导多元主义等人类社会层面的社会合作思想与行动,将本民族国家利益与人类社会的利益融为一体。

在集体意识方面,提出构建中国特色社会主义文化论,以举旗帜、聚民心、育新人、兴文化、展形象为目标,以坚持马克思主义在意识形态领域领导权的根本制度为依托,以发展现代自由市场经济和调整规范公共权力为两翼,不断消除不利于集体团结的意识形态,努力构建起从利益群体、社会阶层、阶级到民族国家各个层面共同认可的基本价值共识。以上这些集体利益与集体意识共同努力,最终都统一于"民族复兴""社会主义"和"人类发展"等主题之中。

但是历史上和当前国际社会中出现的各种"社会不合作"状态提醒我们,随着社会文明程度的不断提高,高强度的社会对抗如大规模战争等发生的频率可能在下降①,大规模的暴力行动可能也在衰落②,但随着社会系统的日益复杂化,社会合作的难度正在不断攀升,"社会合作何以可能"这一人类社会出现以来即存在的亘古难题并没有一个一

---

① 吴忠民:《社会矛盾倒逼改革发展的机制分析》,《中国社会科学》2015 年第 5 期;吴忠民:《以妥协方式有效化解社会矛盾》,《中国人民大学学报》2018 年第 1 期。

② [美]詹姆斯·希思:《暴力的衰落》,贾青青等译,中信出版社 2019 年版,第 228 页。

劳永逸的答案。已经保持了 40 多年良好社会合作状态的中国也进入
了新时代,面临着全新的国内主要矛盾,国内外各种社会共同体的价值
取向持续多元化,所有这些都表明,当代中国仍然在集体利益和集体意
识的凝聚上面临着新的挑战。

可以认为,在民族国家和人类社会的发展层面,中国所提出的上述
一系列思想及其政策实践,代表了在未来相当长一段时期内人类社会
先进思想和行动的发展方向。故而,未来中国社会要长期维系好持续
数十年的良好社会合作状态,构建一个合作型的现代社会,就需要在中
观层面着力,努力发展和健全利益群体、社会阶层层面的集体利益与集
体意识,从而为阶级、国家和人类社会等宏观层面的社会合作局面提供
更好的支撑。

从集体利益角度看,形成良好利益群体关系和现代的社会阶层关
系,需要持续深入推进各类经济社会变革,打破利益固化、进行利益协
商、开展利益让渡及利益置换这一系列过程都急需进一步的制度化、常
规化。譬如,当代中国已经形成打破利益固化的共识,但由党和政府主
导的自上而下的利益协调传统极度完善,党和政府引导下的各利益群
体和社会阶层之间平等进行的利益协商传统却没有成熟。在一个社会
中,只有各社会群体之间能够自主而理性地进行利益协商,利益让渡和
利益置换才会少有社会整合之意,而具有社会合作的色彩,这个社会才
是成熟的现代社会,在这方面我国还有很大的制度建设空间。从制度
维度看,这也是建设现代中国的合作型社会的重心所在。

从集体意识角度看,深层次的良好的集体意识需要不断通过制度
建设和价值理念的沉淀来逐步实现。未来,如何防止各种负向社会情
绪以群体的不合作型社会表情表达出来;如何通过提供更多社会资源
和社会机会,以及讲好"人民故事"和"社会共同体故事",来提升主要

社会群体和社会阶级阶层的获得感和归属感,都是摆在政府和学界面前的重大理论课题与现实议题。从社会心理维度看,整体获得感不断增强,社会主要群体长期保持社会幸福的社会表情,是现代中国的合作型社会的主要呈现形式。

从发展趋势来看,只有对社会合作这一人类基本的社会关系进行更多的基础性理论研究和实证研究,现代中国的合作型社会的建设路径才会更加清晰。也唯有如此,在中国现代化进程中重生、更新和新创的各种社会合作型理念、制度体系和实践行动,才能最终在价值观层面不断沉淀,合作型社会才能成为中国社会现代化和中国特色社会主义社会文明中最为鲜明的一个特征。

参 考 文 献

一、中文著作

[1]《马克思恩格斯全集》第 42 卷,人民出版社 1979 年版。

[2]《马克思恩格斯文集》第 1 卷,人民出版社 2009 年版。

[3]《马克思恩格斯选集》第 2 卷,人民出版社 1972 年版。

[4]《马克思恩格斯选集》第 3 卷,人民出版社 1995 年版。

[5]《马克思恩格斯选集》第 4 卷,人民出版社 1995 年版。

[6]《资本论》第 1 卷,人民出版社 1975 年版。

[7]《列宁全集》第 13 卷,人民出版社 1959 年版。

[8]《列宁全集》第 34 卷,人民出版社 1985 年版。

[9]《毛泽东选集》第一至四卷,人民出版社 1991 年版。

[10]《邓小平文选》第一至三卷,人民出版社 1994、1994、1993 年版。

[11]《邓小平年谱(1975—1997)》(下),中央文献出版社 2013 年版。

[12]胡锦涛:《论构建社会主义和谐社会》,中央文献出版社 2013 年版。

[13]《习近平谈治国理政》第一卷,外文出版社 2018 年版。

[14]《习近平谈治国理政》第二卷,外文出版社 2017 年版。

[15]《习近平关于全面深化改革重要论述摘编》,中央文献出版社 2017 年版。

[16][美]阿克塞尔罗德:《合作的进化》,吴坚忠译,上海人民出版社 2007 年版。

[17][美]埃里希·弗罗姆:《逃避自由》,刘林海译,国际文化出版公司 2002 年版。

[18][美]埃里希·弗罗姆:《健全的社会》,王大庆等译,国际文化出版公司 2007 年版。

［19］［法］埃米尔·涂尔干:《社会分工论》,渠东译,生活·读书·新知三联书店2000年版。

［20］［法］埃米尔·涂尔干:《职业伦理与公民道德》,梁敬东、付德根译,上海人民出版社2001年版。

［21］［美］埃莉诺·奥斯特罗姆:《集体行动制度的演进:公共事务的治理之道》,余逊达、陈旭东译,上海译文出版社2012年版。

［22］［美］奥尔森:《国家兴衰探源:经济增长、滞胀与社会僵化》,吕应中等译,商务印书馆2001年版。

［23］［美］布罗姆利:《经济利益与经济制度》,陈郁等译,上海三联书店1996年版。

［24］［法］鲍德里亚:《消费社会》,刘成富、全志刚译,译林出版社2011年版。

［25］［英］鲍曼、齐格蒙特:《共同体》,欧阳景根译,江苏人民出版社2003年版。

［26］［美］C.赖特·米尔斯:《白领:美国的中产阶层》,周晓虹译,浙江人民出版社1987年版。

［27］［日］大前研一:《低欲望社会:"丧失大志时代"的新·国富论》,姜建强译,上海译文出版社2018年版。

［28］［美］道格拉斯·C.诺思:《制度、制度变迁与经济绩效》,杭行译,格致出版社、上海三联书店、上海人民出版社2008年版。

［29］［美］弗兰西斯·福山:《信任——对社会财富与繁荣的创造》,李宛蓉译,远方出版社1998年版。

［30］［美］弗兰西斯·福山:《政治秩序的起源:从前人类时代到法国大革命》,毛俊杰译,广西师范大学出版社2012年版。

［31］［德］哈贝马斯:《公共领域的结构转型》,曹卫东等译,译林出版社1999年版。

［32］［英］哈特利·迪安:《社会政策学十讲》,岳经纶、温卓毅、庄文嘉译,上海人民出版社2009年版。

［33］［英］哈耶克:《个人主义与经济秩序》,贾湛等译,北京经济学院出版社1991年版。

［34］［英］哈耶克:《自由秩序原理》,邓正来译,生活·读书·新知三联书店1997年版。

［35］［美］赫伯特·马尔库塞:《单向度的人:发达工业社会意识形态研究》,刘继

译,上海译文出版社 2006 年版。

[36][美]亨廷顿:《变动社会中的政治秩序》,王冠华、刘为等译,上海人民出版社
2008 年版。

[37][英]霍布斯:《利维坦》,黎思复、黎廷弼译,商务印书馆 1985 年版。

[38][英]吉登斯:《现代性的后果》,田禾译,译林出版社 2000 年版。

[39][美]L.科塞:《社会冲突的功能》,孙立平译,华夏出版社 1989 年版。

[40][美]莱斯特·M.萨拉蒙:《公共服务中的伙伴:现代福利国家中政府与非营
利组织的关系》,田凯译,商务印书馆 2008 年版。

[41][匈牙利]卢卡奇:《历史与阶级意识:关于马克思主义辩证法的研究》,杜章
智、任立、燕宏远译,商务印书馆 1999 年版。

[42][美]罗伯特·D.帕特南:《使民主运转起来:现代意大利的公民传统》,王列、
赖海榕译,江西人民出版社 2001 年版。

[43][美]罗伯特·普特南:《独自打保龄》,刘波译,中国政法大学出版社 2018
年版。

[44][德]马克斯·韦伯:《韦伯作品集(Ⅴ)》,康乐、简惠美译,广西师范大学出版
社 2004 年版。

[45][英]齐格蒙特·鲍曼:《个体化社会》,范祥涛译,上海三联书店 2002 年版。

[46][英]尚塔尔·墨菲:《政治的回归》,王恒、臧佩洪译,江苏人民出版社 2005
年版。

[47][美]帕森斯:《社会行动的结构》,张明德等译,译林出版社 2003 年版。

[48][英]汤普森:《英国工人阶级的形成》,钱乘旦等译,译林出版社 2001 年版。

[49][法]托克维尔:《法国大革命》,冯棠译,商务印书馆 1992 年版。

[50][法]托克维尔:《旧制度与大革命》,冯棠译,商务印书馆 2013 年版。

[51][德]乌尔里希·贝克:《风险社会》,何博闻译,译林出版社 2004 年版。

[52][美]西摩·马丁·李普塞特:《一致与冲突》,张华青等译,上海人民出版社
1995 年版。

[53][英]亚当·斯密:《国民财富的性质和原因的研究(上卷)》,郭大力、王亚南
译,商务印书馆 2017 年版。

[54][古希腊]亚里士多德:《政治学》,吴寿彭译,商务印书馆 1965 年版。

[55][英]约翰·密尔:《论自由》,许宝骙译,商务印书馆 2010 年版。

[56][美]约翰·罗尔斯:《政治自由主义》,万俊人译,译林出版社 2000 年版。

［57］［美］约翰·罗尔斯:《正义论》,何怀宏等译,中国社会科学出版社 2001 年版。

［58］［美］约翰·罗尔斯:《作为公平的正义——正义新论》,姚大志译,中国社会科学出版社 2011 年版。

［59］［美］卡斯特:《千年终结》,夏铸九、黄慧琦等译,社会科学文献出版社 2003 年版。

［60］陆学艺等:《当代中国社会流动》,社会科学文献出版社 2004 年版。

［61］王道勇:《集体失语的背后:农民工主体缺位的社会合作应对》,中国人民大学出版社 2015 年版。

［62］王小章:《经典社会理论与现代性》,社会科学文献出版社 2006 年版。

［63］吴忠民:《社会公正论》(第 3 版),商务印书馆 2019 年版。

［64］吴忠民:《社会矛盾新论》,山东人民出版社 2015 年版。

［65］张康之:《合作的社会及其治理》,上海人民出版社 2014 年版。

［66］张康之:《走向合作的社会》,中国人民大学出版社 2015 年版。

［67］张玉堂:《利益论——关于利益冲突与协调问题的研究》,武汉大学出版社 2001 年版。

［68］朱光磊:《当代中国政府过程》,天津人民出版社 2002 年版。

［69］赵鼎新:《社会与政治运动讲义》,社会科学文献出版社 2006 年版。

二、报刊文章

［1］拜茹、尤光付:《自主性与行政吸纳合作:乡村振兴中基层社会治理模式的机制分析》,《青海社会科学》2019 年第 1 期。

［2］仇立平:《论执政党转型后的阶级阶层合作机制》,《江苏行政学院学报》2011 年第 3 期。

［3］仇立平:《建构和谐社会下的阶级合作机制》,《中国党政干部论坛》2005 年第 2 期。

［4］高宝琴:《多元组织参与乡村治理的优化机制——基于合作博弈的视角》,《东岳论丛》2015 年第 5 期。

［5］高鹏程:《利益概念的分析方法》,《学习与探索》2007 年第 3 期。

［6］胡联合、胡鞍钢:《中产阶层:"稳定器"还是相反或其他》,《政治学研究》2008

年第 2 期。

[7]洪大用:《超越西方化与本土化——新时代中国社会学话语体系建设的实质与方向》,《社会学研究》2018 年第 1 期。

[8]黄少安、张苏:《人类的合作及其演进研究》,《中国社会科学》2013 年第 7 期。

[9]景跃进:《演化中的利益协调机制:挑战与前景》,《江苏行政学院学报》2011 年第 4 期。

[10]李培林:《社会冲突与阶级意识:当代中国社会矛盾研究》,《社会》2005 年第 1 期。

[11]李路路、唐丽娜、秦广强:《"患不均,更患不公"——转型期的"公平感"与"冲突感"》,《中国人民大学学报》2012 年第 4 期。

[12]刘军强、熊谋林、苏阳:《经济增长时期的国民幸福感》,《中国社会科学》2012 年第 12 期。

[13]刘可风:《论中西经济伦理的语境差异及其沟通——"利益"与"interest"之比较》,《哲学研究》2006 年第 11 期。

[14]刘少杰:《体验经济与感性选择的确》,《天津社会科学》2003 年第 5 期。

[15]刘少杰:《中国社会转型中的感性选择》,《江苏社会科学》2002 年第 2 期。

[16]刘少杰:《网络化时代的权力结构变迁》,《江淮论坛》2011 年第 5 期。

[17]聂鲲、赵碧倩:《典型国家企业劳资协商机制研究》,《中国劳动》2016 年第 11 期。

[18]渠敬东、周飞舟、应星:《从总体支配到技术治理——基于中国 30 年改革经验的社会学分析》,《中国社会科学》2009 年第 6 期。

[19]谭培文:《对和谐社会的利益概念的马克思主义解读》,《马克思主义研究》2008 年第 2 期。

[20]田毅鹏:《转型期中国城市社会管理之痛——以社会原子化为分析视角》,《探索与争鸣》2012 年第 12 期。

[21]汪丁丁:《合作与信誉在人类起源中的意义》,《学术月刊》2003 年第 9 期。

[22]汪丁丁、罗卫东、叶航:《人类合作秩序的起源与演化》,《社会科学战线》2005 年第 4 期。

[23]汪崇、史丹、聂左玲、崔凤:《打开天窗说亮话:社会合作何以可能》,《中国工业经济》2018 年第 4 期。

[24]王浦劬:《国家治理、政府治理和社会治理的含义及其相互关系》,《国家行政

学院学报》2014 年第 3 期。

[25] 王俊秀:《社会情绪的结构和动力机制:社会心态的视角》,《云南师范大学学报(哲学社会科学版)》2013 年第 5 期。

[26] 王道勇:《加快形成一主多元式社会治理主体结构》,《科学社会主义》2014 年第 2 期。

[27] 王道勇:《从社会整合到社会合作:社会矛盾应对模式的转向》,《教学与研究》2014 年第 7 期。

[28] 王道勇:《农民工研究范式:主体缺位与发展趋向》,《社会学评论》2014 年第 4 期。

[29] 王道勇:《存量改革亟须社会合作意识的助力》,《中国党政干部论坛》2015 年第 6 期。

[30] 王道勇:《网络群体的社会心理极化与社会合作应对》,《中共中央党校学报》2015 年第 4 期。

[31] 王道勇:《存量改革时期的利益固化与社会合作》,《学习与探索》2015 年第 11 期。

[32] 王道勇:《存量改革时期的利益协商与社会合作》,《教学与研究》2015 年第 11 期。

[33] 王道勇:《全面深化改革时期的利益让渡与社会合作》,《中国特色社会主义研究》2016 年第 5 期。

[34] 王道勇:《存量改革时期的社会建设与社会合作》,《学习与探索》2016 年第 11 期。

[35] 王道勇:《质量型民生建设:存量改革与社会合作》,《中国特色社会主义研究》2017 年第 4 期。

[36] 王道勇:《全面深化改革时期的获得感问题》,《教学与研究》2017 年第 4 期。

[37] 王道勇:《社会表情与社会合作》,《中国特色社会主义研究》2020 年第 1 期。

[38] 王建民:《转型社会中的个体化与社会团结——中国语境下的个体化议题》,《思想战线》2012 年第 3 期。

[39] 王春光:《个体化背景下社会建设的可能性问题研究》,《人文杂志》2013 年第 11 期。

[40] 吴忠民:《社会焦虑的成因与缓解之策》,《河北学刊》2012 年第 1 期。

[41] 吴忠民:《以妥协方式有效化解社会矛盾》,《中国人民大学学报》2018 年第

1 期。

[42]吴忠民:《有效的社会合作何以愈益离不开社会公正——论社会公正与社会合作的关系》,《教学与研究》2018 年第 7 期。

[43]于水、杨萍:《"有限主导—合作共治":未来农村社会治理模式的构想》,《江海学刊》2013 年第 3 期。

[44]俞可平:《全球治理引论》,《马克思主义与现实》2002 年第 1 期。

[45]俞可平:《治理和善治引论》,《马克思主义与现实》1999 年第 5 期。

[46]郧彦辉:《数字利维坦:信息社会的新型社会危机》,《中共中央党校学报》2016 年第 3 期。

[47]袁柏顺:《论西方合作主义的理论特征》,《湖南师范大学社会科学学报》2007 年第 2 期。

[48]曾鹏、罗观翠:《集体行动何以可能:关于集体行动动力机制的文献综述》,《开放时代》2006 年第 1 期。

[49]张维迎:《社会合作的制度基础》,《读书》2014 年第 1 期。

[50]张康之:《协作与合作之辨异》,《江海学刊》2006 年第 2 期。

[51]张康之:《论合作》,《南京大学学报》2007 年第 5 期。

[52]张康之:《论高度复杂性条件下的社会治理变革》,《国家行政学院学报》2014 年第 4 期。

[53]张翼:《中国城市社会阶层冲突意识研究》,《中国社会科学》2005 年第 4 期。

[54]张仲涛:《试论利益妥协与阶层合作》,《南京社会科学》2011 年第 9 期。

[55]郑杭生:《抓住社会资源和机会公平配置这个关键》,《求是》2013 年第 7 期。

[56]郑杭生、邵占鹏:《治理理论的适用性、本土化与国际化》,《社会学评论》2015 年第 2 期。

[57]郑风田:《村庄合作对乡村治理的价值》,《人民论坛》2015 年第 4 期。

[58]王道勇:《风险分配中的政府责任》,《学习时报》2010 年 4 月 13 日。

[59]王道勇:《社会合作推进新时代社会保障体系建设》,《光明日报》2019 年 5 月 31 日。

[60]王道勇:《群防群治:重大公共危机的社会合作应对》,《光明日报》2020 年 3 月 27 日。

[61]余福海:《中国乡村振兴的合作治理模式》,《中国社会科学报》2019 年 6 月 5 日。

［62］郁建兴：《辨析国家治理、地方治理、基层治理与社会治理》，《光明日报》2019年 8 月 30 日。

三、英文文献

［1］Ambrose Stanley H.，1998，Chronology of the Later Stone Age and Food Production in East Africa，*Journal of Archaeological Science*，1998，25（4）.

［2］Bowles Samuel and Gintis Herbert，The Moral Economy of Communities：Structured Populations and the Evolution of Pro－social norms，*Evolution and Human Behavior*，1998，19（1）.

［3］Bowles Samuel and Gintis Herbert，A Cooperative Species：Human Reciprocity and its Evolution，Princeton，NJ：Princeton University Press，2011.

［4］Klein Richard G.，*The Dawn of Human Culture：A Bold New Theory on What Sparked the"Big Bang" of Human Consciousness*，John Wiley，2002.

［5］Dennis R. Young，Alternative Models of Government－nonprofit Sector Relations：Theoretical and International Perspectives，Nonprofit and Voluntary Sector Quarterly，2000，Vol.29，No.1.

［6］Daniel Guerin，Fascism and Big Business，New York：Monad Press，1973.

［7］Easterlin，R. A.，Income and Happiness：Towards a Unified Theory，Economic Journal，2001（7），111.

［8］Gintis H.，Strong reciprocity and Human Sociality，Journal of Theoretical Biology，2000（206）.

［9］J.Kelley，and M.D.R.Evans，Class and Class Conflict in Six Western Nations，American Sociological Review，1995，60（2）.

［10］Ofek Haim，Second Nature：Economic Origins of Human Evolution，Cambridge：Cambridge University Press，2001.

［11］Robert K.Merton，Social Theory and Social Structure，New York：Free Press，1968.

［12］Sally，David F.，On Sympathy And Games，*Journal of Economic Behavior & Organization*，2001，Vol.44，No.1，January.

［13］Simmel Georg，How is Society Possible，*American Journal of Sociology*，1910（16）.

［14］Ulrich Beck，Risk Society：Towards a New Modernity，London：Sage

Publications,1992.

[15]Veenhoven R.,Is Happiness Relative,Social Indicators Research,1991,24(1).

[16]Zald,Mayer N.,and Roberta Ash,Social Movement Industries:Cooperation and Conflict among Social Movement Organizations,Research in Social Movement:Conflicts and Change,1980.

后　记

　　这本书是我从事社会合作理论研究的第一部著作。记得产生从事社会合作问题研究的想法始于 2012 年。在 2012 年之前，我申请的两个国家社科基金项目都是关于新生代农民工问题的，为了做好课题，也写作了一些研究成果，但总觉得遇到学术研究上的瓶颈，开始对自己从事学术研究的能力和研究价值产生了自我怀疑。我所在教研部著名教授吴忠民先生时常通过各种途径和方式启发我，认为我应当选择一个具有学术潜力、对中国现实有一定解释力的研究对象作为长期的研究方向，并且建议我选择社会合作论作为学术理论构建的努力方向。2013 年 9 月，在宁夏开会时，遇到我的博士生导师郑杭生先生，谈及这个主题，郑先生也觉得这个选题不错，很有挖掘的潜力。受两位先生的鼓励，我于 2014 年先后申请下了一个国家社会科学基金重点科研课题和一个中央党校的重点科研课题，重点想研究一下当代中国社会治理的价值取向——社会合作问题。经过五年多时间的努力，我先后在CSSCI 期刊上发表了十多篇个人论文，其中有多篇被《新华文摘》和人大复印资料《社会学》全文转载，在人民网、光明网等网络媒体上也发表了一些宣传性的文章。在这些前期研究的基础上，我集中时间写作完成了本书。

与"竞争""冲突""矛盾""和谐"等概念一样,社会学、政治学等社会科学谈及社会群体、社会互动等问题时,也经常提及"合作"这一概念,并且大多是从群体层面来分析的。但是从研究深度来看,有关社会矛盾、社会冲突、社会和谐、社会治理等问题的探讨已是汗牛充栋,但对于社会合作的研究却较为匮乏。其中,政治学尤其是公共治理学大多将"合作"与"多元共治"等概念混用,将政治合作、经济合作和社会合作混而为一,并没有关注社会合作的"社会"这一独特内涵;而社会学却长期执着于群体冲突这一突发的异常现象,而对群体中持续存在的社会合作现象意兴阑珊,甚至可谓弃之如敝屣。于是,人们下意识地认为,合作问题是演化生物学、经济学尤其是博弈论,以及国际关系学等学科的研究对象。因此,有必要从社会学理论传统出发,结合中国的独特的和合文化传统与现实的国情,从宏观层面探索出具有一定社会学意味的社会合作理论。

本书写作过程中,中央党校(国家行政学院)科研部、社会和生态文明教研部的龚维斌等领导、师长和同事们给予了我许多帮助和指导。我的在校博士生和硕士生也多参加了课题的研究工作,其中高端阳对第六章的写作贡献尤多。为不落俗脱,这里就不一一列举,但心中铭记、时刻不忘。

本书仅是我从事社会合作研究的一个阶段性总结。关于社会合作,理论上许多基本问题我还没有思考成熟,现实中还有更多的实践性合作难题有待探究,因此,本书中肯定有不少错漏之处,非常期盼得到各位专家学者和实践工作者的指点和帮助。希望在不远的将来,能够将一部更为成熟和定型的社会合作论著作呈现在大家面前。

王道勇于大有北里

2020 年 7 月

责任编辑:吴广庆

图书在版编目(CIP)数据

社会合作论/王道勇 著. —北京:人民出版社,2020.11
ISBN 978 - 7 - 01 - 022679 - 8

Ⅰ.①社… Ⅱ.①王… Ⅲ.①社会学-研究 Ⅳ.①C91

中国版本图书馆 CIP 数据核字(2020)第 229779 号

社会合作论
SHEHUI HEZUO LUN

王道勇 著

人民出版社 出版发行
(100706 北京市东城区隆福寺街 99 号)

中煤(北京)印务有限公司印刷 新华书店经销

2020 年 11 月第 1 版 2020 年 11 月北京第 1 次印刷
开本:710 毫米×1000 毫米 1/16 印张:19.25
字数:250 千字

ISBN 978 - 7 - 01 - 022679 - 8 定价:69.00 元

邮购地址 100706 北京市东城区隆福寺街 99 号
人民东方图书销售中心 电话 (010)65250042 65289539